Reliure serrée

Conserve la Couverture

MANUEL

DE

DROIT CONSULAIRE

Usages et principes internationaux. — Analyse des conventions.
Jurisprudence sur l'institution et l'organisation consulaires.
(Juridiction consulaire et affaires maritimes exceptées.)

PAR

JULIEN PILLAUT

ATTACHÉ AU MINISTÈRE DES AFFAIRES ÉTRANGÈRES

Préface de M. CAMILLE JORDAN

CONSUL GÉNÉRAL DE FRANCE

CHEF DU BUREAU DU CONTENTIEUX ADMINISTRATIF AU MINISTÈRE DES AFFAIRES ÉTRANGÈRES

ASSOCIÉ DE L'INSTITUT DE DROIT INTERNATIONAL

BERGER-LEVRAULT & Cⁱᵉ, ÉDITEURS

PARIS	NANCY
RUE DES BEAUX-ARTS, 5-7	RUE DES GLACIS, 18

1910

MANUEL

DE

DROIT CONSULAIRE

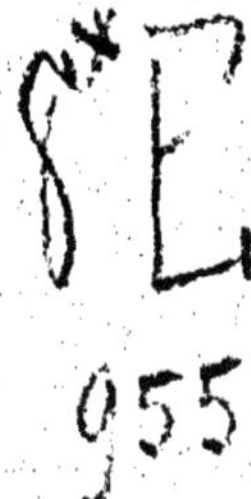

MANUEL

DE

DROIT CONSULAIRE

Usages et principes internationaux. — Analyse des conventions.
Jurisprudence sur l'institution et l'organisation consulaires.
(Juridiction consulaire et affaires maritimes exceptées.)

JULIEN PILLAUT

ATTACHÉ AU MINISTÈRE DES AFFAIRES ÉTRANGÈRES

———

Préface de M. CAMILLE JORDAN

CONSUL GÉNÉRAL DE FRANCE
CHEF DU BUREAU DU CONTENTIEUX ADMINISTRATIF AU MINISTÈRE DES AFFAIRES ÉTRANGÈRES
ASSOCIÉ DE L'INSTITUT DE DROIT INTERNATIONAL

BERGER-LEVRAULT & Cie, ÉDITEURS

PARIS | NANCY
RUE DES BEAUX-ARTS, 5-7 | RUE DES GLACIS, 18

1910

AVERTISSEMENT

Les fonctions des agents du ministère des affaires étrangères sont trop nombreuses et variées pour avoir pu être examinées toutes dans ce Manuel. Les unes sont exercées dans tous les postes consulaires sans distinction; les consuls ne sont qu'exceptionnellement investis des autres ; les premières seules ont été passées en revue. Quant aux matières n'offrant pas de caractère d'intérêt général pour tous les postes, affaires maritimes et juridiction consulaire, elles ont été réservées. Leur importance est considérable ; mais en raison de la complexité et de l'étendue des questions spéciales que soulève leur étude, elles peuvent être considérées comme des branches indépendantes du droit consulaire, et formeront l'objet d'un ouvrage distinct.

Juin 1910.

PRÉFACE

Un grand nombre d'auteurs ont abordé, à des points
de vue différents, l'étude de l'institution consulaire.

Il convient de citer avant tout le *Manuel des
Consuls*, d'Alexandre DE MILTITZ, Londres-Berlin,
1837-1842. Ce célèbre ouvrage est divisé en deux
tomes ou livres et cinq volumes.

Le livre I traite de l'origine et du développement
de la juridiction consulaire dans l'intérieur des pays
où elle a été établie, des institutions judiciaires et
administratives créées pour l'utilité du commerce en
remplacement de la juridiction consulaire, de la législation commerciale et maritime. Il contient un exposé
historique intéressant et détaillé des institutions consulaires au Moyen Age.

Le livre II, subdivisé en quatre volumes, est un recueil précieux et complet par pays de tous les textes
des traités d'amitié, de commerce et de navigation
conclus aux seizième, dix-septième et dix-huitième
siècles et pendant le premier tiers du dix-neuvième
siècle, contenant des stipulations relatives à l'établissement, aux immunités et aux attributions des

consuls, accompagnés de commentaires et de notes qui se font remarquer tant par l'abondance que par la sûreté des informations. Nul travail ne se distingue autant par la richesse de sa documentation. Il est hautement à regretter que cet ouvrage, qui devait comprendre en outre les lois réglementaires des différents États concernant les consuls et la théorie du consulat, soit resté inachevé, et que le recueil des traités n'ait pas trouvé de continuateurs.

A côté de ce monument d'érudition, offrant un caractère nettement international, divers auteurs ont cherché à réunir les renseignements théoriques et pratiques relatifs à la législation et à la réglementation des fonctions consulaires. Des travaux de ce genre étaient, en France, plus indispensables que partout ailleurs.

En effet, à la différence de plusieurs États européens, notamment l'Allemagne, l'Italie, la Norvège, nous n'avons pas de *loi consulaire*, et, à l'inverse de certains autres États, Grande-Bretagne, États-Unis, Belgique, nous ne possédons pas d'instructions ou de règlements ayant le caractère de documents *officiels* et embrassant les attributions consulaires dans leur ensemble. Les dispositions relatives aux consuls se trouvent éparses dans des textes législatifs, édits et ordonnances remontant à l'ancien régime, dans le Code civil, dans une série de grandes ordonnances rendues en 1833, sous le règne de Louis-Philippe, qui sont fondamentales en la matière, et une quantité innombrable de décrets, d'instructions et de circulaires sur les points les plus divers.

Parmi les ouvrages français, on peut citer :

GERMAIN, *Recueil de formules pour les consuls de France et les chanceliers*, 1767;

TANCOIGNE, *Le Guide du chancelier*. Paris, 1847;

DE CUSSY, *Règlements consulaires des principaux États maritimes*. Leipzig, 1851;

MOREUIL, *Manuel des agents consulaires français et étrangers*, 1853;

CHEVREY-RAMEAU, *Répertoire diplomatique et consulaire*. Paris, 1885, et suppléments;

BOUSQUET, *Agents diplomatiques et consulaires*, 1883;

LEHR, *Manuel théorique et pratique des agents diplomatiques et consulaires*. Paris, 1888;

HÉRITTE, *Guide formulaire à l'usage des agents consulaires*. Paris, 1900;

MONNET, *Manuel diplomatique et consulaire*, 2e édition. Paris, 1910;

DE CLERCQ et DE VALLAT, *Guide des consulats*, 5e édition, 1898, 2 volumes. Ce dernier ouvrage est le guide classique des consuls de France à l'étranger.

Il est complété par le *Formulaire des Chancelleries diplomatiques et consulaires* des mêmes auteurs. Paris, 1909, 7e édition, mise à jour par M. Jules DE CLERCQ, consul général de France à Gênes. Le *Formulaire*, divisé en trois tomes, est un instrument de travail indispensable à tout consulat de France. Le tome I reproduit une série de formules et de modèles de tous les actes qui peuvent être dressés en chancellerie; les deux derniers contiennent une compilation, par ordre chronologique, de tous les textes en vigueur, édits, ordonnances, lois, décrets, instructions, circulaires que les consuls doivent, le cas échéant, consulter et appliquer. Nous avons insisté plus haut sur la nécessité absolue d'un recueil de ce genre, vu la dispersion et la multiplicité des documents de cette nature.

Nous ne saurions passer sous silence le célèbre ouvrage de M. Féraud-Giraud, *Juridiction française dans les Échelles du Levant et de la Barbarie*, 2ᵉ édition, 1866, 2 volumes, qui, bien que consacré spécialement aux consuls dans les pays de juridiction, renferme, sur l'institution consulaire en général, une foule de renseignements utiles.

Enfin, diverses thèses ont eu pour objet les consuls, leurs immunités et leurs attributions. Citons notamment :

Larrive, *Les Privilèges des consuls dans les pays d'Occident*. Paris, 1901;

Vergé, *Des Consuls dans les pays d'Occident*. Paris, 1903;

Ravaut-Bignon, *Du Droit de police des consuls dans les pays hors chrétienté*. Paris, 1905;

Et surtout deux thèses absolument remarquables :

Rey, *La Protection française dans les Échelles du Levant*. Paris, 1899;

Ditte, *Des Conventions consulaires existant entre la France et diverses autres puissances relativement à la conservation, à l'administration et à la liquidation des successions*, 1903.

Mentionnons enfin :

Ellery C. Stowell, *Le Consul. Fonctions, immunités, organisation, exequatur*. Paris, 1909;

Et du même auteur :

Consular Cases and Opinions from the Decisions of English and American Courts and the Opinions of the Attorneys General. Washington, 1909, précieux recueil de jurisprudence anglo- américaine relative aux consuls.

J'ai moi-même consacré aux consuls, à leurs immunités et à certaines de leurs attributions, les articles suivants :

Les Consuls dans les pays faisant partie de la communauté internationale. Admission, exequatur, privilèges et immunités (Rev. Droit int. et Législ. comp., 1906, p. 479 et suiv., et 717 et suiv.);

Des Preuves de la nationalité et de l'immatriculation (Rev. Droit int. et Législ. comp., 1907, p. 267 et suiv.);

Attributions des agents diplomatiques et consulaires en matière de légalisations (Rev. Droit int. et Législ. comp., 1908, p. 78 et suiv.);

Attributions notariales des agents diplomatiques et consulaires (Rev. Droit int. pr. et Droit pén. int., 1905, p. 651, et 1906, p. 468);

Attributions des consuls de France relatives à la signification des actes judiciaires et extra-judiciaires (Rev. crit. de Législ. et de Jurispr., 1907, p. 26 et suiv., et p. 105 et suiv.).

A l'étranger, ainsi que nous l'avons dit, dans certains pays les règlements consulaires font l'objet de publications offrant un caractère officiel.

Il en est ainsi de la Grande-Bretagne, des États-Unis, de la Belgique, des Pays-Bas, du Portugal, de la Norvège et de la Grèce. Voici la liste des publications officielles de ces divers États, avec l'indication de la date de la dernière édition parue :

Grande-Bretagne. — *General Instructions for H. M. Consuls*, 1907.

États-Unis. — *American Consular Regulations*, 1896.

Belgique. — *Règlements consulaires de Belgique*, 5e édition, 1908-1909. 2 volumes.

Pays-Bas. — *Règlements du Service consulaire néerlandais*, 1908.

Portugal. — *Règlement consulaire portugais* du 24 décembre 1903.

Norvège. — *Loi concernant les services diplomatique et consulaire du 12 juin 1906* et *Instructions générales pour les consuls de Norvège du 24 juillet 1906*, suivies de commentaires.

Grèce. — *Code consulaire*, 1901.

Dans d'autres États, les institutions consulaires ont fait l'objet d'ouvrages théoriques et pratiques, s'inspirant à des sources officielles et rédigés par des agents de carrière.

Citons pour l'Allemagne :

Von König, *Handbuch des Deutschen Konsularwesens*. Berlin, 7o édition, 1909. Ce célèbre ouvrage est le guide classique des consuls d'Allemagne, comme l'est pour les consuls de France celui de MM. de Clercq et de Vallat.

Zorn, *Die Konsulargesetzgebung des Deutschen Reichs*, 2e édition, 1901. Ce petit volume est une compilation de textes reproduisant la loi consulaire, l'instruction générale de service qui en est le commentaire officiel, la loi sur la juridiction consulaire, et les ordonnances, instructions et règlements auxquels les consuls d'Allemagne doivent se conformer.

Pour l'Autriche-Hongrie :

MALFATTI DI MONTETRETTO, *Handbuch des Oesterreichischen und Ungarischen Konsularwesens*, 2ᵉ édition. Vienne, 1904, 2 volumes.

Pour la Russie :

L'ouvrage de GORIAINOFF, 1903, en langue russe, et Bᵒⁿ HEYKING, *A Practical Guide for Russian Consular Officers and Private Persons having relations with Russia*. Londres, 1904.

Pour l'Espagne :

MALUQUER Y SALVADOR, *Derecho Consular Español*, Madrid, 1899, et suppléments 1900-1901 et 1902-1907.

Pour l'Italie :

Codice Consolare, Napoli, 1900, et ARDUINI, *Consoli, Consolati e diritto consolare*, Milan, 1908.

Le régime spécial des pays de juridiction a d'ailleurs fait l'objet de travaux du plus grand mérite. Outre les ouvrages de FÉRAUD-GIRAUD et de REY, déjà cités, il convient de mentionner :

MARTENS, *Das Konsularwesen und die Konsularjurisdiktion im Orient*, 1874;

HALL, *Treatise on the Foreign Powers and the Jurisdiction of the British Crown*. Oxford, 1894;

LIPPMANN, *Die Konsularjurisdiktion im Orient*, 1898;

PÉLISSIÉ DU RAUSAS, *Le Régime des Capitulations dans l'Empire ottoman*. Paris, 1901 et 1902, 2 volumes;

ARMINJON, *Étrangers et protégés dans l'Empire ottoman*. Paris, 1903;

Franck Hinckley, *American Consular Jurisdiction*.
Washington, 1906;

Piggott, *Exterritoriality*. Londres, 1907.

Après ces indications bibliographiques sommaires,
nous nous proposons de faire ressortir le caractère et
le but du présent ouvrage et les services qu'il est
appelé à rendre à nos agents.

Historiquement, l'institution des consulats français
a pris naissance en Orient, dans les Échelles du Levant
et de Barbarie, et les anciens édits encore en vigueur
qui la concernent ont été conçus en vue des besoins
et des nécessités du régime particulier prévalant dans
ces contrées. En pays de juridiction, la souveraineté
territoriale a consenti ou subi, par une véritable
capitis deminutio, la coexistence sur son territoire
d'autres souverainetés indépendantes dont les ressortissants se trouvent soustraits à ses lois civiles et pénales, mais régis par le droit de la mère-patrie, qui
détermine les textes qui leur seront applicables,
investit les magistrats consulaires des pouvoirs qu'elle
juge convenable, et édicte les sanctions reconnues
nécessaires. Là, le consul, par la force des choses, est
le représentant de l'État qui l'envoie. Il revêt le caractère d'autorité protectrice, de magistrat, de juge.

Dans les pays appartenant à la communauté internationale, auxquels s'applique surtout le présent
ouvrage, la situation s'est radicalement modifiée. La
souveraineté territoriale a conservé la plénitude de
ses droits, qu'elle n'a jamais cessé d'affirmer. Sauf un
léger droit de police sur les gens de mer, tout pouvoir
juridictionnel, tout pouvoir *coercitif*, est refusé aux

consuls. Ils ne peuvent accomplir, sur un territoire soumis à une souveraineté étrangère, aucun acte d'autorité, et ils ne peuvent jouir que des immunités, remplir que les attributions reconnues par l'État de leur résidence. Il est à regretter que ce principe essentiel soit trop perdu de vue par des traités savants, mais manifestement sous l'influence d'édits, d'ordonnances conçus en vue du régime exceptionnel existant dans les pays de juridiction où l'institution consulaire a pris naissance. La tradition historique n'a pas peu contribué à fausser les idées sur le rôle et les attributions des consuls, la source et la limite de leurs privilèges dans les pays appartenant à la communauté internationale, et les erreurs de ce genre ont une répercussion fâcheuse. Elles provoquent des conflits où la souveraineté territoriale, consciente de ses droits, dont elle se montre, à juste titre, de plus en plus jalouse, l'emporte infailliblement.

Certains auteurs, appartenant à des États de formation relativement nouvelle, et dont les législations consulaires récentes sont plus dégagées de la tradition historique, ont su éviter cet écueil. Je citerai notamment le savant traité de M. Von König, *Handbuch des Deutschen Konsularwesens*, 7° édition, 1909, qui donne aux agents allemands une conception exacte de leur rôle, et leur trace une ligne de conduite sûre.

En se reportant à l'Instruction générale du 8 août 1814 pour les consuls de France en pays étrangers, M. Pillaut a nettement rappelé aux agents qu'ils ne doivent exercer leurs fonctions que dans les limites assignées par les lois de l'État de leur résidence et les traités.

Vu la divergence des législations et du régime conventionnel, les fonctions consulaires offrent dans les différents pays un caractère de diversité bien marqué, et il y a lieu de se reporter aux traités, qui déterminent la mesure dans laquelle elles pourront s'exercer et l'étendue des pouvoirs reconnus, à charge de réciprocité, aux consuls respectifs. Ces pouvoirs doivent être *identiques*, en vertu du principe de l'indépendance et de l'égalité des États souverains contractants. La clause de la nation la plus favorisée, pour pouvoir être invoquée en cette matière, doit viser non seulement les privilèges et immunités des agents respectifs, mais aussi leurs *pouvoirs*, et, de plus, la condition de *réciprocité*, même lorsqu'elle n'est pas expressément formulée, est nécessairement sous-entendue. Tous ces points sont indiqués dans l'ouvrage de M. Pillaut, qui, au lieu de se borner à une énumération des lois, ordonnances, instructions et circulaires relatives aux consulats français, et à les paraphraser, fait, particulièrement en ce qui concerne les attributions des consuls de France en matière d'administration et de liquidation des successions de leurs nationaux, de très nombreuses références à notre droit conventionnel.

M. Pillaut a soin toutefois de faire remarquer que, si les pouvoirs des consuls rencontrent une limite dans la législation du pays de leur résidence, ils sont déterminés exclusivement par la législation de l'État dont ils relèvent, et que les traités ne sauraient leur conférer des droits qui ne leur sont pas reconnus par l'État qui les nomme. Les stipulations conventionnelles à cet égard sont *permissives,* mais non *habilitantes.* En ce qui concerne l'exercice des attributions consulaires, si l'État de résidence peut permettre, tolérer ou interdire certains actes, il ne saurait en prescrire l'accomplissement. Ce serait s'ingérer dans des actes de la fonction dont des agents étrangers ne doivent compte qu'au gouvernement qui les a nommés et violer les règles admises dans les rapports internationaux.

C'est donc la législation interne qui détermine l'étendue des pouvoirs qu'elle entend conférer aux agents, si, pour leur exercice, il y a lieu de tenir compte des dispositions des lois étrangères et des traités.

Il y a lieu de noter que la législation française est peut-être celle qui prévoit pour les consuls les attributions les plus multiples et les plus complexes. Certains pays, l'Autriche, la Russie, la Grèce, ne reconnaissent pas comme le nôtre à leurs agents les pouvoirs d'officiers de l'état civil. La législation consulaire allemande ne confère pas aux consuls de l'Empire le droit d'organiser la tutelle de leurs nationaux mineurs; elle le dénie d'ailleurs aux consuls étrangers sur le territoire de l'Empire. Les instructions pour les consuls de Sa Majesté britannique sont muettes en ce qui concerne le service militaire, le service militaire obligatoire n'existant pas dans le Royaume-Uni. L'application à l'étranger de notre loi sur la nationalité, la plus compliquée de toute l'Europe, vu le cumul du principe du *jus soli* avec celui du *jus sanguinis* dû à notre faible natalité et au désir d'assimiler aux Français la descendance des nombreux étrangers fixés sur notre territoire, application confiée aux consuls, met ces derniers aux prises avec les questions de droit les plus compliquées et les plus délicates. Enfin, la mise en vigueur des conventions de La Haye sur le droit international privé suppose le concours des consuls comme agents d'exécution.

Si donc en pays appartenant à la communauté internationale les pouvoirs juridictionnels des consuls ont disparu, par contre leurs attributions administratives se sont démesurément accrues, et réclament de plus en plus, vu leur importance, tout leur temps et toute leur attention.

Dans ces conditions, le rôle d'agent purement commercial que tend à leur assigner une opinion publique insuffisamment éclairée, qui les considère, à tort, comme des facteurs indispensables du développement de notre commerce dans le monde, n'est pas celui qui constitue leur devoir essentiel et leur raison d'être.

On ne saurait exiger de fonctionnaires, auxquels, pour assurer leur impartialité, et pour leur permettre de se consacrer uniquement et entièrement à leurs devoirs, on interdit, avec raison, de faire le commerce, la hardiesse de vues, l'aptitude aux affaires qui restent l'apanage de la spéculation privée aiguillonnée par la concurrence et le mobile de l'intérêt personnel. Le commerce vit de liberté et d'initiative.

Une certaine école croit que les consuls, par leurs informations, peuvent ouvrir des voies nouvelles et fécondes au commerce de leur pays. A notre sens, c'est une erreur. Les grands courants commerciaux s'établissent naturellement, et la tâche de l'administration consiste surtout à les constater, en vue de l'établissement de tarifs douaniers et de la conclusion éventuelle de traités de commerce propres à les développer.

Les rapports des consuls peuvent être utilisés à cet effet par les pouvoirs publics.

Les consuls n'en restent pas moins essentiellement des fonctionnaires de l'ordre administratif. Dans ce rôle, ils peuvent être exposés à encourir de lourdes responsabilités.

On se plaint généralement en France de ce que les fonctionnaires soient irresponsables. Ce n'est pas exact pour les consuls et les vice-consuls. Ils sont essentiellement responsables, non pas, il est vrai, en tant que fonctionnaires, mais en tant qu'agents investis d'attributions dévolues en France aux notaires et aux liquidateurs judiciaires. Les tribunaux français font preuve à leur égard d'une véritable sévérité; ils assimilent les vice-consuls aux notaires, au point de vue des responsabilités encourues en cas de faute personnelle, bien qu'à l'inverse de ces derniers ils ne perçoivent aucuns émoluments à l'occasion des actes reçus par eux, mais seulement des droits de chancellerie au profit du Trésor. Ce serait le cas, semble-t-il, de s'inspirer par analogie du principe d'équité formulé à l'article 1992-2° du Code civil, au titre du Mandat : « Néanmoins, la responsabilité relative aux fautes est appliquée moins rigoureusement à celui dont le mandat est gratuit qu'à celui qui reçoit un salaire. »

La jurisprudence n'est pas entrée dans cette voie,

peut-être parce que l'attention des juges n'a pas été
attirée sur ce point; elle déclare les vice-consuls personnellement responsables, au même titre que les notaires, de l'omission d'une formalité essentielle dans
la réception d'un testament authentique entraînant
sa nullité (Cass. req. 23 janv. 1893; *J. Dr. int. pr.*,
1895, p. 127); elle retient également à la charge des
consuls le fait d'avoir procédé dans des conditions dé-
favorables à la vente aux enchères d'objets provenant
de la succession d'un Français, et présentant pour les
héritiers le caractère de souvenirs, contrairement aux
prescriptions d'une simple circulaire ministérielle
(Trib. civ. Seine, 1re ch., 8 nov. 1898; *J. Droit int. pr.*,
1899, p. 120).

Ce n'est que lorsque l'acte du consul revêt un caractère politique, que la juridiction administrative
comme la juridiction de droit commun se déclare in-
compétente à l'effet d'en connaître. On peut citer notamment dans ce sens l'arrêt du Conseil d'État statuant au contentieux du 12 février 1904 (*J. Droit int.
pr.*, 1905, p. 373).

Un des principaux mérites de l'ouvrage de M. Pillaut est d'avoir insisté sur ce point important. Il cite
de très nombreuses décisions de jurisprudence, arrêts
de la Cour de cassation, des cours et tribunaux, du
Conseil d'État, relatives aux actes des consuls, qu'on
chercherait vainement dans les ouvrages de ses prédé-
cesseurs. C'est un des côtés vraiment neufs et intéres-
sants de son livre; il présente l'avantage incontestable
d'éclairer les consuls sur les conséquences graves pouvant résulter pour eux de leur imprudence, de la vio-

lation des lois ou de l'inobservation des règlements. Par là, cet ouvrage, reposant sur des bases théoriques sûres, offre un intérêt pratique, et permet, dans des cas douteux, de s'inspirer des précédents à l'effet de dégager des solutions rationnelles.

C'est ce juste mélange de théorie et de pratique, et la richesse de la documentation qui donnent à ce livre un caractère original, et nous estimons qu'il est appelé à rendre à nos agents à l'étranger les plus utiles services.

Camille JORDAN

ABRÉVIATIONS

B. O. M. J. — Bulletin officiel du Ministère de la Justice.

C. C. — Code civil.

C. P. C. — Code de procédure civile.

D. P. — Dalloz périodique.

J. D. I. P. — Journal de droit international privé.

Lebon. — Recueil des arrêts du Conseil d'État.

R. C. L. et J. — Revue critique de législation et de jurisprudence.

R. D. A. — Répertoire de droit administratif.

R. D. I. et L. C. — Revue de droit international et législation comparée.

R. D. I. P. et D. P. I. — Revue de droit international privé et de droit pénal international.

S. — Sirey.

Nota. — Voir à la fin du volume l'Appendice contenant des compléments aux paragraphes 2, 4, 19, 20, 21, 23, 23 *bis*, 24, 31, 32, 60, 82, 108, 129, 130, 146, 196, 208, 266, 277, 292, 333, 338, 370, 409-410.

MANUEL

DE

DROIT CONSULAIRE

———

CHAPITRE I

L'INSTITUTION CONSULAIRE

1. Le droit consulaire. Principes généraux. Distinction entre les consuls en pays de chrétienté et en pays de juridiction. — Trois questions forment l'objet du droit consulaire :

1º Quelles sont les attributions des consuls?

2º Comment pourront-ils les exercer sur un territoire soumis à une souveraineté étrangère?

3º Quelles personnes ont droit à la protection de nos agents?

Pour y répondre, il faut tout d'abord examiner la condition du consul; celle-ci, en effet, n'est pas uniforme dans tous les pays du globe; les pouvoirs des agents diffèrent considérablement selon les contrées où ils résident. Or, cette diversité est la conséquence de deux règles fondamentales.

En premier lieu, les consuls ne peuvent exercer que les pouvoirs autorisés par la souveraineté territoriale de l'État où ils résident. Dans les pays de juridiction, ils ne rencontreront guère d'obstacle à l'exercice d'attributions; mais, en pays de chrétienté, cette souveraineté veut rester maîtresse chez elle, et s'est toujours refusée à les soustraire à sa puissance. Ils sont alors obligés de se soumettre aux lois du pays où ils sont établis, et ne peuvent user que des pouvoirs reconnus par les traités, la législation locale, ou tolérés par l'usage. Ce principe est conforme à l'Instruction du ministère des affaires étrangères du 8 août 1814.

« Les attributions de la charge des consuls..... peuvent être étendues ou limitées dans les différents États, ou par les traités ou selon les maximes de la législation de ceux de ces États avec lesquels nous n'avons pas de traités..... Aussi, quoique les consuls soient investis, par leur nomination, de toute l'autorité que les ordonnances ont attachée à cette charge, comme ils ont à la remplir sur un territoire étranger et en vertu d'un acte émané du souverain territorial, l'exercice de cette autorité peut être plus ou moins restreint. »

En second lieu, les règlements français, exclusivement, déterminent la compétence des agents. Le délégué ne saurait recevoir d'instructions que du gouvernement qui le délègue, et ce dernier est seul juge des devoirs qu'il doit imposer à des fonctionnaires responsables uniquement envers lui. Cette règle ne souffre pas d'exception. Ainsi un agent ne peut user d'un pouvoir reconnu dans un traité s'il n'est habilité par sa loi nationale. Le but d'une convention est de consentir un abandon réciproque et partiel de la souveraineté territoriale, et non d'imposer des devoirs aux agents.

Ce principe est exposé dans la circulaire du ministère des affaires étrangères du 14 août 1866 :

« Les stipulations internationales peuvent bien reconnaître à ces agents la faculté d'exercer certaines fonctions spécialement définies; mais elles ne sauraient, en aucun cas, les investir d'attributions que ne comporte pas le mandat qu'ils ont reçu de leur gouvernement. »

En résumé, les fonctions consulaires sont donc nettement délimitées, d'un côté par la législation nationale, de l'autre par celle du pays de la résidence, sauf exceptions prévues par les traités. Ce principe a servi de base à l'étude des matières contenues dans ce volume. Il offre en effet plusieurs avantages :

1° Il reconnaît le respect réciproque que les États doivent avoir les uns envers les autres, et permet d'éviter toute difficulté internationale;

2° Les consuls, qui, en pays de chrétienté, ne jouissent pas de l'immunité de juridiction, ne risquent point de se rendre justiciables des tribunaux locaux, et de voir leurs actes officiels discutés par une autorité étrangère;

3° Les Français peuvent recourir au ministère des consuls sans craindre que l'on conteste la validité des actes reçus par ces fonctionnaires;

4° Enfin, le ministre des affaires étrangères conserve seul la faculté de régler les attributions des consuls au mieux des intérêts des nationaux, sans l'intervention d'une puissance étrangère.

L'application des principes qui précèdent impose une première distinction entre les consuls en pays de juridiction et en pays de chrétienté :

1° Dans les pays de juridiction, « la souveraineté territoriale a admis ou subi une véritable *capitis deminutio*, la coexistence sur son territoire d'autres souverainetés indépendantes, dont les ressortissants se trouvent soustraits à ses lois civiles et pénales, et sont régis par le droit de la mère patrie qui détermine les textes qui leur sont applicables (1) ». Aussi les consuls, accomplissant une mission

______

(1) C. JORDAN, *R. D. I. et L. C.*, 1907, p. 271.

politique (1), jouissent d'immunités et de privilèges semblables à ceux concédés aux agents diplomatiques, destinés à leur assurer une indépendance absolue vis-à-vis des autorités locales;

2º En pays de chrétienté (ou appartenant à la communauté internationale), malgré l'opinion de certains publicistes (2), la pratique internationale ne reconnaît pas aux consuls le caractère représentatif (3).

§ 1 — Condition du consul dans le pays de sa résidence

1º Consuls en pays de juridiction

2. Immunités et privilèges. — Des privilèges identiques à ceux reconnus aux agents diplomatiques sont concédés aux consuls en pays de juridiction par un usage séculaire qui n'a jamais été contesté, quelle que soit la rédaction des traités. Les capitulations de 1740 avec la Turquie portent dans le préambule que « les consuls, interprètes, etc., seront protégés et maintenus en tout repos et tranquillité ». D'autres articles de ce document accordent différents privilèges aux Français en général. Le traité avec le Maroc, du 28 mai 1767, précise que l'empereur de France peut établir la quantité de consuls qu'il voudra pour représenter sa personne. Les traités avec la Chine, des 24 octobre 1844 et 27 juin 1858 autorisent le gouvernement français à établir des agents sur certains points du territoire et reconnaissent l'immunité de juridiction pour les Français en général. La convention commerciale du 25 avril 1886 entre la France et la Chine porte que la France a la faculté d'envoyer des consuls à Langson et

----

(1) Cassation, 4 février 1863. *D. P.*, 1863, 1, 50.
(2) De Clercq et de Vallat, *Guide des Consulats*, t. 1, p. 4 et suiv.
(3) Instruction du 8 août 1814.

Laokay, lesquels jouiront des droits et privilèges concédés en Chine aux consuls de la nation la plus favorisée (1). Cette dernière clause est insérée en faveur de nos agents dans les traités avec Mascate (17 novembre 1844), la Perse (12 juillet 1855) et le Siam (15 août 1856).

Avant d'entrer en fonctions, les consuls doivent être reconnus par l'autorité locale. Les traités avec Mascate et le Siam les soumettent formellement à l'obligation d'obtenir l'exequatur.

Les privilèges qui résultent du principe d'exterritorialité sont les suivants : immunité de juridiction; exemption de contributions; exemption de droits de douane (Maroc, art. 11); inviolabilité du consulat (l'article 50 des capitulations donne au consul le droit d'avoir une garde); le droit d'arborer le pavillon français (Mascate, Siam).

Les conventions avec la Chine règlent les formes des communications entre les consuls et les autorités locales.

2° Conditions d'admission des consuls en pays de chrétienté

3. *Le consul en pays de chrétienté.* — En pays de chrétienté, les consuls sont les délégués officiels de gouvernements étrangers, mais ne sont pas considérés comme représentant le pouvoir souverain.

4. *Droit d'envoyer et de recevoir des consuls. Pays avec lesquels la France a conclu des conventions.* — MM. de Clercq et de Vallat (2) conviennent que le

---

(1) Les Chinois avaient de très particuliers scrupules au sujet de la clause de la nation la plus favorisée. « Ils trouvaient à ces mots quelque chose d'immoral et de choquant; cette expression, disaient-ils, s'applique spécialement à celle des femmes à qui l'époux, dans ses relations conjugales, donne les preuves de sympathie les plus fréquentes. » (DE LAPRADELLE; *La Question chinoise* [*Revue générale de Droit international public*, 1902, p. 101].)

(2) *Guide des Consulats*, t. I, p. 127, édition 1898.

droit des gens moderne n'impose à aucun gouvernement l'obligation de recevoir des consuls étrangers. Aussi, pour s'assurer la faculté de pouvoir envoyer des agents, la France a-t-elle conclu des traités avec les puissances étrangères. On peut prendre, comme type des stipulations de cette nature, l'article 1 de la convention consulaire du 11 décembre 1866 avec l'Autriche: « Chacune des H. P. C. aura la faculté d'établir des consuls généraux, consuls, vice-consuls ou agents consulaires dans les ports ou places de commerce de l'une ou l'autre partie. » Ce droit d'envoyer des consuls n'est pas toujours aussi clairement exprimé. Il ne résulte parfois qu'implicitement de stipulations contenues dans des traités de commerce ou d'amitié, ou de simples déclarations. Voici la liste des conventions consulaires et des traités de commerce et de navigation conclus par la France avec les puissances étrangères et contenant des clauses relatives à l'établissement des consuls respectifs, établie par M. C. Jordan (1).

Allemagne, 10 mai 1871 (2).
Autriche-Hongrie, 11 déc. 1866.
Bolivie, 5 août 1897.
Chili, 15 septembre 1846.
Colombie, 30 mai 1892.
Costa-Rica, 12 mars 1848.
Danemark, 9 février 1842.
Dominicaine, 25 octobre 1882.
Équateur, 6 juin 1843.
Espagne, 7 janvier 1862.
États-Unis, 23 février 1853.
Grèce, 7 janvier 1876.
Haïti, 12 février 1838.

Honduras, 22 février 1856.
Italie, 26 juillet 1862.
Japon, 4 août 1896.
Libéria, 17 avril 1852.
Mexique, 27 novembre 1886.
Pays-Bas, 7 juillet 1865.
Pérou, 7 décembre 1878.
Portugal, 11 juillet 1866.
Russie, 1er avril 1874.
Salvador, 5 juin 1878.
Suède et Norvège, 30 déc. 1881,
    13 janvier 1892.
Uruguay, 8 avril 1836.

5. Nomination d'agents consulaires par les consuls. — Le droit pour les consuls de nommer des délégués ou agents consulaires est spécifié dans les conventions

---

(1) *R. D. I. et L. C.*, 1906, p. 484.

(2) Article 11 remettant en vigueur le traité du 2 août 1862 avec le Zollverein.

avec l'Autriche, la Bolivie, la Grèce, le Salvador, Saint-Domingue, le Danemark, les États-Unis, le Portugal, l'Espagne et l'Italie (1).

6. Droit d'envoyer et de recevoir des consuls. — Pays avec lesquels la France n'a pas de convention. — Lorsque aucune convention n'a été conclue, il ne s'ensuit pas qu'un État refuse de recevoir des consuls. On trouve des agents français accrédités en Suisse, en Belgique, en Angleterre. L'usage et la réciprocité peuvent tenir lieu de traité en cette matière.

7. Exequatur. — L'agent envoyé comme consul doit être agréé par le gouvernement du pays où il doit résider et obtenir l'exequatur. En pratique, celui-ci est délivré par le chef de l'État sur la demande des agents diplomatiques (2). Cette formalité est gratuite, en usage dans tous les pays, et peut s'appliquer aux agents consulaires nommés par les consuls (3).

La souveraineté territoriale qui accorde ou refuse l'exequatur peut le retirer quand elle le juge convenable. Cette éventualité a été prévue à l'article 1 de la convention avec les États-Unis, où il est stipulé que l'État qui recourra à cette mesure avisera l'autre État de ses motifs.

8. Réserve au droit d'envoyer des consuls sur certains points du territoire. — La convention avec l'Autriche (art. 1) porte : « Elles (les H. P. C.) se réservent toutefois le droit de désigner les localités qu'elles jugeront convenables d'excepter, pourvu que cette réserve soit également appliquée à toutes les puissances. »

Des clauses analogues sont insérées dans les traités avec

---

(1) Voir page 21, note 2, pour la Turquie et le Maroc.

(2) Instruction du 8 août 1814.

(3) En Italie, les agents consulaires doivent obtenir l'exequatur, décret du 3 décembre 1854.

le Chili (art. 19), l'Espagne (art. 8), le Guatemala (art. 19),
le Honduras (art. 19), le Japon (art. 19), la Russie (art. 1),
la Suède et la Norvège (art. 9), l'Allemagne (art. 12). Dans
les pays avec lesquels il n'a pas été signé de convention,
les gouvernements ont, *a fortiori*, le droit de refuser l'admission de consuls sur certains points de leur territoire.

3° Condition du consul en pays de chrétienté

**9. *L'exercice des pouvoirs consulaires et la souve-
raineté territoriale.*** — Les consuls en pays de chrétienté,
résidant sur le territoire d'un État où la souveraineté territoriale est toute-puissante, ne peuvent, en principe, exercer
aucun pouvoir ni jouir d'aucun privilège sans la permission
expresse ou tacite du gouvernement de cet État.

**10. *Condition du consul vis-à-vis des autorités lo-
cales.*** — On peut prendre comme règle l'article 1 de la
convention avec l'Autriche : « L'autorité supérieure de la
résidence prendra les mesures nécessaires pour qu'ils puissent s'acquitter des devoirs de leur charge. Les consuls.....
pourront, dans l'exercice des pouvoirs qui leur sont attri-
bués, s'adresser aux autorités de leur arrondissement.

« Les agents consulaires ont qualité pour s'adresser indistinctement à toutes les autorités civiles, militaires (et
religieuses) de leur circonscription pour faire des demandes
en faveur de leurs nationaux, et pour protester contre toute
violation des traités à leur préjudice, et cette faculté les
met vis-à-vis d'elles sur un pied d'indépendance et d'égalité
bien marqué. En effet leurs fonctions, toutes spéciales, ne
les mettent au-dessus ou au-dessous d'aucune autorité de
leur circonscription et ne comportent à leur égard aucune
subordination ou assimilation (1). »

____

(1) C. JORDAN, *R. D. I. et L. C.*, 1906, p. 749.

11. Réclamations contre les autorités locales. — Les réclamations contre les autorités locales doivent être portées au gouvernement central par la voie diplomatique (1). Les conventions avec l'Autriche, l'Espagne, le Portugal, la Russie, l'Italie et les États-Unis permettent aux consuls de recourir directement au gouvernement du pays où ils résident, à défaut d'un agent diplomatique de leur nation.

12. Le consul n'est pas assimilé à un fonctionnaire public du pays de la résidence. — S'ils sont fonctionnaires publics de l'État qui les envoie, les consuls ne le sont pas, même par délégation, du gouvernement du pays de leur résidence. D'après un arrêt de la cour de Paris du 28 juin 1883, confirmé par la Cour de cassation (2) le 9 février 1884, l'exequatur est une simple licence permettant aux consuls d'exercer leurs fonctions. Mais ils « ne doivent pas être confondus avec des citoyens français chargés d'un service ou d'un mandat public, en un mot, avec les personnes associées dans une mesure quelconque à l'action publique, c'est-à-dire, soit à l'exercice de la puissance publique, soit à l'accomplissement des devoirs de la commune ou de l'État français (2) ».

13. En matière de pouvoirs consulaires les conventions doivent être strictement interprétées. — Dès lors, quand un texte de convention reconnaît un pouvoir, ce texte doit être toujours interprété à la lettre, et jamais par analogie ou assimilation. S'il contient des stipulations générales, on ne saurait en restreindre la portée, mais celles-ci ne doivent jamais être étendues. Le pouvoir reconnu est toujours une dérogation au principe de la souveraineté territoriale. C'est l'exception et non la règle.

------

(1) Circulaire du 10 mai 1882.

(2) *R. D. I. et L. C.*, 1906, p. 727, *J. D. I. P.*, 1883, p. 501 et 1884, p. 61.

14. *Exercice des attributions reconnues aux consuls uniquement par les règlements français.* — Quant aux attributions concédées aux consuls par les règlements français, « n'étant pas, comme celles des ambassadeurs, définies par le droit des gens..... elles peuvent être étendues ou limitées dans les différents États, ou par les traités, ou selon les maximes de la législation de ceux de ces États avec lesquels nous n'avons pas de traité relativement à l'exercice des fonctions consulaires. Aussi, quoique les consuls soient investis par leur nomination de toute l'autorité que les ordonnances ont attachée à cette charge, comme ils ont à la remplir sur un territoire étranger, et en vertu d'un acte émané du souverain territorial, l'exercice de cette autorité peut être plus ou moins restreint (1) ».

15. *Les stipulations des conventions sont permissives et non habilitantes.* — Les consuls cependant, ayant le caractère de fonctionnaires publics étrangers, échappent sur certains points à l'action de la souveraineté territoriale. Ainsi lorsqu'un pouvoir leur est reconnu par un article de traité, une telle stipulation n'est que permissive. Elle ne saurait être habilitante (2); l'agent ne peut exercer que les pouvoirs dont il est investi par les règlements français. Elle ne peut être impérative; le gouvernement du lieu de la résidence ne peut exiger que le consul use d'une faculté qu'il lui a concédée.

16. *Immunité de juridiction pour les actes de la fonction.* — En outre, il semble indispensable de reconnaître aux consuls une immunité de juridiction à raison des actes accomplis dans l'exercice de leurs fonctions officielles. La jurisprudence française est fixée en ce sens (3).

____

(1) Instruction du 8 août 1814.

(2) Circulaire du 14 août 1866.

(3) Cassation, 23 vendémiaire an IX, *S. chron.*, I, p. 370; Bordeaux, 20 mai 1829, *S. chron.* 9°, V, 2, p. 267; Nantes, 8 décembre 1869, *D. P.*, 1870, 3, 119; Seine, 1899, *J. D. I. P.*, 1899, p. 369; Dieppe, 22 janvier. 1900, *J. D. I. P.*, 1900, p. 130.

« Mais cette immunité n'étant inscrite dans aucun traité
(sauf dans quelques-uns de ceux où il est question des
liquidations de successions), les constructions édifiées par la
jurisprudence française, ingénieuses, équitables, conformes
à la courtoisie internationale et aux bons rapports internationaux sont fragiles. Elles manquent de bases certaines
qu'elles ne trouvent ni dans les traités, ni dans la réciprocité (1). » Cette immunité de juridiction n'a pas pour
résultat de soustraire les consuls à leur responsabilité. Les
intéressés peuvent s'adresser aux tribunaux français, qui
se sont toujours déclarés compétents pour connaître d'un
préjudice occasionné par un consul (2).

4° Privilèges et immunités en pays de chrétienté

17. Droit d'arborer le pavillon et l'écusson national.
— Les conventions avec l'Autriche (art. 4), la Bolivie,
la Grèce, le Salvador, Saint-Domingue (art. 4), l'Espagne
(art. 13), les États-Unis (art. 2), l'Italie (art. 2), le Portugal (art. 2), la Russie (art. 4), stipulent le droit pour les
consuls de suspendre au-dessus de leur porte l'écusson et
d'arborer le pavillon de leur patrie.

En Autriche, Espagne et Italie, ce privilège ne peut être
exercé dans la ville où se trouve l'ambassade. Les conventions avec l'Italie, l'Autriche, l'Espagne et les pays d'Amérique, stipulent que ces marques extérieures ne pourront
jamais être interprétées comme constituant un droit d'asile.

18. Inviolabilité des archives. — « C'est là un principe indispensable qui doit être reconnu comme intangible,
qu'il soit ou non inscrit dans les traités..... Ce principe est

----

(1) C. JORDAN, *R. D. P. I. et L. C.*, 1906, p. 730.
(2) Seine, 24 juin 1893, *J. D. I. P.*, 1893, p. 1216; Paris, 11 novembre
1896, *J. D. I. P.*, 1897, p. 385; Seine, 8 novembre 1898, *J. D. I. P.*, 1899,
p. 120.

même supérieur aux stipulations conventionnelles et dérive du droit des gens, en ce sens que la guerre n'y porte pas atteinte alors qu'elle abroge tous les traités. En vertu d'un usage consacré, l'agent, en se retirant, remet en dépôt ses archives au représentant d'une puissance amie et neutre, qui en assume la responsabilité (1). »

Ce principe est d'ailleurs universellement reconnu, même par l'Angleterre (2). Il est formellement inscrit dans les traités avec l'Autriche, le Chili, l'Équateur, le Guatemala, le Honduras, la république Dominicaine, l'Espagne, la Grèce, l'Italie, le Portugal, la Russie, le Salvador, les États-Unis.

Certaines conventions stipulent que ces papiers devront toujours être complètement séparés des livres et papiers relatifs au commerce et à l'industrie que pourraient exercer les consuls.

Ce principe de l'inviolabilité des archives pouvant être interprété d'une façon restrictive, les agents français devront s'inspirer des règles formulées dans l'arrangement franco-italien du 8 décembre 1888.

Art. 1. — Les mots *archives consulaires* s'appliqueront exclusivement à l'ensemble des pièces de chancellerie ou autres se rattachant directement au service, ainsi qu'au local spécialement affecté au dépôt de ces pièces.

Art. 2. — Il est expressément interdit aux consuls de placer, dans le local affecté aux archives, des documents ou objets qui n'auraient pas ce caractère. Les chambres, ou la chambre, constituant ce local devront être parfaitement distinctes des pièces servant à l'habitation personnelle du consul, et ne pourront être affectées à d'autres usages.

Cependant, d'après un arrêt de la cour de Limoges (3), l'article 3 de la convention avec les États-Unis étendant

---

(1) C. Jordan, *R. D. I. et L. C.*, 1906, p. 732.

(2) Voir *J. D. I. P.*, 1888, p. 66, l'article de M. Clunet qui a détruit la légende de la vente aux enchères des archives du consulat français de Londres pour répondre au fisc du paiement d'un impôt.

(3) *J. D. I. P.*, 1899, p. 783.

l'immunité à l'*habitation consulaire*, doit être interprété de telle sorte que la demeure du consul est toujours inviolable, même si un tiers y habite, à moins que l'agent ne se livre au commerce ou soit propriétaire foncier.

19. *Immunité personnelle*. — Les conventions avec l'Autriche (art. 2), la Bolivie, la Grèce, le Salvador et Saint-Domingue (art. 8), l'Espagne (art. 12), les États-Unis (art. 2), le Portugal (art. 2), stipulent que les consuls jouiront de l'immunité personnelle. Ce privilège est exclusivement réservé aux agents ressortissants du pays qui les envoie, en Autriche, Bolivie, Grèce, Salvador, Saint-Domingue.

Mais qu'entend-on par immunité personnelle?

Certains prétendent que ce terme étend aux consuls le privilège de l'exemption de juridiction locale reconnue aux agents diplomatiques (1). Comme, en thèse générale, les consuls en pays de chrétienté ne représentent pas le pouvoir souverain, il ne semble pas possible de leur reconnaître la jouissance des immunités diplomatiques. Aussi, pour M. Renault et la majorité des auteurs, l'immunité personnelle doit être interprétée comme exemption d'arrestation et détention préventive, sauf en cas de crime. La qualité des agents est une caution suffisante. On ne doit pas, sur de simples présomptions, les mettre dans l'impossibilité de remplir les attributions de leur charge. Les précédents historiques (2) et la lecture des textes dans leur ensemble font ressortir que tel a dû être l'esprit dans lequel les conventions ont été conclues. Mais la rédaction des articles relatifs à cette question n'a pas permis aux tribunaux d'établir une jurisprudence uniforme. Les textes disent, en général, que les consuls ne pourront être emprisonnés que pour

---

(1) Voir le commentaire de M. Clunet à la suite d'un arrêt de la cour de Paris du 8 janvier 1886, *I. D. I. P.*, 1886, p. 76.

(2) Voir C. Jordan, *K. D. I. et L. C.*, 1906, p. 498 et suiv.

les faits qualifiés crimes et que la contrainte par corps ne pourra être exercée contre eux que pour faits de commerce.

Pour la Russie, bien que l'expression immunité personnelle ne soit pas employée (art. 2), la condition des agents est réglée comme pour les pays précités.

D'après la convention avec les États-Unis, cependant, les agents ne jouissent plus d'aucun privilège, s'ils se livrent au commerce ou sont propriétaires fonciers.

La cour de Paris, par arrêt du 2 mars 1868 (1), s'est refusée à voir dans ces stipulations une immunité de juridiction pour les consuls italiens et, par arrêt du 8 janvier 1886 (2), n'a reconnu aux consuls de Portugal que le droit de ne pouvoir être arrêtés que pour crimes. Mais le tribunal de Toulouse (3) s'est déclaré incompétent au sujet de la poursuite d'une dette d'un consul espagnol n'impliquant pas de délit ou l'idée d'un délit. Enfin, le tribunal correctionnel de la Seine (4), au sujet de la convention avec la Grèce, a rendu un jugement portant « que les dispositions desdits articles sont incompatibles avec l'idée d'un jugement de condamnation prononcé par un tribunal en matière correctionnelle, puisque toute peine, même purement pécuniaire, implique l'exécution par voie de contrainte par corps ».

20. *Exemptions de contributions personnelles*. — L'article 2 de la convention avec l'Autriche porte : « .... seront exemptés des contributions directes, personnelles-mobilières ou somptuaires, imposées par l'État ou par les communes, à moins qu'ils ne possèdent des biens immeubles, qu'ils ne fassent le commerce ou qu'ils exercent quelque industrie, dans lesquels cas ils seront soumis aux

---

(1) S. 1869, 2, p. 332.
(2) *J. D. I. P.*, 1886, p. 76.
(3) 10 juillet 1890, *J. D. I. P.*, 1890, p. 908.
(4) 8 juillet 1890, *J. D. I. P.*, 1890, p. 667.

mêmes taxes, charges et impositions que les autres particuliers. » Des stipulations analogues sont insérées dans les traités avec le Chili, le Danemark, l'Équateur, l'Espagne, les États-Unis, la Grèce, le Honduras, l'Italie, le Portugal, la Russie, Saint-Domingue, le Salvador, la Bolivie.

21. Exemptions de charges militaires. — Les conventions avec l'Autriche, la Bolivie, la Grèce, le Salvador et Saint-Domingue, le Danemark, l'Espagne, les États-Unis, le Honduras, l'Italie, le Portugal, la Russie, exemptent les consuls des logements militaires et quelques-unes des contributions militaires. Cette exemption ne peut s'appliquer qu'à la résidence personnelle du consul et aux objets et animaux à son usage strictement personnel.

22. Droits de douane. — Aucun texte n'en exempte les consuls. Cependant, aux termes d'un arrangement entre la France et la Suède et Norvège (1), les objets destinés au service des consulats peuvent entrer en franchise dans les pays respectifs.

23. Dispense de comparaître en justice. — Les conventions avec l'Autriche, l'Italie, le Portugal et l'Espagne dispensent les consuls de comparaître en justice. Les magistrats doivent se rendre auprès d'eux pour recueillir leur témoignage ou déléguer un fonctionnaire à cet effet, ou leur demander une déposition par écrit. Les conventions avec la Grèce, la Bolivie, le Salvador, Saint-Domingue, dispensent les agents de comparaître, sauf dans les causes criminelles, ou lorsque leur présence est jugée indispensable. Cette exemption s'applique même au cas où ils sont personnellement en cause, à moins que le tribunal saisi n'ait, par un jugement, déféré le serment ou ordonné la comparution de toutes les parties. Le traité avec la Russie oblige, au

______

(1) DE CLERCQ, *Recueil des Traités*, t. XXI, p. 659.

contraire, les consuls à fournir leur témoignage en matière criminelle. Dans les causes civiles, l'autorité judiciaire peut se transporter à leur domicile. A la suite d'une entente entre les gouvernements intéressés, la convention avec les États-Unis n'est plus appliquée et les consuls doivent déférer aux demandes de la justice (1).

Tous ces textes d'ailleurs n'assurent aux agents que des privilèges honorifiques, mais ne contiennent aucune garantie pour eux en ce qui concerne l'immunité de juridiction pour les actes de la fonction et la possibilité de pouvoir invoquer le secret professionnel (2).

5° Clause de la nation la plus favorisée

24. *Liste des conventions assurant aux consuls le traitement de la nation la plus favorisée.* — La condition des consuls est parfois réglée par la clause de la nation la plus favorisée :

Allemagne (3), 10 mai 1871 — remettant en vigueur le traité du 2 août 1862.
Colombie, 20 mai 1892.
Danemark, 9 mai 1842.
Équateur, 6 juin 1843.
Haïti, 12 février 1838.
Honduras, 22 février 1856.
Japon, 4 août 1896.
Libéria, 17 août 1852.
Mexique, 27 novembre 1886.
Pays-Bas, 7 juin 1865 et déclaration 19 avril 1884.
Pérou, 7 décembre 1878.
Suède et Norvège, 30 décembre 1881.

La situation des consuls dépend alors du régime conventionnel de chacun des États.

____

(1) Arrangement conclu à la suite de l'incident survenu à l'occasion du procès relatif à l'expédition du comte de Raousset-Boulbon dans la Sonora. FÉRAUD-GIRAUD, *États et Souverains*, t. I, p. 221 et 222.

(2) Voir n° 16 et n° 69.

(3) Le mode de citation des consuls d'Allemagne en France a été ainsi réglé par voie de réciprocité : 1° les consuls d'Allemagne en France, non sujets de l'Empire, seront tenus de fournir leur témoignage en justice lorsque les

25. *La réciprocité doit être absolue.* — L'application de la clause de la nation la plus favorisée en matière d'attributions et d'immunités consulaires est moins générale qu'en matière commerciale où il est permis de faire des échanges sur de simples équivalents, par exemple : abaissement d'un tarif sur les vins contre une exemption de taxe sur les huiles.

La dignité, l'égalité des États, exigent, en matière d'immunités et d'attributions consulaires, qu'il y ait réciprocité absolue, c'est-à-dire que les consuls des deux pays doivent jouir exactement du même traitement et de droits identiques.

26. *La clause de la nation la plus favorisée peut concerner les immunités et non les pouvoirs.* — Lorsque la clause de la nation la plus favorisée a été introduite au sujet des privilèges et immunités, elle ne saurait être étendue aux pouvoirs s'il n'y a eu stipulation expresse ou entente sur ce point (1). Les privilèges sont une faveur personnelle faite aux consuls, un pouvoir leur accorde un droit, consacre l'abandon partiel par un État de sa souveraineté territoriale. Ce sont deux choses de principes tout différents.

27. *Principes généraux pour déterminer la condition des consuls jouissant du traitement de la nation la plus favorisée.* — 1º Les pouvoirs des consuls sont en général déterminés par le traité qui fait le plus de concessions en matière consulaire;

---

tribunaux le jugeront nécessaire, mais après avoir été cités par lettre officielle; 2º les mêmes consuls, sujets allemands, ne pourront jamais être contraints à comparaître devant les tribunaux qui devront les inviter à se présenter devant eux, et en cas d'empêchement envoyer un délégué à leur domicile pour recueillir leur témoignage de vive voix (*B. O. M. J.*, 1888, p. 10 et 11).

(1) Cour d'Aix, 9 juillet 1903. *Gazette des Tribunaux*, 1ᵉʳ août 1903.

2º Cependant, en vertu du principe de réciprocité, un État ne peut revendiquer le bénéfice d'une convention qui accorderait à ses consuls des droits plus étendus que ceux qu'il concède sur son territoire aux agents étrangers;

3º Les différentes conventions conclues par un État ne sont pas toutes identiques. Certaines attributions peuvent être reconnues aux consuls d'une puissance et non à ceux d'une autre. Dans ce cas, le pays jouissant du traitement de la nation la plus favorisée peut revendiquer les droits les plus étendus reconnus dans chaque traité.

4º Lorsqu'un traité, dont bénéficie la nation la plus favorisée, vient à être dénoncé, celle-ci n'est plus admise à s'en prévaloir sans notification spéciale;

5º On ne peut toujours revendiquer les droits accordés à une nation frontière. Ceux-ci ont parfois un caractère spécial et font notamment, dans les traités conclus par certains États de l'Amérique, l'objet de réserves expresses.

6ª Divers

28. Pays de chrétienté avec lesquels la France n'a pas de convention. — On applique le système de la réciprocité. On peut citer la Belgique qui, par une loi du 1er janvier 1856, a réglé la situation des agents étrangers sur son territoire. Cependant, sauf dans les cas où l'usage d'un privilège leur serait reconnu par courtoisie, les consuls doivent se conformer à la loi locale. Ainsi, lorsqu'ils sont appelés en justice, doivent-ils déférer à l'invitation qui leur est faite. Ils peuvent, en certains cas, invoquer le secret professionnel (Voir nº 69).

29. Classement des consuls entre eux. — Le règlement du congrès de Vienne du 19 mai 1815 et le protocole d'Aix-la-Chapelle du 22 novembre 1819 sont muets quant aux consuls. Leur rang est déterminé par les usages locaux (1). Tantôt on prend pour base la distinction entre les consuls de carrière et les consuls marchands, tantôt la date de l'exequatur, etc.

30. *Principes pour l'établissement d'une convention, concernant la condition des consuls en pays de chrétienté.* — Une convention rationnelle doit être établie d'après les principes suivants :

1° Droit d'envoyer et de recevoir des consuls. Restrictions à ce droit. On peut prendre comme type l'article 1er de la convention avec l'Autriche (Voir nos 4 et 8). Droit pour les consuls de nommer des agents consulaires et des délégués (sauf approbation de l'autorité territoriale);

2° Formalités d'admission. Situation vis-à-vis des autorités locales. Exequatur, droit de le refuser et de le retirer. Communications directes entre le consul et les autorités locales et même avec le gouvernement central en cas d'absence d'agent diplomatique. Obligation pour les autorités territoriales de prendre les mesures nécessaires pour permettre aux agents de s'acquitter des devoirs de leur charge et de leur assurer le libre exercice des privilèges reconnus dans la convention;

3° Immunité personnelle réduite à l'exemption d'arrestation, sauf en cas de crime et de contrainte par corps. Immunité de juridiction pour les actes de la fonction; droit d'invoquer le secret professionnel quand le témoignage est requis en justice. Ces privilèges peuvent être réservés aux agents sujets du pays qui les nomme, ne se livrant ni au commerce ni à l'industrie;

4° Privilèges à titre gracieux. Exemptions de contribu-

---

(1) Le règlement des États-Unis déclare qu'il n'y a pas de règle en cette matière, mais les instructions anglaises portent que l'on doit suivre les règles adoptées par le congrès de Vienne pour les agents diplomatiques, c'est-à-dire : la préséance à celui qui est le plus élevé en grade et le plus anciennement reconnu.

tions personnelles, de réquisitions et de logements militaires, mais ne s'appliquant pas quand les agents sont propriétaires fonciers ou se livrent au commerce et à l'industrie;

5° Inviolabilité des archives : on peut suivre les règles tracées dans l'arrangement franco-italien du 8 décembre 1888 (Voir n° 18);

6° Droit d'arborer le pavillon et l'écusson national, sans que ces marques extérieures puissent être interprétées comme constituant un droit d'asile;

7° En cas de contestation sur l'interprétation de la convention, les difficultés qui peuvent surgir doivent être réglées par la voie diplomatique, et les autorités judiciaires doivent surseoir à toute décision.

31. Inconvénients à insérer dans des traités de commerce des clauses concernant les pouvoirs consulaires. — Les clauses concernant les privilèges et pouvoirs des consuls ont parfois été insérées dans des traités de commerce. Ce système offre des inconvénients. Les traités de ce genre sont en général dénoncés dans un laps de temps assez court (dix ou quinze ans), tandis que les conventions spéciales consulaires ou d'établissement peuvent avoir une durée beaucoup plus prolongée. Pour certains pays de l'Amérique du Sud et du Centre, cette façon de procéder a même eu pour conséquence de créer aux agents une situation incertaine. Des conventions d'amitié, de commerce et de navigation, contenant des dispositions relatives aux consuls, ont été dénoncées, sauf en ce qui concerne « les stipulations perpétuelles ». Cette restriction vise-t-elle les privilèges et les pouvoirs consulaires? La situation personnelle des agents semble avoir été respectée partout; elle peut, d'ailleurs, toujours être réglée par le principe de réciprocité. En ce qui concerne les pouvoirs, la question est plus délicate. De l'examen des faits, on peut conclure qu'elle doit être tranchée par la négative au Nicaragua,

les pouvoirs reconnus aux titulaires de consulats généraux, et un consul général chargé d'un vice-consulat exerce les attributions conférées aux titulaires de vice-consulats.

37. *La compétence des agents est uniquement territoriale.* — Le fait de posséder un grade dans la carrière consulaire n'investit donc pas un agent du droit d'exercer des attributions. Il ne peut exercer un pouvoir que s'il est chargé d'une fonction. Le pouvoir est donc attaché au poste et non à sa personne. De ce principe découle nécessairement la règle que la compétence des agents est uniquement territoriale et que tous les actes accomplis par eux hors de leur circonscription consulaire sont nuls.

38. *Remplacements, suppléances.* — Un consul ne peut donc jamais se faire suppléer par un collègue d'un poste voisin. Pour les remplacements, il faut se conformer rigoureusement aux prescriptions de l'Ordonnance du 20 août 1833. Celle-ci porte qu'en cas de vacance par suite de décès, départ du titulaire ou pour toute autre cause imprévue, l'officier le plus élevé en grade remplit provisoirement le poste. Le gérant devient compétent à l'égal du titulaire. La légalité de ce remplacement a été consacrée dans les conventions avec l'Autriche (art. 6), la Grèce, la Bolivie, le Salvador et Saint-Domingue (art. 3), l'Espagne (art. 15), les États-Unis (art. 2), Italie (art. 14), le Portugal (art. 13). Cette procédure est à suivre dans tous les postes. Actuellement, en effet, « si les résidences consulaires sont encore divisées en consulats généraux et simples consulats, cette division n'est plus pour les agents qu'une distinction honorifique, un grade de leur carrière (1) ». Il en est de même pour les vice-consulats depuis le décret du 19 juin 1881, qui a réservé ces postes aux agents de carrière et a donné à leurs titulaires les mêmes pouvoirs qu'à ceux des consu-

____

(1) De Clercq et de Vallat, *Guide des Consulats*, t. I, p. 32.

lats. Le système de l'Ordonnance d'août 1833 n'est plus suivi. Les attributions reconnues par ce document aux consuls généraux sont réunies dans la pratique à celles des missions diplomatiques. C'est aux chefs de celles-ci qu'incombe le soin de prendre les mesures provisoires pour assurer le service en cas d'urgence. La plupart des textes concernant ces questions auraient besoin d'être remaniés pour être en harmonie avec la situation actuelle.

En principe, un chef de poste peut donc toujours se faire suppléer, mais seulement par la personne la plus élevée en grade après lui. Le suppléant signe « pour le consul absent, empêché..... », sans qu'il y ait lieu de constater une transmission de pouvoirs par un acte, le remplacement ayant lieu de droit.

39. Délégations. — La question de délégation est différente, elle n'est réglée par aucun texte précis. Dans le *Répertoire de Droit administratif* (1), on lit : « Ce qui ne peut être délégué, c'est le droit de décision qui appartient au fonctionnaire, comme représentant de la personne morale de l'État. » Ainsi un consul peut déléguer à quelqu'un le droit de remplir les formalités administratives pour constater un dépôt, mais non le pouvoir qui lui est reconnu d'accepter ou de refuser un dépôt volontaire. La délégation peut être donnée à tout fonctionnaire du poste sans tenir compte de la hiérarchie. Il est bon de la constater au moins dans l'acte ou même dans un acte spécial (2), si elle est permanente.

2° Rôle et attributions des consuls

40. Le rôle des consuls est surtout officieux. Devoir de protection. — Le rôle des consuls, en principe, est

----

(1) T. XVI, p. 562.

(2) L'article 39 de l'Ordonnance du 20 août 1833 reconnaît aux agents consulaires la qualité de délégués du consul.

seulement officieux. Tel est l'esprit général des instructions du ministère des affaires étrangères. Ils doivent protéger les nationaux, mais, à cet égard, le ministre ne peut leur tracer d'avance aucune ligne de conduite et les laisse libres d'agir selon les circonstances (1).

Ce devoir de protection est cependant ainsi défini dans l'Instruction du 8 août 1814 : « Les consuls défendent auprès des autorités étrangères leurs nationaux, lorsqu'on viole à leur égard, soit la justice naturelle, soit les traités, lorsqu'on s'écarte à leur détriment, soit des dispositions, soit des formes établies par les lois du pays, dans le cas où ils sont sujets à ces lois; ils réclament, en faveur de nos négociants et de nos navigateurs, les droits et avantages qui ont été stipulés par les traités et veillent à ce que ces stipulations ne soient pas éludées; ils sollicitent pour eux toutes les facilités qui n'étant point accordées par ces traités peuvent être données sans porter atteinte *aux lois et intérêts du pays;* ils pourvoient à ce que les affaires qui intéressent nos nationaux et dont la décision appartient aux autorités étrangères soient expédiées avec promptitude et conformément à la justice; ils s'appliquent à écarter tous les obstacles qui peuvent nuire au progrès de notre commerce en général, et gêner les opérations particulières des négociants, surtout dans les rapports qu'ils ont avec les douanes. »

Il ne faut jamais perdre de vue que les Français à l'étranger, sauf exceptions formellement inscrites dans les traités, sont soumis aux lois du pays où ils résident. Or, si l'on examine les conventions d'établissement conclues avec les pays de chrétienté, on voit que leurs stipulations n'ont, en général, pour but que d'assurer aux Français le même traitement que celui imposé aux nationaux par la législation locale, et non de leur créer une situation privilégiée et les soustraire aux lois pénales, civiles, de police ou de sûreté. Aussi l'Instruction du 8 août 1814 ajoute : « Non

____

(1) Circulaire du 27 septembre 1886.

seulement les consuls ne déféreront pas aux demandes des négociants et navigateurs qui auraient pour objet des choses *contraires aux lois du pays* ou à nos ordonnances et règlements, mais ils réprimeront avec soin de tels écarts et interdiront aux nationaux toute démarche qui serait évidemment contraire à nos intérêts politiques et commerciaux. » La circulaire du 27 septembre 1886 a d'ailleurs invité les agents à recueillir, classer et tenir à jour, toutes les notes, pièces et indications relatives aux conditions de séjour et d'établissement des étrangers, aux principales dispositions législatives qui peuvent les concerner, etc.

41. Défense d'accepter un mandat particulier. — Il est interdit aux agents de se charger d'un mandat particulier (1) et de prendre le rôle d'agents d'affaires (2). Comme fonctionnaires publics, ils ne doivent pas engager leur responsabilité personnelle et se rendre justiciables des tribunaux locaux. L'obligation de défendre les intérêts d'un particulier pourrait leur créer une situation délicate, les forcer à entamer une procédure contre un autre Français ayant également droit à leur protection ou contre une autorité locale avec laquelle ils ont de fréquents rapports en raison de leurs fonctions.

42. Conduite et rôle vis-à-vis des autorités locales. — L'Instruction du 8 août 1814 et la Circulaire du 16 mai 1849 recommandent aux agents de protester toujours dans une forme convenable. Ils ne peuvent être que les avocats de leurs nationaux vis-à-vis des autorités locales. Si leurs réclamations ne sont pas accueillies, ils doivent en informer le ministre en continuant à donner aux affaires

---

(1) Instruction du 29 novembre 1833 et Circulaire du 27 septembre 1886. Cette interdiction ne saurait s'étendre aux agents consulaires qui ne sont pas fonctionnaires publics et peuvent faire le commerce ou exercer un état.

(2) Instruction du 8 août 1814 et Circulaire du 28 février 1867.

courantes le soin qu'elles demandent (1). Cependant l'article 16 de l'Ordonnance du 7 novembre 1833 et la Circulaire du 11 avril 1856 les autorisent, dans les cas particulièrement graves, à faire appel directement aux forces navales françaises.

43. *Attributions des consuls.* — Les attributions accordées aux consuls ont pour objet :

1º De permettre aux nationaux de se conformer à la loi française quand ils ne jugent pas à propos d'invoquer la règle *locus regit actum* (état civil, actes notariés, etc.);

2º De mettre à même les agents de prêter un concours utile aux Français établis dans le pays (dépôt, immatriculation, etc.);

3º Et de sauvegarder les droits des absents ou des incapables (successions, tutelles, etc.).

En suivant la division établie dans ce volume, ces attributions peuvent être rangées en trois catégories :

1º Celles en matière intéressant les personnes : état civil, service militaire, etc.;

2º Celles en matière concernant les biens et la propriété : liquidations de successions, dépôts, etc.;

3º Celles en matière de procédure : remise d'actes judiciaires, certificats de coutume, etc.

44. *Attributions reconnues par des lois.* — L'article 48 du Code civil donne aux consuls les pouvoirs d'oficier de l'état civil. Les articles 12, 13 et 18 du titre IX livre I de l'Ordonnance d'août 1681 leur confèrent le pouvoir judiciaire; les articles 24, 25 et 26 instituent le chancelier notaire et l'article 16, huissier. L'Ordonnance de 1681 peut être considérée comme ayant force de loi.

« Elle a été enregistrée dans tous les parlements du

____

(1) Le règlement norvégien recommande aux agents de s'abstenir de toute participation dans les affaires politiques du pays de la résidence.

royaume et elle s'exécute encore aujourd'hui dans toutes ses dispositions auxquelles il n'a pas été formellement dérogé (1). »

Le droit de renvoyer en France les nationaux résidant en pays de juridiction est reconnu aux consuls par l'article 82 de l'édit de juin 1778, ayant force de loi pour les pays du Levant et de Barbarie, enregistré au parlement d'Aix (2). Ce texte a été étendu à la Chine et à Mascate par la loi du 8 juillet 1852, à la Perse et au Siam par la loi du 8 mai 1858, à la Corée par décret du 16 décembre 1889, à l'Éthiopie par la loi du 18 mai 1908.

45. *Exercice du pouvoir judiciaire en pays de chrétienté, tutelle.* — Les questions relatives à la juridiction consulaire ne sont pas traitées dans ce volume. Mais les consuls en pays de chrétienté pouvant quelquefois être appelés à remplir les fonctions dévolues en France à des magistrats (ouverture de testaments, commissions rogatoires, etc.), il est nécessaire de constater que le pouvoir juridictionnel consacré dans les ordonnances n'a pas été abrogé pour les pays de chrétienté. Dans ces contrées, conformément à l'Instruction du 29 novembre 1833, les agents doivent se conformer aux usages et aux traités. Mais l'exercice de leurs pouvoirs n'est que suspendu ou restreint par respect de la souveraineté territoriale. Rien ne s'oppose donc, lorsqu'ils en ont l'occasion, à ce qu'ils reprennent l'exercice des attributions juridictionnelles reconnues par la législation française.

C'est en s'appuyant sur ces arguments que l'on peut reconnaître aux agents le droit de réunir un conseil de famille, même en pays de chrétienté. Le Code civil a voulu que l'organisation des tutelles fût présidée par un magistrat. Les agents qui ont ce caractère peuvent donc valablement

____

(1) Instruction du 29 novembre 1833.
(2) Instruction du 30 novembre 1833.

remplir les fonctions dévolues en France aux juges de paix par les articles 405 et suivants du Code civil (1).

46. *Attributions reconnues par ordonnances ou décrets.* — Certificats de vie (Ordonn. 30 juin 1814 et 20 mai 1818).

Dépôts (Ordonn. 24 oct. 1833).

Légalisations et passeports (Ordonn. 25 oct. 1833).

Immatriculation (Ordonn. 28 nov. 1833).

Perception de taxes (Décr. 20 déc. 1890).

Réception de déclarations de nationalité (Décr. 13 août 1889).

47. *Attributions reconnues par l'usage.* — Traductions légales d'actes en langue étrangère.

Liquidation de successions.

Démarches officieuses pour les recouvrements de créances.

Recherches dans l'intérêt des familles.

Établissement des listes de recrutement.

Renseignements commerciaux.

Devoir de protection, etc.

L'usage, d'après la jurisprudence française, peut tenir lieu de loi, lorsqu'il est établi par des faits publics, multipliés, observés par la généralité des habitants, tolérés par le législateur et non contraires à l'ordre public. Or, le droit de traduire n'est pas contesté; celui de liquider les successions est reconnu aux consuls de temps immémorial (2) et consacré par les tribunaux. L'un et l'autre sont confirmés par des articles du tarif des chancelleries et des stipulations conven-

---

(1) MM. de Clercq et de Vallat (*Guide des Consulats*, 1898, t. I, p. 520) ont une autre théorie. Se basant sur deux lettres du ministère de la justice des 11 octobre 1847 et 27 août 1850, ils estiment que les agents français peuvent réunir un conseil de famille, vu la protection à laquelle ont droit les mineurs français. Les mesures prises ne pourraient être attaquées avec succès et seraient vraisemblablement toujours considérées comme constituant au moins une administration provisoire.

(2) Voir G. SALLES, *Revue d'Histoire diplomatique*, 1897, p. 599.

tionnelles (1). L'établissement des listes de recrutement est un simple travail préparatoire, l'agent n'a pas à prendre de décision; le conseil de revision en France seul détermine si un individu doit ou non le service militaire.

Le recouvrement des créances, les renseignements commerciaux, la protection, etc., ne donnent lieu qu'à une intervention purement officieuse.

48. *Coexistence d'une ambassade ou légation et d'un consulat.* — Dans ce cas, il est d'usage que l'exercice des attributions, dont il est question dans ce volume, soit réservé au titulaire du consulat. Il serait inutile de tenir deux registres de l'état civil ou d'actes notariés.

49. *Cumul des fonctions diplomatiques et consulaires.* — Dans les résidences où il n'existe pas de consulat distinct de l'ambassade ou de la légation, c'est le chef de poste et non le chancelier qui fait fonctions de consuls (2). L'article 48 du Code civil donne, en effet, les pouvoirs d'officiers de l'état civil aux agents diplomatiques, les textes des ordonnances ou décrets s'appliquent, en général, à tous les agents sans distinction. Il peut y avoir des difficultés en ce qui concerne le pouvoir juridictionnel.

L'Ordonnance de 1681 ne vise, en effet, que les consuls; aussi l'édit de juin 1778, article 38, prescrivait de composer de trois notables le tribunal de Constantinople (où il n'y avait pas de consulat), sans adjonction de membre de la mission diplomatique, sauf le chancelier faisant fonctions de greffier. Il a fallu les lois du 8 juillet 1852 et du 18 mai 1858, pour conférer des fonctions judiciaires à des personnes attachées à une légation.

____

(1) Il serait d'ailleurs possible de régler ces matières par décrets. La curatelle aux successions vacantes dans les colonies a été organisée par un décret du 27 janvier 1855.

(2) Pour l'Italie, le chancelier nommé par décret royal près les légations est investi des fonctions consulaires (*Codice consolare*, p. 18).

Certains gouvernements étrangers font d'ailleurs des objections au cumul des fonctions diplomatiques et consulaires. Dans ce cas, les chefs de missions peuvent être autorisés, en vertu de l'article 2 de l'Ordonnance d'août 1833, à délivrer au chancelier de leur poste un brevet de vice-consul soumis à l'exequatur du gouvernement local. Mais les pouvoirs délivrés à cet agent, au point de vue français, ont uniquement pour objet les rapports avec les autorités étrangères. Ils ne sauraient modifier l'organisation des postes et avoir pour effet de conférer au vice-consul chancelier les autres fonctions consulaires qui rentrent dans les attributions du chef de poste.

3° Questions contentieuses

50. *Les tribunaux ne sont pas compétents en matière diplomatique et internationale*. — La jurisprudence du Conseil d'État est nettement fixée en ce sens. Ont été rejetées comme non recevables les demandes de dommages-intérêts, à raison d'un préjudice dérivant de la signature d'un acte diplomatique (1), de mesures prises pour l'exécution d'une convention (2). La jurisprudence de la Cour de cassation, moins exclusive à raison des litiges qui lui sont soumis, est analogue. M. Appert (3) la résume ainsi :

« Il n'appartient aux tribunaux d'interpréter les traités diplomatiques que lorsque cette interprétation se rapporte à des intérêts privés ; s'il s'agit d'en fixer le sens au point de vue international public, les tribunaux doivent surseoir jusqu'à ce que le gouvernement ait décidé. »

(1) Conseil d'État, 31 décembre 1861 (Lebon, 1861, p. 936); 23 juillet 1875 (Lebon, 1875, p. 717); 5 décembre 1884 (Lebon, 1884, p. 885).

(2) Conseil d'État, 14 mars 1873 (Lebon, 1873, p. 253); 23 juillet 1875 (Lebon, 1875, p. 717); 15 mars 1879 (Lebon, 1879, p. 707); 26 février 1886 (Lebon, 1886, p. 173).

(3) *De l'Interprétation des traités* (J. D. I. P., 1899, p. 434).

51. *Il n'y a pas de recours contentieux contre l'État au sujet de la protection française à l'étranger.* — Le Conseil d'État a décidé, en outre, qu'aucun recours contentieux ne pouvait être admis contre l'État pour refus de protection. Ont été rejetées les réclamations fondées sur l'inexécution d'un traité (1), le refus de réclamer auprès d'un gouvernement étranger réparation d'un préjudice causé à un Français (2), le refus de protection que les agents doivent accorder aux nationaux ou sur de prétendues fautes commises par ceux-ci dont l'intervention aurait été insuffisante ou tardive (3).

52. *Droit pour le ministre d'interdire l'exercice d'un pouvoir reconnu dans un traité.* — Une stipulation conventionnelle n'est jamais habilitante (Voir n° 15). L'interdiction d'exercer un pouvoir reconnu seulement dans un traité ne saurait donc donner lieu à un recours contentieux, puisque régulièrement l'agent, pour être compétent, doit en outre être autorisé par les règlements français. Le Conseil d'État, d'ailleurs, par arrêt du 12 février 1904 a déclaré que l'exercice d'un pouvoir consulaire inscrit dans une convention n'était pas un acte administratif, comme se rattachant à l'exercice de pouvoirs reconnus à la France par des traités et n'était pas susceptible de donner lieu à un recours devant lui.

53. *Droit pour le ministre d'interdire l'exercice de pouvoirs reconnus par les règlements français pour raison diplomatique.* — En ce qui concerne les pouvoirs reconnus aux consuls par les règlements français, l'Instruction du 8 août 1814 (Voir n° 14) a posé, en principe,

---

(1) Conseil d'État, 14 novembre 1884 (LEBON, 1884, p. 779); 10 novembre 1869 (LEBON, 1869, p. 890).

(2) Conseil d'État, 12 janvier 1893 (LEBON, 1893, p. 113);

(3) Conseil d'État 26 avril 1855 (LEBON, 1855, p. 313); 8 février 1864 (LEBON, 1864, p. 89); 23 décembre 1901 (LEBON, 1901, p. 873).

que les agents ne doivent exécuter les prescriptions des ordonnances que si les lois et usages du pays ne s'y opposaient pas. On ne saurait méconnaître au ministre le droit d'interdire l'exercice d'attributions, quand il le juge convenable, pour raisons diplomatiques. Un acte accompli par un consul peut être considéré comme anti-amical par une puissance étrangère (1), et le ministre chargé de veiller aux relations extérieures de la France doit être laissé entièrement libre d'interdire tout acte pouvant porter atteinte à la bonne harmonie avec les pays étrangers.

54. Le chef de la mission diplomatique peut interdire aux consuls l'exercice de pouvoirs pour raison diplomatique. — Lorsqu'un consul est mis en demeure par un national d'accomplir un acte qu'il juge de nature à être interprété comme anti-amical par les autorités locales, il doit en référer au ministre ou au chef de la mission diplomatique. Ce dernier, en effet, étant mandataire du gouvernement qui l'envoie, et ayant la responsabilité des relations diplomatiques de la France, peut prendre une décision.

55. Il n'y a pas de recours contentieux contre un agent diplomatique qui refuse d'exercer un pouvoir pour raison politique. — Le tribunal de la Seine, par jugement du 13 mai 1909, s'est déclaré incompétent pour connaître d'une demande de dommages-intérêts intentée contre un ministre de France qui avait refusé de marier un

---

(1) Prenons un exemple : la célébration des mariages ou la réception des serments sur le territoire de l'empire allemand par tout autre qu'un fonctionnaire allemand dûment qualifié à cet effet, sont des faits punis d'emprisonnement. En présence de ces prohibitions de la loi territoriale, les prescriptions positives des lois anglaises deviennent sans valeur, et le droit du sujet britannique de réclamer l'accomplissement de ces actes disparaît. Le droit d'un sujet anglais de requérir le ministère d'un consul rencontre toujours une limite : la loi interne de l'État territorial (HALL, *Foreign powers and jurisdiction of the British Crown*, 1894, § 41, p. 43).

national dans des conditions pouvant amener un conflit entre la France et le pays de sa résidence (1).

56. *Moyens pour empêcher l'arbitraire.* — Cette possibilité de refuser à des nationaux, en certains cas, non déterminés d'une façon précise, le bénéfice de l'intervention consulaire, semble permettre l'arbitraire. Pour éviter ce reproche, il suffirait de rédiger les lois et règlements de la même façon que la loi de 1901, relative aux mariages de Français avec une étrangère. Ceux-ci ne sont possibles que dans les pays désignés par décrets. Les attributions des agents ne peuvent être identiques dans tous les pays. En déterminant, par un acte général comme un décret, pour chaque État ou chaque fraction d'État ayant sa législation spéciale, les pouvoirs qui peuvent être exercés, on éviterait vis-à-vis des nationaux, lorsque l'on refuserait de faire droit à leurs réquisitions, l'apparence même d'une mesure individuelle prise contre eux (2).

57. *Responsabilité des consuls en matière d'actes de l'ordre judiciaire.* — Les consuls, comme les maires, sont officiers de l'état civil, ils sont administrateurs de successions, et peuvent être assimilés aux traducteurs jurés. Les vice-consuls remplissent les fonctions de notaires et d'huissiers. Or, lorsqu'ils agissent en ces qualités, les agents encourent la même responsabilité personnelle que

---

(1) « Attendu que la faculté qui leur est concédée par l'article 48 du Code civil est manifestement subordonnée à la condition qu'il ne résultera de cet acte... aucune atteinte, si légère soit-elle, à la bonne harmonie des relations courtoises qu'ils ont pour premier devoir d'entretenir avec la puissance auprès de laquelle ils sont accrédités ; attendu que C... agissant... sous l'empire de préoccupations et de considérations de l'ordre politique et administratif dont il ne peut devoir compte qu'à l'autorité administrative dont il relève.., etc. » Le tribunal a renvoyé le plaignant se pourvoir devant la juridiction administrative.

(2) La loi de 1901 n'est que la reproduction d'une loi belge de 1882. Le même principe est appliqué pour les agents belges aux fonctions notariales, pour les consuls allemands et norvégiens aux fonctions d'officiers de l'état civil.

s'ils exerçaient les mêmes fonctions dans la métropole. D'après la doctrine et la jurisprudence, les tribunaux judiciaires ont seuls qualité pour connaître des contestations qui peuvent s'élever en matière d'état civil, traductions, actes notariés, significations judiciaires. Il s'agit d'affaires d'intérêt purement privé qui ne donnent aucune action contre l'État. Le contrôle des actes de l'état civil et des actes notariés est fait, il est vrai, par une commission administrative au ministère des affaires étrangères. Mais ce fait n'est pas suffisant pour modifier la qualité intrinsèque de ces actes et leur donner le caractère administratif (1). Lorsqu'une infraction à la loi est relevée, la commission, n'ayant aucun pouvoir spécial, ne peut que la signaler à l'autorité judiciaire, seule compétente pour en ordonner la rectification (2). Le tribunal des conflits, d'ailleurs (3), a décidé que les agents étaient personnellement responsables des dommages causés par eux en qualité de notaires et d'huissiers.

58. *Privilèges pour faits de charge.* — On ne peut cependant invoquer aucun privilège pour faits de charge sur le cautionnement des vice-consuls, pour dommages causés en qualité d'huissier ou de notaire. Ils sont assujettis à ce cautionnement uniquement comme comptables de l'État.

59. *Responsabilité de l'État et des consuls en matière d'actes de l'ordre administratif extracontractuels.* — Les actes administratifs extracontractuels sont : certificats de vie, d'origine, immatriculation, passeports, inscription sur les tableaux de recensement, déclarations de

---

(1) Voir, en sens contraire, un jugement du tribunal de la Seine du 13 mai 1909.

(2) C'est cette raison qui a fait décider que les doubles des registres de l'état civil seraient remis en France à l'autorité judiciaire et non à l'autorité administrative (Locré, t. III, p. 59-63-65-159 et 224).

(3) Arrêt du 6 août 1889 (*J. D. I. P.*, 1889, p. 253) et du 8 janvier 1875 (Lebon, 1875, p. 21).

nationalité (1). Pour cette catégorie d'actes, d'après M. Laferrière, le fonctionnaire lui-même n'est pas toujours responsable des fautes qu'il a commises. « La responsabilité civile ne s'ajoute à la responsabilité administrative que si l'irrégularité commise par le fonctionnaire constitue en même temps une faute lourde excédant les risques ordinaires de la fonction ou si elle révèle une intention mauvaise. » L'État est responsable « si le fonctionnaire s'est borné à appliquer, dans la mesure de ses attributions, les mesures à lui prescrites par les règlements en vigueur, ou par les ordres et instructions de ses supérieurs hiérarchiques (2) ». Pour légitimer la répression d'un agissement imputé à un fonctionnaire public, il ne suffit pas de prétendre, et même d'établir que cet agissement présente en lui-même un caractère illégal; il faut encore que le fait révélé puisse être reproché à la personne même du fonctionnaire poursuivi, et constitue une faute personnelle (2).

La faute personnelle existe toutes les fois que l'agent s'est dépouillé de son caractère administratif et a agi suivant ses passions et ses faiblesses. Sont toujours des fautes personnelles, les cas où les actes dommageables sont des infractions au droit pénal (3). Les tribunaux judiciaires sont compétents pour connaître de celles-ci, mais l'autorité administrative peut seule apprécier les dommages causés aux particuliers lorsque l'État est responsable.

60. Responsabilité de l'État en matière d'actes administratifs contractuels (dépôt). — Le dépôt est un contrat (C. civ., art. 1917). Or, les ministres ont droit, comme représentants de l'État, de contracter des engagements,

---

(1) Les tribunaux judiciaires peuvent être appelés à statuer sur la question préjudicielle de la nationalité d'un individu, mais ils excéderaient leurs pouvoirs en ordonnant sa radiation ou son maintien sur les listes de recrutement ou le registre d'immatriculation (C. JORDAN, *R. D. I. et L. C.*, 1907, p. 294).

(2) Tribunal de la Seine, 8 février 1907 (*Gazette des Tribunaux*, 9 février 1907).

(3) *R. D. A.*, t. XVII, p. 50 et 51.

soit eux-mêmes, soit par les autorités placées sous leurs ordres, lorsqu'ils ont donné une délégation. L'Ordonnance du 23 octobre 1833, en déterminant les conditions dans lesquelles sont reçus les dépôts en chancellerie, constitue une délégation du ministre. Dans le *Répertoire de Droit administratif* (1), on lit que « l'État peut être engagé, s'il y avait un lien contractuel entre le particulier lésé et l'État ». Cette doctrine est indiquée dans un arrêt du Conseil d'État du 7 mai 1897, qui écarte la non-recevabilité basée sur la faute personnelle de l'agent (2).

L'État est donc toujours responsable des dépôts confiés à ses agents, sans qu'il y ait de différence à faire entre les dépôts en nature et ceux en numéraire. Le fait que les espèces sont versées dans une même caisse que le produit des taxes n'en rend pas propriétaire l'État, qui ne possède qu'à titre précaire.

61. *Responsabilité des consuls comme magistrats.* — Comme magistrats, les consuls ne peuvent être actionnés que par la voie de la prise à partie, réservée à la connaissance des cours d'appel (3).

62. *Responsabilité des agents comme percepteurs de taxes. Tribunaux compétents en matière de taxes.* — Les vice-consuls sont agents percepteurs et, comme tels, assujettis à un cautionnement. Ils sont responsables vis-à-vis de l'agent comptable du ministère des affaires étran-

---

(1) *R. D. A.*, t. XVII, p. 58.

(2) « Considérant qu'il résulte de deux conventions... passées avec le commandant de l'école que le sr X... s'était engagé à nourrir le personnel moyennant un prix de pension déterminé ; qu'aux termes du règlement intérieur de l'école, ce prix de pension devait lui être payé au moyen de retenues opérées sur la solde et que, pour s'exonérer du montant de la réclamation l'État n'est pas fondé à se prévaloir du détournement opéré par le trésorier. » (LEBON, 1897, p. 352.) Voir également arrêt du 11 mars 1904 (LEBON, 1904, p. 209), du 4 janvier 1889 (LEBON, 1889, p. 9).

(3) Tribunal de la Seine, 30 décembre 1905 (*J. D. I. P.*, 1906, p. 400).

gères des deniers dont ils ont la charge. Le Tribunal des conflits (1) a décidé que les taxes de chancellerie étaient un impôt indirect et que l'autoité judiciaire était compétente pour statuer sur les contestations relatives à l'application du tarif.

63. *Législation pénale en matière de dépôts.* — Comme dépositaires publics et agents percepteurs, les vice-consuls, en cas de détournement de deniers publics et privés, d'effets ou d'actes en tenant lieu, sont passibles de peines allant de l'emprisonnement aux travaux forcés et d'amendes (2).

64. *Responsabilité de l'État et des agents en matière de transmission officieuse de pièces.* — Les transmissions de pièces effectuées par le ministère des affaires étrangères à titre officieux n'engagent pas sa responsabilité (3).

On pourrait cependant avoir un recours contre les fautes personnelles de l'agent, par exemple, s'il remettait intentionnellement une pièce à une autre personne que le destinataire. Le Conseil d'État, en certains cas, a rendu l'État responsable du mauvais fonctionnement des services publics : il l'a condamné pour la perte d'un dossier contenant les titres de créance d'un particulier (4).

4° Archives — Secret professionnel

65. *Remise des archives.* — L'ordonnance du 18 août 1833 prescrit à tout agent de faire remise à son successeur ou au gérant du poste des pièces confiées à sa garde, reçues et écrites par lui. Les articles 5 à 8 de ce document ordon-

---

(1) 1er mai 1875 (*J. D. I. P.*, 1876, p. 268).
(2) *C. pénal*, art. 169 à 173.
(3) Conseil d'État, 1er décembre 1855 (LEBON, 1855, p. 701).
(4) Conseil d'État, 18 juin 1884 (LEBON, 1884, p. 489).

nent de dresser procès-verbal de cette remise en trois exemplaires signés du fonctionnaire sortant et de la personne qui prend la garde des papiers; le premier exemplaire doit rester au poste, le second est transmis au ministère, le troisième donné comme décharge au fonctionnaire sortant (1).

66. Vérification des actes notariés. — En prenant possession de ses fonctions, le vice-consul doit vérifier avec soin si les actes notariés en cours sont revêtus de toutes les formalités voulues. Il pourrait être déclaré responsable des omissions (2).

67. Publication et communication de documents. — L'article 7 de l'ordonnance précitée interdit toute publication des documents officiels sans l'autorisation du ministre. Sauf dans les cas prévus par la loi, les pièces ne doivent jamais être communiquées. Le Conseil d'État a même déclaré qu'il ne lui appartenait pas d'ordonner communication de documents ayant le caractère diplomatique (3).

68. Responsabilité et législation pénale. — L'article 173 du Code pénal punit des travaux forcés à temps, toute destruction ou détournement de pièces commis par un fonctionnaire public, et l'article 254, d'emprisonnement et d'amende, les soustractions de papiers et registres contenus dans un dépôt public ou remis à un dépositaire public.

69. Secret professionnel. — L'article 29 du Code d'instruction criminelle oblige tout fonctionnaire à donner avis des crimes ou délits dont il acquiert connaissance dans

---

(1) D'après le règlement belge, p. 57, t. I, en cas de décès, la remise des archives est faite par les héritiers ou ayants cause.

(2) Paris, 20 novembre 1893 (*D. P.*, 1894, 1, 136).

(3) Conseil d'État, 23 décembre 1904 (LEBON, 1904, p. 873).

l'exercice de ses fonctions. Mais l'article 378 du Code pénal interdit aux personnes dépositaires par état ou profession des secrets qu'on leur confie, de se porter dénonciateurs, sous peine d'emprisonnement ou d'amende.

La jurisprudence impose le secret professionnel aux magistrats, notaires, huissiers, greffiers (1). Mais cette obligation doit s'étendre à tous les faits révélés aux consuls. Ils sont, en effet, désignés officiellement à la confiance publique (2), et le devoir de protection les appelle à recevoir des confidences de toute nature que les nationaux doivent pouvoir faire sans crainte de divulgation.

Vis-à-vis des autorités locales particulièrement, ils peuvent invoquer le secret professionnel pour tout ce qu'ils ont pu connaître dans l'exercice de leurs fonctions officielles; cette faculté est en quelque sorte le corollaire indispensable du principe de l'inviolabilité des archives (3).

70. *Suppression de poste*. — En cas de suppression de poste, les archives doivent être réunies à celles du consulat dans la circonscription duquel se trouve le poste supprimé et non renvoyées en France. Si le poste est transformé en agence consulaire, on peut confier au titulaire la garde des registres dont il peut valablement délivrer des extraits : ceux de l'état civil ou des actes notariés, s'il a reçu les pouvoirs d'officier de l'état civil ou de notaire.

71. *Perte ou destruction d'archives*. — On doit immédiatement dresser procès-verbal et transmettre ce

---

(1) Cassation, 10 juin 1853 (S., 1853, 1, 349); 7 avril 1870 (S., 1870, 1, 277); 10 août 1882 (D. P., 1883, 1, 46); 9 juillet 1886 (D. P., 1886, 1, 46).

(2) Attendu que l'article 378 n'est applicable qu'aux personnes qu'une investiture publique désigne à la confiance de tous (Marseille, 11 février 1893, le *Droit*, 13 juillet 1893). |

(3) Le secret professionnel est imposé aux consuls par le règlement norvégien aux consuls russes (HEYKING, p. 1), et aux consuls allemands sous les sanctions prévues par l'article 353 du Code pénal de l'empire (von KONIG, p. 100 et 101).

document au ministre des affaires étrangères. Il est d'ailleurs possible, en certains cas, de reconstituer les registres de l'état civil et ceux des actes notariés, en faisant faire une copie du double et en demandant aux tribunaux, auxquels il appartient de vérifier l'exactitude de la copie, de déclarer qu'elle suppléera à l'original manquant.

5° Application des lois — Instructions du ministre

72. Délais de distance pour l'application des lois. — Les lois sont applicables au siège des consulats sans que le ministre ait à les notifier par circulaires spéciales, un jour franc après que le numéro du *Journal officiel* est parvenu au chef de poste (1). Pour les Français résidant dans des contrées éloignées, la Cour de cassation (2) a décidé qu'il appartenait aux tribunaux d'apprécier à quel moment les nationaux avaient pu avoir connaissance des lois. Aussi les agents, dès qu'ils relèvent au *Journal officiel* un texte applicable aux Français même à l'étranger, doivent-ils en donner connaissance aux agents consulaires et employer tous moyens possibles de publicité pour avertir les intéressés.

Les traités, pour avoir force de loi, doivent être promulgués et publiés (3).

73. Instructions du ministre en matières de l'ordre administratif. — En ces matières, le pouvoir du ministre est absolu. S'il donne des instructions, il engage l'État et dégage la responsabilité personnelle de l'agent.

---

(1) Tribunal consulaire de Constantinople, 25 juin 1886, et C. d'Aix, 2 avril 1887 (*J. D. I. P.*, 1888, p. 788).

(2) Cassation, 22 juin 1891 (*D. P.*, 1891, 1, 353; *J. D. I. P.*, 1892, p. 1009).

(3) Voir pourtant en sens inverse : Papeete, le 17 juin 1890 (*J. D. I. P.*, 1891, p. 158); Cassation, 27 octobre 1893, S., 5, 1895, 1, 57 (*R. G. D. I. P.*, 1894, p. 64) et Hanoï, 17 novembre 1897; cette jurisprudence est d'ailleurs contestable.

74. *Instructions du ministre en matières de l'ordre judiciaire.* — Le consul est personnellement et seul responsable. Le ministre ne peut donc, d'une façon générale, que lui donner des conseils exposant la loi ou la jurisprudence, et ceux-ci ne sauraient être absolument impératifs. Cependant, lorsque la loi est muette sur certains points, les instructions ministérielles peuvent être considérées comme y suppléant. Le tribunal de la Seine a condamné un consul pour avoir vendu prématurément les objets dépendant d'une succession et ayant le caractère de souvenirs de famille. Ce n'est pourtant qu'une simple circulaire qui impose aux agents l'obligation de réserver ces objets.

75. *Instructions du ministre aux consuls faisant fonctions de magistrats.* — En principe, le ministre ne doit pas donner d'instructions. Les agents faisant fonctions de magistrats sont complètement indépendants et n'ont à tenir compte que de la loi (1).

6° Peines disciplinaires — Recours des consuls contre les particuliers

76. *Peines disciplinaires.* — Le ministre peut prononcer des peines disciplinaires contre les agents ayant commis des infractions dans des actes en matières administrative et judiciaire. Les notaires et huissiers en France sont soumis à la juridiction de chambres de discipline; pour les fonctionnaires de son département, le ministre peut se substituer à ces chambres. Ce droit est indépendant des actions judiciaires qui peuvent être intentées contre les agents.

---

(1) Voir une circulaire du 28 janvier 1889 relative au jugement par les tribunaux consulaires des questions d'État. « Nous avons pensé devoir revenir sur des instructions qui pouvaient être envisagées par certains agents comme leur imposant l'obligation de statuer dans le sens qu'elles indiquent. »

Mais appliquer des peines disciplinaires aux consuls faisant fonctions de magistrats serait violer le principe de la loi des 16-24 août 1790 qui consacre la séparation des fonctions judiciaires et administratives.

77. Recours des consuls contre les particuliers. — Lorsque des particuliers portent plainte contre des agents, ceux-ci peuvent invoquer la loi du 29 juillet 1881, qui punit d'amende ou d'emprisonnement les personnes commettant des diffamations ou ayant écrit des injures contre un fonctionnaire public (art. 31 et 33). Mais cette loi admet la preuve des faits allégués lorsqu'il s'agit de diffamation (art. 35). Les poursuites peuvent être intentées, soit à la requête des fonctionnaires, soit sur la plainte du ministre, soit d'office par les parquets.

7° Gérances de consulats

78. Gérance de consulats français par des consuls étrangers. — Il faut distinguer :

1° Si le consulat français a été supprimé et si le consul étranger n'est chargé que de la protection des Français;

2° Si le consulat français a été maintenu et si le consul étranger a été légalement nommé, par décret, gérant du poste.

Dans le premier cas, le mandat, en vertu duquel la protection de nos nationaux est confiée à un agent étranger, ne peut avoir pour conséquence de lui attribuer la plénitude des pouvoirs reconnus à un consul de France. Il doit s'abstenir de dresser tous actes dont la réception ne peut s'effectuer, en vertu des lois, ordonnances et décrets, que par les consuls français ou les agents consulaires spécialement autorisés à cet effet.

Dans le second cas, l'agent étranger doit être assimilé à un consul français.

79. *Gestion de consulats étrangers par les consuls français*. — Aucun agent ne peut accepter la gérance d'un consulat étranger sans l'autorisation du ministre des affaires étrangères. Cette règle est applicable aux agents consulaires (1).

Le rôle des consuls est alors défini dans la circulaire du 1er novembre 1864 : « Les opérations de la gestion intérimaire doivent être purement administratives et de la nature de celles qui sont de la compétence des étrangers investis par mon département des fonctions d'agents consulaires français. » Les consuls, cependant, sont autorisés à percevoir les droits de chancellerie du tarif étranger, et même à se les attribuer, si les règlements de l'État dont ils protègent les nationaux le leur permettent. Mais s'ils font entrer ces recettes dans leur caisse pour le compte du Trésor français, elles ne peuvent être restituées.

§ 3 — Des personnes ayant droit à la protection des consuls de France

80. *Des personnes ayant droit à la protection. Français. Étrangers*. — Les personnes ayant droit à la protection des consuls de France sont :

1º Les Français; ceux-ci peuvent être divisés en trois catégories : *a)* les Français par application des règles du Code civil et du décret du 7 février 1897 pour les colonies; *b)* les indigènes des possessions d'outre-mer; *c)* ceux qui se trouvent dans une situation spéciale : déserteurs, insoumis, condamnés;

2º Les protégés étrangers; les indigènes des États soumis au protectorat de la France et les étrangers qui sont protégés à la demande de leur gouvernement, en vertu des traités ou par tradition.

---

(1) Ordonnance du 20 août 1833, article 45.

1° Des Français

81. Étendue de la protection consulaire. — Les Français, selon les règles du Code civil, ont droit, sans aucune restriction, à la protection consulaire (sauf exceptions prévues pour les déserteurs, insoumis, condamnés). Mais celle-ci ne pourra toujours s'exercer pleinement.

Un individu peut être considéré comme Français par la loi française et avoir conservé une autre nationalité (un naturalisé, par exemple). Le consul ne pourra intervenir en sa faveur auprès des autorités locales du pays où sa qualité de Français n'est pas reconnue et où on le tient pour un national. « La souveraineté territoriale, maîtresse chez elle, se refusera à bon droit, dans ses rapports avec ceux qu'elle considère, aux termes de sa législation interne, comme ses sujets, à admettre une intervention étrangère basée sur une conception différente de la nationalité (1). » Mais les autorités locales d'un pays tiers ne peuvent refuser de reconnaître pour Français un individu ayant deux nationalités, se réclamant de la nôtre, et justifiant l'avoir conservée.

82. Autorités compétentes pour constater la nationalité française. — En France, les tribunaux judiciaires sont seuls compétents pour constater officiellement la nationalité et trancher les contestations qui peuvent s'élever en cette matière. Cependant, les consuls, en certains cas, doivent affirmer qu'un individu est leur compatriote (immatriculation, certificat de capacité à l'effet de contracter mariage). La pièce qu'ils délivrent à cette occasion prouve seulement qu'ils jugent que cette personne est française, mais ce n'est pas une preuve absolue. Une autorité étran-

______

(1) C. Jordan, *R. D. I. et L. C.*, 1907, p. 267.

gère peut ne pas être de leur avis sans qu'ils puissent faire autre chose que d'engager les intéressés à se pourvoir devant les tribunaux.

83. *Application des lois successives relatives à la nationalité.* — La nationalité française a été réglée par des lois successives (1) qui n'ont jamais eu d'effet rétroactif. Aussi, lorsqu'il s'agit de savoir laquelle est applicable à un individu, il suffit de déterminer celle en vigueur, selon le cas, au moment de sa naissance, sa majorité, son mariage, etc., etc., sans tenir compte des modifications ultérieures apportées au Code civil. Cependant, lorsqu'une loi nouvelle prive un mineur d'une faculté d'option qu'il ne pouvait exercer qu'à sa majorité, cet individu ne saurait se réclamer des lois en vigueur pendant sa minorité (2).

84. *Déclarations pour acquérir la nationalité française.* — Le décret du 13 août 1889 autorise les consuls à recevoir les déclarations de nationalité. « Ces déclarations, qui peuvent être faites par l'intéressé en personne ou par mandataire spécial, agissant en vertu d'une procuration authentique, seront inscrites sur le registre *ad hoc* prévu par les circulaires des 25 mai 1875 et 23 février 1889; ils devront être dressés en double exemplaire. Le déclarant sera assisté de deux témoins de nationalité française, si faire se peut...... Lorsqu'il s'agira d'une déclaration, vous aurez à transmettre immédiatement à mon département les deux exemplaires dont il est fait mention plus haut. Ils seront adressés, par mes soins, à M. le garde des sceaux. Après transcription sur un registre spécial, l'un d'eux sera déposé dans les archives du ministère de la justice, l'autre renvoyé par notre intermédiaire à l'intéressé avec mention

---

(1) *C. C.* 1804; lois des 22, 23 mars 1849; 7 février 1851; 16 décembre 1874; 14 février 1882; 28 juillet 1883; 28 juin 1889; 22 juillet 1893, 5 avril 1909.
(2) WEISS, *Traité de Droit international*, t. I, p. 228 et 229.

de l'enregistrement (1)..... Vous êtes autorisé à recevoir les déclarations, alors même qu'elles ne seraient pas accompagnées de toutes les pièces requises. Mais ces actes ne seront enregistrés qu'après que les intéressés auront fait parvenir les pièces nécessaires (2). »

85. *Répudiation de la nationalité française*. — La répudiation de la nationalité française, réservée aux individus visés aux articles 12 et 18 du Code civil et par les conventions avec la Suisse et la Belgique, se fait dans les consulats dans les mêmes conditions que les déclarations. L'attestation que le déclarant a conservé sa nationalité d'origine peut être donnée valablement à l'étranger par le ministre des affaires étrangères du pays, ou le fonctionnaire placé à la tête de la circonscription administrative(2). Ces actes doivent être complétés par un avertissement au déclarant, le prévenant que, dans le cas où il solliciterait ultérieurement la naturalisation, cette faveur lui serait refusée (3). Certains individus nés en France et domiciliés à l'étranger à vingt et un ans n'ont pas, en principe, à répudier la nationalité française, mais, en pratique, on les autorise à remplir cette formalité pour éviter les erreurs possibles.

86. *Renonciation anticipée à la faculté de répudier la nationalité française*. — Un arrêt de la Cour de cassation du 26 juillet 1905 (4) avait décidé que les déclarations reçues au nom des mineurs, par application de l'article 11 du décret du 13 août 1889, étaient sans valeur. Mais une loi du 5 avril 1909 a rendu légale la faculté de renoncer, au nom des mineurs, au droit qui leur appartient

---

(1) Circulaire du 1er mars 1890.
(2) Circulaire du 8 novembre 1907.
(3) Circulaire du 26 octobre 1901.
(4) *D. P.*, 1906, 1, 25; *R. D. I. P.* et *D. P. I.*, 1905, p. 738.

dans le cas de l'article 8-§ 3 et 4, de l'article 12-§ 3 et de l'article 18, de décliner la qualité de Français à leur majorité (1). Les consuls n'ont pas à enregistrer ces renonciations. L'article 9 exige que l'individu voulant bénéficier de ses dispositions vienne se fixer en France pour souscrire la déclaration. Les mineurs, visés par cet article, doivent se conformer à cette prescription et ne peuvent acquérir la nationalité française par déclaration qu'après s'être établis en France. La loi du 5 avril 1909 visant l'article 9, les mineurs dont il est question dans ce texte, doivent remplir les mêmes conditions (2).

87. *Actes de soumission*. — Les actes de soumission sont reçus pour les individus visés à l'article 9. Ces actes étant destinés à permettre aux majeurs d'établir leur domicile en France et de faire une déclaration jusqu'à vingt-trois ans, n'ont pas à être établis pour des mineurs. Ceux-ci n'ont qu'à venir se fixer en France et à remplir les formalités édictées par le même article. L'article 10 se réfère à l'article 9, mais, dans ce cas, l'acte de soumission n'est pas non plus nécessaire, sauf pour les expulsés.

« Lorsque vous aurez reçu un acte de soumission vous me ferez parvenir un seul exemplaire et vous remettrez le second au déclarant en ayant soin de lui en faire donner récépissé (3). »

----

(1) L'article 2 de la loi renferme des dispositions transitoires.

(2) Renseignements extraits de l'article de M. Cluzel : *La Jurisprudence de la chancellerie en matière de nationalité* (*J. D. I. P.*, 1908, p. 1059 et suiv.) : « Les renonciations anticipées sont reçues pour les mineurs par les personnes désignées à l'article 9. Pour les cas non prévus, c'est la personne investie de la puissance paternelle qui est compétente. On ne tient pas compte du statut personnel des intéressés, la loi française est seule applicable. En cas de divorce le mari est seul compétent, même s'il n'a pas la garde de son enfant. Pour les enfants naturels, voir la loi du 3 juillet 1907. Un mineur peut souscrire pour son enfant mineur. Un mineur émancipé par mariage ou par acte spécial doit souscrire lui-même avec l'assistance de son père ou de sa mère; si ces derniers sont décédés il peut agir seul sous l'intervention du curateur.

(3) Circulaire du 1er mars 1890.

88. *Nécessité de l'acte de soumission pour les expulsés*. — La Cour de cassation, toutes chambres réunies, par arrêt du 9 décembre 1896 (1), a décidé que les individus investis par la loi du droit de devenir Français par un acte de leur volonté, ne pouvaient être empêchés, par une mesure de police, d'établir leur domicile en France. « Cet acte servira de sauf-conduit à l'expulsé pour rentrer en France et y souscrire, aussitôt qu'il y aura établi son domicile, la déclaration prévue à l'article 9, devant le juge de paix de la résidence qu'il aura choisie (2). »

89. *Agents compétents. Gratuité. Délais*. — Ces différentes déclarations peuvent être reçues par les consuls et les agents consulaires. Ces derniers adressent les pièces à l'agent dont ils relèvent. L'établissement de ces actes ne donne lieu à la perception d'aucune taxe et doit être fait rigoureusement dans les délais prévus par la loi (3).

90. *Documents usuels pouvant servir à prouver la nationalité française*. — 1º Les pièces militaires, livret, certificat d'exemption, brevet d'officier de réserve (exception pour la légion étrangère où les étrangers peuvent être admis comme officiers);

2º Cartes d'électeurs;

3º Expéditions de jugements déclaratifs de nationalité;

4º Pièces établissant que l'intéressé a été fonctionnaire français;

5º Passeport national;

6º Déclarations de nationalité. Avant 1889 elles étaient reçues par les maires sans forme déterminée. Depuis, elles sont reçues par les juges de paix, enregistrées au ministère de la justice et publiées au *Bulletin des Lois;*

------

(1) *D. P.*, 1897, 1, 161 et *J. D. I. P.*, 1897, p. 562.
(2) Circulaire du 26 octobre 1901.
(3) Saint-Étienne, 13 février 1902 (*D. P.*, 1903, 2, 21).

7° Décret de naturalisation individuel ou collectif;

8° Acte de naissance seul : *a)* s'il est extrait d'un registre tenu dans un poste diplomatique ou consulaire; *b)* lorsqu'il s'agit d'un enfant né en France de parents inconnus, qui n'a été l'objet d'aucune reconnaissance; *c)* pour les individus originaires des territoires de Nice, Savoie, Menton et Roquebrune, s'ils sont nés avant l'annexion à la France.

Il est impossible à un individu de pouvoir prouver sa nationalité d'une façon absolument certaine. Il ne peut jamais y avoir que des présomptions. Le tribunal de Nice (1), en partant de ce principe, a décidé qu'un individu né en France devait toujours être considéré comme Français jusqu'à preuve du contraire. Cette hypothèse peut évidemment être vraisemblable quand cet individu majeur réside en France, les lois actuelles ayant pour but de donner notre nationalité à tous les étrangers établis à demeure sur notre territoire. Mais quand l'individu né en France se trouve à l'étranger, on peut, au contraire, supposer qu'il a voulu échapper à l'application des lois précitées. Il est donc nécessaire d'exiger une justification plus probante.

91. Individus nés en France ou à l'étranger de parents français. Enfants légitimes. — Ils prennent la nationalité que possède le père au moment de la naissance (2). S'ils sont enfants posthumes, ils suivent la nationalité qu'avait le père au moment du décès, même si la mère a changé de nationalité entre le moment de la naissance et l'époque de la mort du père. Le mariage putatif produit les mêmes effets (3).

---

(1) 6 janvier 1893 (*D. P.*, 1893, 2, 34). Le règlement belge, par contre, t. II, p. 121, dit que les actes de l'état civil se rapportant à des faits d'une date souvent éloignée ne constituent pas des titres suffisants de la nationalité de ceux qui les produisent.

(2) *C. C.*, art. 8-§ 1.

(3) Voir exceptions pour les enfants de Français nés en Belgique et en Espagne, nᵒˢ 129 et 130.

Preuve de la nationalité : acte de naissance et preuve de la nationalité du père.

92. *Individus nés en France ou à l'étranger de parents français. Enfants naturels et légitimés* (1). — 1° Enfant naturel reconnu par un seul parent (2). Il suit la nationalité de ce parent;

2° Enfant naturel reconnu par les deux parents dans le même acte ou légitimé. Il suit la nationalité du père;

3° Enfant naturel reconnu successivement par les deux parents. Antérieurement à 1889 il suivait toujours la nationalité du père (3). Depuis 1889 il prend la nationalité de celui qui l'a reconnu le premier. L'enfant prend la nationalité qu'avait le parent au moment de la naissance et non à l'époque de la reconnaissance (4). L'effet de celle-ci rétroagit jusqu'au jour de la naissance (5). Avant 1889 la jurisprudence tenait compte de la reconnaissance, quel que fût l'âge de celui qui en avait été l'objet, pourvu qu'il l'eût acceptée au moins tacitement (6). Depuis 1889, une reconnaissance est inopérante à l'effet de modifier la nationalité d'un majeur (7). Il en est de même pour la légitimation (8).

Preuve de nationalité : acte de naissance et preuve de la nationalité du père ou de la mère, selon le cas (9).

---

(1) *C. C.*, art. 8-§ 1.

(2) La mention du nom de la mère dans l'acte de naissance n'équivaut pas à la reconnaissance.

(3) Cassation, 31 mai 1907 (*J. D. I. P.*, 1907, p. 1107).

(4) Cassation, 20 janvier 1877 (*D. P.*, 1879, 1, 107).

(5) Nancy, 25 mars 1890 (*J. D. I. P.*, 1891, p. 539).

(6) Cassation, 15 juillet 1840 (*D. P.*, 1840, 1, 243) et Caen, 18 février 1852 (*D. P.*, 1853, 2, 61).

(7) Saint-Gaudens, 12 janvier 1903 (*J. D. I. P.*, 1903, p. 858).

(8) Douai, 27 juin 1905 (*D. P.*, 1905, 2, 425).

(9) Voir n°ˢ 129 et 130, exceptions pour les enfants de Français nés en Belgique et en Espagne.

93. *Individus nés en France de parents dont l'un au moins y est né lui-même*. — 1º L'individu majeur avant 1851 ne pouvait acquérir la nationalité française que par naturalisation ou aux conditions fixées par l'article 9;

2º L'individu devenu majeur entre 1851 et 1889, qu'il soit enfant légitime ou naturel, que ses deux parents ou l'un d'eux seulement soit né en France (le père ou la mère, quelle que soit leur nationalité) est devenu Français de droit si, à sa majorité, il n'a pas décliné notre nationalité;

3º L'individu devenu majeur entre 1889 et 1893, né en France dans les conditions indiquées à 2º, est Français sans droit de renonciation, que ce soit le père ou la mère qui soit né en France (1);

4º L'enfant légitime, devenu majeur depuis 1893, né en France d'un père même étranger, qui y est né lui-même, est Français obligatoirement. Si c'est la mère qui est née en France et que le père étranger soit né à l'étranger, il peut répudier la nationalité française à sa majorité, aux conditions fixées par l'article 8-§ 4;

5º L'enfant naturel devenu majeur depuis 1893, né en France, reconnu dans le même acte par ses deux parents comme pour 4º;

6º L'enfant naturel devenu majeur depuis 1893, né en France, reconnu par un seul parent, est Français obligatoirement, si ce parent, même étranger, est né lui-même en France;

7º L'enfant naturel devenu majeur depuis 1893, né en France, reconnu d'abord par un parent (père ou mère), même étranger, qui y est né lui-même, est Français obligatoirement. S'il est reconnu d'abord par un parent étranger, né à l'étranger (père ou mère), puis par l'autre, né lui-même en France, il est Français de droit, mais peut

---

(1) Cassation, 7 décembre 1891 (S., 1892, 1, 81 et *J. D. I. P.*, 1892, p. 223).

répudier cette nationalité à vingt et un ans, aux conditions fixées par l'article 8-§ 4.

Preuve de nationalité : acte de naissance personnel et acte de naissance d'un parent (père ou mère) né en France. Bien que les dispositions du Code aient été prises pour les enfants d'étrangers, les descendants de Français peuvent, *a fortiori*, prouver leur nationalité de la même manière.

94. Individus nés en France ou à l'étranger de parents dont l'un au moins a perdu la qualité de Français (1). — Enfants légitimes ou naturels, que ce soit le père ou la mère qui aient possédé notre nationalité (2), mais nés après que le parent qui possédait la nationalité française a perdu celle-ci, dans le cas où légalement ils devaient suivre la nationalité de ce parent (3). Cette catégorie comprend surtout des descendants d'une Française ayant épousé un étranger.

1° Né en France d'un ex-Français, né lui-même en France (Voir le n° 93);

2° Né en France d'un ex-Français, né lui-même à l'étranger, mais domicilié en France à sa majorité (Voir le n° 95);

3° Né en France d'un ex-Français, né lui-même à l'étranger, mais domicilié à l'étranger à sa majorité : l'ancien et le nouvel article 10 renvoient à l'article 9. Mais, dans ce cas, l'acte de soumission est inutile. L'intéressé doit toujours venir fixer son domicile en France pour y faire une déclaration devant un juge de paix. Or, comme il peut faire celle-ci à tout âge, il est plus simple qu'il se rende en France sans formalité préalable et qu'il souscrive la déclaration

---

(1) *C. C.*, art. 10.

(2) Douai, 16 avril 1889 (*J. D. I. P.*, 1889, p. 839).

(3) S'ils sont nés avant que le parent dont ils suivent la nationalité ait perdu la qualité de Français, ils rentrent dans le cas des n° 87 et 88.

quand bon lui semble. L'acte de soumission n'a d'utilité que si l'intéressé a été expulsé (Voir n° 88);

4° Né à l'étranger d'un ex-Français, né lui-même à l'étranger, comme pour 3°.

Preuve de nationalité : déclaration dont l'effet n'a aucune rétroactivité.

95. Individus domiciliés en France à leur majorité, nés en France d'étrangers nés eux-mêmes à l'étranger (1). — 1° Majeurs avant 1889, ils devenaient Français à la condition de faire la déclaration prévue à l'article 9. Une loi de 1849 leur permettait d'accomplir cette formalité à tout âge, s'ils avaient servi dans l'armée française;

2° Majeurs depuis 1889, ils sont Français de droit, mais peuvent opter pour la nationalité de leurs parents (2). Avant 1889, la jurisprudence admettait que l'étranger qui devenait Français par application de l'article 9, acquérait cette qualité même dans le passé (3). Depuis la nouvelle loi de 1889, les auteurs sont divisés sur cette question.

96. Individus nés en France, d'étrangers nés à l'étranger et non domiciliés en France à leur majorité (4). — Ils doivent remplir les formalités de l'article 9 : faire un acte de soumission devant un agent français à l'étranger avant vingt-deux ans accomplis, s'établir en France et souscrire une déclaration devant un juge de paix dans l'année qui suit la date de l'acte de soumission. Avant 1889, l'individu acquérait la nationalité française même dans le passé (3)

---

(1) C. C., art. 8-§ 4.

(2) Voir C. C., art. 8-§ 4. Il n'est pas fait d'exception pour les enfants des étrangers originaires des pays musulmans. Cassation, 22 avril 1896 (*Revue algérienne, tunisienne et coloniale*, 1896, p. 204 et 205).

(3) Cassation, 16 et 22 avril 1896 (*D. P.*, 1897, 1, 95); s'il était marié, sa femme et ses enfants devenaient Français.

(4) C. C., art. 9.

(Voir n° 95), le nouvel article 20 a supprimé cette rétro-activité. La nationalité française est acquise du jour de la déclaration (sauf annulation qui peut résulter pour refus d'enregistrement), mais non du jour où a été souscrit l'acte de soumission.

97. *Preuves de nationalité n°³ 95 et 96. Domicile.* — Pour les n°³ 95 et 96 la preuve de la nationalité est une déclaration, ou, pour les individus visés à l'article 8-§ 3, un acte de naissance et la preuve qu'ils étaient domiciliés en France à leur majorité. Le mot domicile, lorsqu'il s'agit de questions de nationalité, doit être entendu *lato sensu*, la résidence permanente équivaut au domicile (1). Elle peut se prouver par un certificat d'une autorité adminis-trative (maire, commissaire de police), des quittances de loyer, extrait du rôle des contributions, certificats d'em-ployeurs, etc.

98. *Enfants adultérins et incestueux.* — La loi ne dit rien de ces enfants. Leur filiation ne peut être reconnue que judiciairement et de façon indirecte. Mais si elle se trouve établie, il faut appliquer les règles édictées pour les enfants naturels simples.

99. *Individus nés en France de parents inconnus ou de nationalité inconnue* (2). — Ils ont toujours été considérés comme Français (3).

Preuve de nationalité : acte de naissance ne contenant aucune mention de reconnaissance (le nom de la mère, indiqué dans l'acte, n'équivaut pas à la reconnaissance), ou acte de naissance et preuve que les parents ont perdu leur nationalité d'origine, ou qu'il n'est pas possible d'éta-blir qu'ils en aient possédé une.

---

(1) Circulaire de la Justice, 28 août 1893 (*B. O. M. J.*, 1893, p. 178).
(2) *C. C.*, art. 8-§ 2.
(3) Cassation, 14 juin 1887 (*D. P.*, 1888, 1, 61).

100. Annexions de territoires. Signification de l'expression : né en France. — Aucun principe du droit des gens n'attribue aux traités portant cession de territoire un effet rétroactif de nature à modifier ou à effacer les faits antérieurement accomplis (1). Par les mots : né en France, il faut donc toujours entendre un individu né sur un territoire appartenant effectivement à la France au moment de la naissance.

101. Nice et Savoie. Traité du 24 mai 1860. — La nationalité française a été acquise de plein droit aux sujets sardes domiciliés et à ceux qui sont nés sur ces territoires, sauf option contraire de leur part.

Le décret du 30 juin 1860 et l'accord franco-italien de 1874 n'ont pu porter atteinte aux droits acquis en vertu du traité de 1860 (2).

Preuve de nationalité : acte de naissance seul si l'intéressé est né dans ces pays avant l'annexion ou preuve du domicile à cette époque.

Pour les mineurs, la jurisprudence a décidé qu'ils devaient suivre la nationalité de leurs parents (3).

102. Menton et Roquebrune. Traité du 2 février 1861. — Mêmes principes que le n° 101.

103. Ile Saint-Barthélemy. Traité du 10 août 1877. — Les individus domiciliés, seuls, sont devenus Français, sauf option contraire.

104. Vallée des Dappes. Traité du 8 décembre 1862. — Mêmes principes que le n° 103.

---

(1) Cassation, 17 février 1903 (*J. D. I. P.*, 1904, p. 170).

(2) Aix, 9 février 1897, et Cassation, 26 mars 1897 (*D. P.*, 1899, 1, 121 et *J. D. I. P.*, 1897, p. 559).

(3) Chambéry, 22 décembre 1862 (*D. P.*, 1863, 2, 97); Cassation, 26 mars 1897 (*D. P.*, 1899, 1, 121).

105. *Étrangère ayant épousé un Français* (1). — Elle devient Française du jour de son mariage, même si d'après la législation de sa patrie elle conserve sa nationalité d'origine. La dissolution du mariage par la mort du mari ou le divorce ne fait pas perdre de droit la qualité de Française ainsi acquise. (2). Le mariage putatif produit les mêmes effets (3).

106. *Naturalisation française* (4). — La naturalisation ne peut se prouver que par un décret du chef de l'État. Son effet ne se produit que du jour de la publication de ce document (5). La naturalisation ne produit que des effets individuels (Voir cependant le n° 108).

107. *Femme d'un naturalisé Français* (6). — Avant 1889, pour devenir Française elle devait obtenir une naturalisation individuelle. Depuis 1889 elle peut obtenir d'être naturalisée par le même décret que son mari, ou remplir les formalités de l'article 9 si elle a vingt et un ans et moins de vingt deux ans accomplis (7).

Preuve de la nationalité : décret de naturalisation individuel ou collectif, ou déclaration.

108. *Enfants mineurs d'un naturalisé Français* (8). — 1° Individus mineurs dont les parents se sont fait naturaliser avant 1889. Ils ne sont pas devenus Français, à moins

---

(1) *C. C.*, art. 12.

(2) Seine, 28 juin 1898 (*J. D. I. P.*, 1899, p. 379); Lyon, 17 février 1900 (*J. D. I. P.*, 1900, p. 792); Seine, 7 octobre 1905 (*J. D. I. P.*, 1906, p. 63).

(3) Bordeaux, 14 mars 1850 (*D. P.*, 1853, 2, 178).

(4) *C. C.*, art. 8-§ 5.

(5) Cassation, 16 juillet 1891 (*D. P.*, 1895, 1, 169).

(6) *C. C.*, art. 12-§ 2.

(7) Lille, 12 décembre 1900 (*J. D. I. P.*, 1901, p. 797); Cassation, 3 mai 1901 (*J. D. I. P.*, 1901, p. 806).

(8) *C. C.*, art. 12-§ 3.

que, devenus majeurs eux-mêmes depuis 1851, ils n'aient rempli les formalités de l'article 9. Des lois de 1882 et 1883 permettaient à leurs représentants légaux de faire ces déclarations en leur nom ;

2° Les individus mineurs, dont les parents se sont fait naturaliser depuis 1889, sont Français de droit, à moins qu'ils ne revendiquent à vingt et un ans la nationalité d'origine de leurs parents dans les conditions fixées par l'article 8-§ 4 (1).

Preuve de nationalité : déclaration ou acte de naissance et décret de naturalisation des parents ; pas de rétroactivité.

109. Enfants majeurs d'un naturalisé Français (2). — Ils ne sont jamais Français de droit.

1° Devenus majeurs de 1851 à 1889 ils pouvaient remplir les formalités prévues à l'article 9, dans l'année qui suivait la naturalisation de leurs parents ;

2° Majeurs depuis 1889 ils peuvent obtenir leur naturalisation par le même décret que leurs parents, ou remplir les formalités de l'article 9, s'ils sont âgés de moins de vingt-deux ans (3).

Preuve de nationalité : déclaration ou décret de naturalisation individuel ou collectif, pas de rétroactivité.

110. Individu réintégré dans la nationalité française (4). — La réintégration dans la nationalité française ne peut se prouver que par un décret du chef de l'État. L'effet de celle-ci ne court que du jour de la publication de ce document (5). Pas de rétroactivité.

------

(1) *C. C.*, art. 12-§ 3.
(2) *C. C.*, art. 12-§ 2.
(3) Lille, 11 juillet 1890 (*J. D. I. P.*, 1890, p. 928)¡ Douai, 11 juin 1891 (*J. D. I. P.*, 1891, p. 958).
(4) *C. C.*, art. 18.
(5) Dieppe, 5 mai 1901 (*R. D. I. P.* et *D. P. I.*, 1906, p. 514).

111. Femme d'un individu réintégré dans la nationalité française (1). — Elle peut obtenir la qualité de Française par le même décret que le mari.

Preuve de nationalité : décret; pas de rétroactivité.

112. Enfants majeurs d'un individu réintégré dans la nationalité française (1). — Ils doivent être nés après que l'ex-Français a perdu la qualité de Français, s'ils devaient suivre légalement la nationalité du parent qui a perdu notre nationalité (2). Ils se trouvent, d'ailleurs, dans le cas exposé au n° 94, individus nés de parents dont l'un a perdu la nationalité française. La loi de 1889 autorise leur naturalisation par le même décret qui réintègre leurs parents dans la nationalité française.

Preuve de nationalité : décret; pas de rétroactivité.

113. Enfants mineurs d'un individu réintégré dans la nationalité française (1). — Même observation que pour les majeurs (2).

1° Enfants mineurs d'un individu réintégré avant 1882. Ils ne sont pas devenus Français;

2° Ceux d'un individu réintégré de 1882 à 1889 pouvaient à leur majorité remplir les formalités de l'article 9. Ils se trouvaient alors dans le cas du n° 94;

3° Ceux d'un individu réintégré depuis 1889 sont Français, sauf droit d'option dans les conditions fixées par l'article 8-§ 4 du Code civil (3).

Preuves de nationalité : déclarations ou acte de naissance et décret de réintégration du père; pas de rétroactivité.

----

(1) O. C., art. 18.

(2) Sans quoi ils rentreraient dans le cas des n°ˢ 87 et 88.

(3) D'après un jugement du tribunal de la Seine du 6 mai 1908 (*J. D. I. P.*, 1909, p. 157) confirmé par la Cour de Paris, le 2 mars 1909 (*J. D. I. P.*, 1910, p. 183), les dispositions de la loi du 26 juin 1889 seraient applicables aux enfants mineurs nés d'un individu qui aurait obtenu la naturalisation ou recouvré la nationalité française postérieurement à leur naissance, mais

114. Femme française ayant épousé un étranger réintégré dans la nationalité française (1). — Elle ne peut être réintégrée dans la nationalité française que si elle est veuve ou divorcée. Avant 1889, l'ancien article 19 était interprété de telle sorte qu'elle recouvrait de droit sa nationalité d'origine si elle venait résider en France (2). Depuis 1889 il faut un décret du chef de l'État (3).

Preuves de la nationalité : preuve du domicile ou décret; pas de rétroactivité.

115. Enfants majeurs d'une Française visée au n° 114. — Les enfants majeurs se trouvent dans la situation indiquée au n° 94.

116. Enfants mineurs d'une Française visée au n° 114 (1). — Une loi de 1883 leur permettait de devenir Français par déclaration, pour s'engager dans l'armée ou entrer dans une école du gouvernement. Depuis 1889, lorsque le mariage est dissous par la mort du mari, la qualité de Français peut être accordée aux enfants mineurs dans le même décret qui réintègre la mère ou par décret ultérieur si la demande est faite avec approbation du conseil de famille. Les mineurs n'ont pas alors de droit d'option à leur majorité. Pas de rétroactivité. Preuve de nationalité : décret.

117. Descendants de Français émigrés pour cause de religion. — Avant 1889 ils devaient se fixer en France et

---

antérieurement à la loi du 26 juin 1889 sous le régime de la législation alors en vigueur. Cette solution est contraire aux principes traditionnels du droit français (Voir C. JORDAN, *J. D. I. P.*, 1909, p. 402 et suiv.). La Cour de cassation (Ch. des requêtes) a admis un pourvoi formé contre l'arrêt de la Cour de Paris.

(1) *C. C.*, art. 19.

(2) Bourges, 4 août 1874 (*J. D. I. P.*, 1876, p. 30); Seine, 30 juillet 1887 (*J. D. I. P.*, 1889, p. 301); Paris, 29 janvier 1889 (*J. D. I. P.*, 1889, p. 655).

(3) Seine, 21 juin 1901 (*J. D. I. P.*, 1901, p. 984).

faire une déclaration. Depuis ils doivent obtenir un décret personnel (1). Les mineurs peuvent réclamer le bénéfice de la loi avec l'assistance de leurs représentants légaux. L'effet de cette réintégration est individuel. Aucune rétro-activité.

**118. *Perte de la nationalité française par l'acqui-sition d'une nationalité étrangère* (2). — La naturali-sation en pays étranger ne produit, au point de vue français, que des effets individuels (3), même si, d'après la législation étrangère, elle doit produire des effets collectifs (4), car si l'acquisition d'une nouvelle nationalité est régie par la loi du pays où elle est obtenue, la perte de la nationalité fran-çaise l'est uniquement par la loi française.

Un Français naturalisé étranger sera considéré comme ayant perdu sa nationalité d'origine s'il remplit les condi-tions suivantes :

1° Être majeur. L'opinion générale est que le mineur, même émancipé, ne peut se faire naturaliser (5);

2° Ne pas être interdit. Notre législation assimile l'inter-dit au mineur. Mais le fait d'être pourvu d'un conseil judi-ciaire ne peut empêcher un individu de changer de natio-nalité (6);

3° Une femme mariée doit avoir l'autorisation de son mari. Celle séparée de corps était dans les mêmes condi-tions (7) mais est dispensée de cette autorisation depuis la loi du 26 février 1893;

4° Jusqu'en 1889, le national qui n'avait pas obtenu

---

(1) Art. 4 de la loi du 26 juin 1889, circulaire du 1er mars 1890.

(2) C. C., art. 17-§ 1.

(3) Cependant les individus dont les parents se sont fait naturaliser pen-dant leur minorité Suisses ou Belges peuvent opter pour ces nationalités.

(4) Rouen, 6 avril 1887 (*D. P.*, 1889, 2, 17 et *J. D. I. P.*, 1889, p. 96).

(5) Besançon, 30 juillet 1902 (*J. D. I. P.*, 1903, p. 370.)

(6) Seine, 10 novembre 1905 (*J. D. I. P.*, 1906, p. 145).

(7) Seine, 10 mars 1876 et Paris, 17 juillet 1876 (*J. D. I. P.*, 1876, p. 350).

l'autorisation du gouvernement français encourait certaines déchéances, mais devenait étranger (1). Depuis 1889 l'autorisation est obligatoire si l'intéressé doit le service militaire dans l'armée active (y compris la réserve et dans les services auxiliaires);

5º La naturalisation étrangère doit être complète et acquise. L'obtention du droit de bourgeoisie dans certaines villes d'Allemagne et de Suisse est insuffisant — il en est de même de la *denization* en Angleterre (2), — de la naturalisation dans certaines colonies britanniques qui donne la qualité de national du pays, mais non celle de sujet anglais (3), — d'une admission à domicile et d'un serment d'allégeance, comme il en est exigé aux États-Unis des personnes qui désirent devenir citoyens de ce pays (4);

6º La naturalisation doit être volontaire (5);

7º La naturalisation ne doit pas être frauduleuse, c'est-à-dire acquise uniquement en vue d'éluder la loi française.

119. Perte de la nationalité française par l'acceptation de fonctions publiques étrangères (6). — 1º Avant 1889, le fait d'avoir rempli des fonctions publiques, conférées par un gouvernement étranger, suffisait pour faire perdre la qualité de Français (7);

2º Depuis 1889, la dénationalisation ne s'opère que si l'intéressé conserve ces fonctions nonobstant l'injonction du gouvernement français de les résigner dans un délai déterminé.

---

(1) Décret du 20 août 1811.
(2) Cassation, 16 février 1875 (*D. P.*, 1876, 1, 49).
(3) Cassation, 14 février 1890 (*J. D. I. P.*, 1890, p. 116).
(4) Amiens, 13 juillet 1899 (*J. D. I. P.*, 1902, p. 837).
(5) Pau, 15 juin 1903 (*J. D. I. P.*, 1904, p. 943).
(6) *C. C.*, art. 17-§ 3º.
(7) Paris, 12 mai 1891 (*J. D. I. P.*, 1891, p. 1221).

120. Perte de la nationalité française par l'entrée au service militaire d'une puissance étrangère (1). — D'après l'ancien article 21 du Code civil, la perte de la nationalité française résultait de l'entrée au service militaire d'une puissance étrangère sans l'autorisation du gouvernement français ou de l'affiliation à une corporation militaire étrangère (2).

Depuis 1889, l'affiliation à une corporation ou une milice uniquement destinée à assurer l'ordre intérieur, n'est plus une cause de dénationalisation (3). Il faut avoir pris du service dans une armée destinée à défendre le pays contre l'étranger. Cependant le Français qui a pris part à une guerre civile n'est pas dénationalisé (4), ni celui qui a combattu dans une guerre déterminée (5). L'entrée au service doit être volontaire (6), même s'il s'agit d'une simple période d'instruction (7). L'engagement contracté pendant la minorité ne fait pas perdre la qualité de Français, même si le service se prolonge au delà de la vingt et unième année (8).

121. Perte de la nationalité française. Commerce d'esclaves. — Le trafic et la possession d'esclaves font perdre la qualité de Français (9).

------

(1) *C. C.*, art. 17. § 4.

(2) Décrets des 6 avril 1809 et 26 août 1811.

(3) Cassation, 30 avril 1890 (*D. P.*, 1892, 1, 363.)

(4) Cassation, 2 février 1847 (S., 1847, 1, 582).

(5) Le Parlement a validé les élections de MM. Cluseret qui prit part à la guerre de Sécession et Lockroy qui combattit pour l'indépendance italienne.

(6) Pau, 15 juin 1903 (*J. D. I. P.*, 1904, p. 943).

(7) Cassation, 13 juin 1904 (*J. D. I. P.*, 1904, p. 928).

(8) Besançon, 30 juillet 1902 (*J. D. I. P.*, 1903, p. 379); Seine, 27 juin 1897 (*J. D. I. P.*, 1897, p. 1039). Voir cependant en sens inverse Grenoble, 18 mai 1894 (*J. D. I. P.*, 1897, p. 1038), Seine, 13 mars 1896 (*J. D. I. P.*, 1896, p. 626) et Paris, 30 juin 1896 (*J. D. I. P.*, 1897, p. 350).

(9) Décret du 27 avril 1848, lois des 11 février 1851 et 28 mai 1858; Alger, 19 janvier 1898 (*J. D. I. P.*, 1898, p. 747).

122. *Perte de la nationalité française. Établissement à l'étranger sans esprit de retour.* — Depuis 1889, cette cause de déchéance est supprimée, mais elle peut être appliquée pour des faits antérieurs à cette époque (1). Le Français devait avoir formé un établissement dont la fixité était le principal caractère. Les établissements de commerce étaient considérés comme n'ayant jamais ce caractère. Il fallait un ensemble de faits : possession d'immeubles, être resté dans le pays après cessation de commerce, s'y être marié, y être resté jusqu'au décès, etc.

123. *Perte de la nationalité française. Mariage d'une Française avec un étranger* (2). — Avant 1889, la Française perdait sa nationalité, mais si la loi étrangère ne lui accordait pas celle du mari, elle devenait étrangère sans nationalité. Depuis 1889, elle ne devient étrangère que si son mariage lui confère la nationalité du mari. (Pour redevenir Française, voir nᵒˢ 110 et suivants)

124. *Perte de la nationalité française. Cession de territoire. Alsace-Lorraine. Traité du 10 mai 1871. Convention du 11 décembre 1871.* — Ce traité a été différemment interprété par l'Allemagne et par la France.

Point de vue allemand	Point de vue français
A. — Majeurs originaires et domiciliés.	
Ils sont devenus Allemands, s'ils n'ont opté pour la France et émigré du territoire avant le 1ᵉʳ octobre 1872.	Mêmes principes que l'Allemagne. La jurisprudence exige le transfert de domicile (3).

---

(1) Seine, 22 février 1896 (*J. D. I. P.*, 1896, p. 381); Chambéry, 9 février 1898 (*J. D. I. P.*, 1901, p. 793).

(2) *C. C.*, art. 19.

(3) Paris, 12 mai 1891 (*D. P.*, 1891, 2, 301); Besançon, 26 juin 1895 (*D. P.*, 1896, 2, 157).

Point de vue allemand	Point de vue français

B. — Majeurs originaires et non domiciliés.

Ils sont devenus Allemands s'ils n'ont opté pour la France avant le 1er octobre 1872 et le 1er octobre 1873, s'ils résidaient hors d'Europe. | Mêmes principes que l'Allemagne.

C. — Majeurs domiciliés, mais non originaires.

Mêmes principes que A. | Ils sont restés Français de droit sans formalité.

D. — Mineurs nés en Alsace-Lorraine.

Les mineurs émancipés ou non n'ont pu opter valablement, ni par eux-mêmes, ni avec l'assistance de leurs représentants légaux et ont dû suivre nécessairement la nationalité de ces derniers. | Les mineurs émancipés ont eu un droit personnel d'option aux mêmes conditions que les majeurs, les autres ont pu opter avec l'assistance de leurs représentants légaux (1).

E. — Mineurs nés hors d'Alsace.

Les mineurs émancipés ont eu un droit personnel d'option. Les autres ont dû suivre nécessairement la nationalité de leurs représentants légaux. | Ils sont restés Français, le traité n'atteignant que les originaires.

F. — La femme devait opter personnellement.

126. Moyens pour les Alsaciens-Lorrains d'être réintégrés dans la nationalité française et de perdre la nationalité allemande. — Ils peuvent invoquer le bénéfice de l'article 10. On peut perdre la nationalité allemande par différents moyens :

1° Par le congé sur demande (*Entlassungschein*) accordé

(1) La cour de Paris, 13 août 1883 (*J. D. I. P.*, 1883, p. 626), a même décidé que l'option faite par un père de famille suffisait à attribuer la nationalité française à ses enfants mineurs bien qu'il ne les ait pas mentionnés dans sa déclaration.

par le président de la province. Il ne peut être refusé, sauf aux personnes tenues au service militaire qui sont âgées de plus de dix-sept ans jusqu'à vingt-cinq ans révolus, à moins qu'elles ne produisent un certificat de la commission militaire du cercle attestant qu'elles ne requièrent pas le congé dans le but unique d'échapper à l'obligation du service actif. Il n'est également jamais accordé aux militaires de l'armée active avant qu'ils aient été libérés. Il faut donc que le mineur se procure cette pièce avant dix-sept ans. Mais, d'après l'article 41 de la loi d'introduction du Code civil allemand de 1900, elle ne peut être demandée pour un mineur qui se trouve soumis à la puissance paternelle ou à une tutelle, par son représentant légal, qu'avec l'approbation du tribunal des tutelles. Cette approbation n'est pas nécessaire lorsque le père ou la mère demandent le congé pour eux-mêmes et en même temps pour un mineur (1). D'après la jurisprudence, le permis peut être accordé, même à un insoumis, s'il est âgé de plus de vingt-cinq ans (2);

2° Rés'dence de dix ans à l'étranger.

L'article 21 de la loi du 1er juin 1870 porte que « les Allemands du Nord qui quittent le territoire de la Confédération et résident sans interruption pendant dix ans à l'étranger perdent leur nationalité d'État ».

Ce séjour doit être continu (3). La perte de la nationalité s'étend à la femme et aux enfants mineurs soumis à la puissance paternelle s'ils se trouvent à l'étranger avec leurs parents. D'après la jurisprudence, le séjour des mineurs, même seuls, aurait le même résultat (4).

Mais la nationalité allemande n'est perdue que pour l'ave-

---

(1) Voir WEISS, *Traité de droit international*, t. I, p. 707.

(2) *Zeitschr. f. Int. Priv. u. Strafrecht*, 1901, p. 53. Tribunal administratif de Wurtemberg, 19 septembre 1900.

(3) Tout retour de quelque durée qu'il soit est interruptif. Circulaire du ministre de l'intérieur prussien, 27 août 1903 (Voir *Zeitschr. f. Int. Priv. u. Off. Recht*, 1904, p. 192 et 193, notes).

(4) Voir *Zeitschr. f. Int. Priv. und Strafrecht*, 1895, p. 736; 1897, p. 246; Colmar, 13 décembre 1898 (*J. D. I. P.*, 1900, p. 162). Von KÖNIG, p. 196.

nir et un individu peut avoir été condamné pour insoumission au service militaire. Une circulaire du ministère de l'intérieur, du 1er juillet 1900 (1), engage les personnes considérées comme déserteurs en Allemagne, à ne pas rentrer dans ce pays avant quarante-cinq ans révolus. Or, le délit d'insoumission se prescrit par cinq ans et la prescription peut commencer au moment où le condamné, ayant perdu la nationalité allemande, n'est plus astreint à l'obligation militaire (2). On peut donc en conclure qu'après une période de quinze ans ininterrompue à l'étranger, le déserteur allemand n'est plus passible de peines. Mais l'administration allemande ne se conforme pas toujours aux décisions judiciaires; en tous cas, le gouvernement impérial conserve le droit d'expulsion.

2° Nationalité française dans les colonies

126. Application aux colonies des lois sur la nationalité. — « Jusqu'en 1897 on avait toujours admis que la naissance aux colonies devait produire, en ce qui concerne la nationalité, les mêmes effets que la naissance en France. Et Siméon ne rencontrait aucune contradiction lorsque, dans la discussion du Code civil, il affirmait devant ce tribunal que l'étranger né aux colonies devait être considéré comme né en France (3). »

Depuis 1897, il faut distinguer : l'Algérie, la Réunion, la Martinique et la Guadeloupe, où le Code civil est en vigueur, et les autres colonies régies par le décret du 7 février 1897.

127. Décret du 7 février 1897. — 1° Individu né aux colonies de parents français : mêmes règles que le Code civil;

2° Individu né aux colonies d'un individu qui y est né

---

(1) *J. D. I. P.*, 1901, p. 406 et suiv.
(2) *J. D. I. P.*, 1893, p. 907. Tribunal de l'Empire, 6 février 1893.
(3) AUDINET, *De la Nationalité aux colonies* (*J. D. I. P.*, 1898).

lui-même : il n'est pas Français de droit, mais la naturalisation lui est facilitée;

3° Individu né en France d'un étranger né aux colonies : d'après le principe exposé au n° 126, il doit être Français de droit; mêmes règles que le Code civil;

4° Individu né aux colonies d'un étranger né en France : l'esprit du décret lui refuse la qualité de Français;

5° Individu né aux colonies d'étrangers nés à l'étranger : il ne peut acquérir la nationalité française par simple déclaration, la naturalisation lui est facilitée;

6° Pour tous les autres cas : mêmes règles que le Code civil.

3° Conflits de nationalité

128. Pays ou le fait de naître sur le territoire donne la qualité de national. — Tantôt le fait de naître sur le territoire donne la qualité de national du pays obligatoirement (pays de l'Amérique), tantôt la nationalité n'est imposée que si l'un des auteurs est né aussi dans le pays. Les individus nés dans ces conditions ont parfois un droit d'option. Les Français ayant acquis ainsi malgré eux une seconde nationalité, ne perdent pas la nôtre, mais ne peuvent prétendre à la protection intégrale des consuls de France (Voir n° 81).

129. Convention avec la Belgique du 30 juillet 1891. — Cette convention confirme le droit d'option réservé aux Belges nés en France, par les articles 8-§3, 4 et 9-§ 1 du Code civil, avec droit pour les mineurs de renoncer à cette faculté. Mais, en plus, elle accorde aux descendants de Français nés en Belgique et aux individus nés en France de Belges, qui peuvent invoquer le bénéfice de l'article 9 du Code belge ou français (1), le droit d'opter pour la natio-

____

(1) Les deux articles sont semblables.

nalité belge, et *vice versa*. Les individus qui se sont mis en règle avec la législation d'un des deux pays, sont déliés des liens d'allégeance vis-à-vis de l'autre. En ce qui concerne les individus belges nés en France d'un Belge qui y est né lui-même, le gouvernement belge ne les appelle pas au service militaire, mais les considère toujours comme ses nationaux.

130. Convention avec l'Espagne du 7 janvier 1862. Déclaration du 2 août 1892. — Cette convention concerne uniquement les questions relatives au service militaire. Rien dans ses termes ne laisse supposer que les gouvernements aient entendu que les nationaux perdaient leur qualité, par cela seul qu'ils auraient été incorporés et auraient voulu faire un échange de nationaux (1).

131. Conflits dérivant de la naturalisation. Conventions franco-belge, franco-suisse et avec le Maroc. — Les individus nés de Français qui se font naturaliser Suisses ou Belges pendant leur minorité ont le droit de choisir leur nationalité à leur majorité. Les individus nés d'un Belge naturalisé Français, jouissent de la même faculté, ainsi que ceux d'un ex-Français devenu Belge et réintégré dans la nationalité française.

La convention avec le Maroc, du 3 juillet 1880 (non approuvée par les Chambres), oblige tout sujet marocain naturalisé à l'étranger, qui revient dans son pays d'origine, après un laps de temps égal à celui qui lui a été nécessaire pour obtenir cette naturalisation, à opter entre sa soumission aux lois de l'Empire ou l'obligation de quitter le Maroc.

132. Différents modes de dénationalisation. — Dans la plupart des cas, un individu ne pourra éviter les conflits

---

(1) Seine, 19 juillet 1884 (*J. D. I. P.*, 1885, p. 92).

de nationalité qu'en perdant celle acquise ou conservée malgré lui. La dénationalisation s'opère, en général, par les moyens suivants : acquisition d'une nationalité étrangère, acceptation de fonctions publiques étrangères, séjour plus ou moins prolongé hors de la patrie, renonciation volontaire à la nationalité d'origine. Les législations imposent souvent en outre des conditions accessoires : autorisation du gouvernement, obligation d'avoir accompli le service militaire, etc.

4° Indigènes des colonies

133. *Étendue de la protection consulaire.* — Les indigènes des colonies sont Français (1). Ils ont donc droit, en principe, sans restriction, à la protection consulaire. Mais il faut distinguer les indigènes entièrement assimilés aux citoyens français et ceux qui ont conservé leur statut personnel. Vis-à-vis de ces derniers, le consul sera parfois incompétent pour exercer certaines attributions.

134. *Indigènes assimilés aux citoyens français.* — Le décret du 24 octobre 1870 a déclaré que les israélites indigènes des départements de l'Algérie étaient Français et leur statut personnel régi par la loi française. Le décret des 7-9 octobre 1871 a réglé postérieurement les formalités (2) à remplir pour jouir des droits de citoyens français. Ce texte ne vise que les israélites nés en Algérie avant l'occupation française ou qui sont nés depuis de parents établis en Algérie à l'époque où elle s'est produite. Le bénéfice de ce décret ne s'étend donc pas aux territoires annexés depuis 1870. Pour les autres indigènes de l'Al-

----

(1) Cassation, 15 févr. 1864; sénatus-consulte du 14 juillet 1865; décret du 25 mai 1881.

(2) Ces formalités sont obligatoires. Cassation, 29 avril 1897. (*D. P.*, 1898, 1, 217).

gérie, l'assimilation aux citoyens français s'obtient par décret (1).

Dans l'Inde (2), les indigènes peuvent renoncer à leur statut personnel devant l'officier de l'état civil sur un registre spécial tenu à cet effet (les mineurs peuvent accomplir cette formalité avec l'assistance de leurs représentants légaux), ou faire constater cette renonciation dans l'acte de célébration du mariage. La Cour de cassation (3) a décidé que les Indiens qui se sont mariés à l'étranger avec l'accomplissement de formes prescrites par la loi du pays, lorsque les conditions essentielles du mariage sous cette législation sont incompatibles avec les lois et coutumes hindoues, sont considérés comme ayant renoncé à leur statut personnel (4).

En Cochinchine, l'assimilation aux citoyens français s'obtient par décret.

La renonciation au statut personnel a un caractère irrévocable.

135. *Effets de l'assimilation sur la femme et les enfants.* — L'enfant légitime de l'indigène assimilé, né après la renonciation au statut personnel, est citoyen français sans pouvoir reprendre de statut spécial (5).

Les décrets du 21 septembre et du 25 mai 1881 étendent à la femme et aux enfants mineurs le bénéfice de l'assimilation pour l'Inde et la Cochinchine.

En Algérie, l'admission sollicitée par le mari ne s'étend

---

(1) Sénatus-consulte de 1865, décrets des 21 avril 1866 et 24 octobre 1870.

(2) Décret du 21 septembre 1881.

(3) 24 juillet 1888 (*J. D. I. P.*, 1889, p. 665).

(4) Cassation, 24 juillet 1888 (*D. P.*, 1889, 1, 417). Mais, sauf en ce cas, l'emploi des formes du Code civil n'emporte pas renonciation au statut personnel (Voir Cass., 19 oct. 1891 [*D. P.*, 1893, 1, 495]). La reconnaissance d'un enfant naturel par un musulman au Sénégal, dans les formes du Code civil, n'implique pas renonciation au statut personnel pour lui et l'enfant.

(5) Cassation, 26 octobre 1904 (*J. D. I. P.*, 1905, p. 658).

pas à la femme (1), ni aux enfants mineurs nés avant l'assimilation.

Preuves de la nationalité et du statut pour les israélites algériens : extrait du registre de notoriété, décision du juge de paix, pour les autres; décrets ou acte de mariage pour les Indiens. Dans certaines colonies (Inde, Sénégal), les droits politiques sont indépendants de la jouissance des droits civils; une carte d'électeur ne prouve que la nationalité.

136. *Indigènes ayant conservé leur statut personnel.* — Sont, en général, considérés comme Français tous les indigènes nés avant l'annexion ou domiciliés à cette époque sur le territoire de la colonie (2).

Les israélites algériens qui n'ont pas prouvé leur indigénat dans les conditions exigées par le décret de 1871, sont donc quand même Français en vertu des droits acquis (3). L'état civil dans les colonies n'étant institué que depuis la conquête, le passeport ou les cartes d'identité prévues par la loi du 23 mars 1862 sont les seules pièces pouvant prouver la nationalité des indigènes.

137. *Femme européenne ayant épousé un musulman.* — La femme européenne qui épouse un musulman français ayant conservé son statut personnel devient citoyenne française et l'enfant né de cette union garde le statut français, même si, avant son mariage, la mère avait embrassé l'islamisme (4).

138. *Nationalité des enfants des indigènes nés à l'étranger.* — La nationalité française appartient aux

----

(1) Cassation, 26 octobre 1904 (*J. D. I. P.*, 1905, p. 658).

(2) Décret du 7 octobre 1871; Cour de Hanoï, 17 novembre 1897 (*D. P.*, 1902, 2, 305); Cassation, 3 décembre. 1907 (*J. D. I. P.*, 1908, p. 824).

(3) Voir Larcher, *J. D. I. P.*, 1908, p. 383; Cassation, 3 décembre. 1907 (*J. D. I. P.*, 1908, p. 824).

(4) Voir note, *J. D. I. P.*, 1899, p. 108 et Alger, 13 février, 1903 (*J. D. I. P.*, 1904, p. 920).

enfants des indigènes en quelque lieu qu'ils soient nés (1). Le traité avec le Siam du 13 février 1904 stipule que la protection française sera accordée aux enfants des protégés, mais ne s'étendra pas à leurs petits enfants.

5° Déserteurs, insoumis, condamnés

139. Déserteurs et insoumis. — La circulaire du 16 juin 1873 (*in fine*), rappelée par celle du 5 novembre 1905, interdit aux consuls de protéger les Français qui ne se soumettent pas aux obligations du service militaire. Mais ces individus n'ayant pas perdu leur nationalité peuvent exiger d'être immatriculés et on ne peut refuser de recevoir les actes de l'état civil les concernant et leur en délivrer copie, ainsi que procéder aux publications de mariage (2). Mais il est défendu de leur délivrer le certificat d'immatriculation, de les marier (3), de leur établir des passeports, de légaliser directement leur signature et l'on doit également s'abstenir de toute intervention auprès des autorités locales en leur faveur.

140. Condamnés. — Ils ne perdent pas la nationalité française et peuvent recourir aux consuls dans la mesure où leur capacité n'est pas restreinte par les condamnations qu'ils ont encourues (4). Cependant, s'ils sont en état de contumace, on peut les traiter comme les déserteurs.

6° Protégés étrangers

141. Étendue de la protection consulaire. — La protection ne peut être que purement officieuse et doit se bor-

---

(1) WEISS, *Traité de droit international*, t. II, p. 441, note.
(2) Décision du 16 octobre 1879 (*B. O. M. J.*, 1879, p. 232).
(3) Décrets 16 juin, 3 et 28 août 1808.
(4) Circulaire du 9 décembre 1833.

ner à des demandes bienveillantes vis-à-vis de l'autorité locale. Il y a exception à cette règle pour les indigènes des pays de protectorat et les étrangers qui, en pays de juridiction, se mettent sous la protection française.

142. *Indigènes des pays de protectorat*. — Leurs intérêts ne peuvent, aux termes mêmes de certains traités (1), être protégés que par les consuls français. Ils se trouvent donc en fait dans la même situation que les indigènes des colonies ayant conservé leur statut personnel. Leur nationalité ne peut être établie que par un passeport.

143. *Étrangers protégés dans les pays de chrétienté*. — En général, il faut que le gouvernement de l'étranger ait demandé au gouvernement français de protéger ses nationaux et que l'État, où réside le consul, ait accepté, au moins tacitement, que l'agent français soit chargé des intérêts d'une tierce puissance.

144. *Étrangers protégés dans les pays de juridiction*. — Dans les pays de juridiction, la solidarité entre Européens s'impose. Le refus de toute protection consulaire aurait pour conséquence de laisser des Européens sous le régime de la juridiction locale qui répugne aux mœurs occidentales. Aussi, l'usage s'est-il établi d'accepter la protection d'étrangers sur simple demande de ceux-ci. L'article 32 des capitulations de 1740 reconnaît ce droit à la France. L'article 13 du traité franco-siamois du 13 février 1904 spécifie que la France pourra protéger les Asiatiques qui ne sont pas nés sur les territoires soumis à sa domination ou à son protectorat si le gouvernement siamois accorde ce droit à toute autre puissance.

———————

(1) Tunis, 12 mai 1881; Tonkin et Annam, 6 juin 1884.

145. *Conditions pour protéger un étranger en pays de juridiction*. — On ne peut protéger qu'un étranger n'ayant pas de représentant de sa patrie (agent diplomatique ou consulaire) auprès du gouvernement ou des autorités du pays où il réside. « Le consul, lorsqu'un étranger lui demande à être inscrit sur la liste des protégés, se fait remettre par le requérant ses passeports et fait une enquête préalable sur son compte. S'il apprend que celui-ci s'est retiré de la protection d'un consul d'une autre nation pour venir à lui, il prend des renseignements auprès de l'ancien protecteur et accueille ou rejette la demande selon les circonstances. Mais, en fait, la protection française est toujours refusée lorsque l'étranger a un procès pendant devant le consul qu'il quitte pour échapper aux conséquences de ce procès (1). »

146. *Protection des nationaux du pays de la résidence*. — Les nationaux du pays de la résidence ne sont jamais protégés, sauf exceptions suivantes :

En Turquie (2) peuvent être protégés les drogmans et yassakdjis attachés aux consulats. La protection est individuelle, attachée aux fonctions et ne s'étend pas aux parents. Les domestiques n'appartenant pas à la catégorie des employés privilégiés sont soumis au droit commun.

Au Maroc (3) les interprètes, soldats, domestiques et secrétaires indigènes sont protégés. La protection s'étend à la famille du protégé, c'est-à-dire à sa femme, ses enfants

---

(1) REY, *De la Protection diplomatique et consulaire dans les Échelles du Levant*, p. 479.

(2) Règlement d'août 1863. Les consuls généraux et consuls des chefs-lieux de province ont droit à 4 drogmans et 4 yassakdjis, les consuls à 3 de chaque catégorie, les vice-consuls et agents consulaires à 2. Si le nombre de ces auxiliaires n'est pas suffisant, l'augmentation peut en être demandée par voie diplomatique.

(3) Convention de Madrid du 3 juillet 1880. Les consuls, vice-consuls et agents consulaires ont droit à 1 interprète, 1 soldat, 2 domestiques et 1 secrétaire indigène ; les agents consulaires indigènes à 1 soldat.

et parents mineurs habitant sous son toit; elle n'est héré-
ditaire que pour la famille Benchimol.

Sont également protégés les facteurs, courtiers ou agents
indigènes employés par les négociants français (1), mais non
les individus employés à des exploitations rurales.

7° Divers

147. Andorrans. — Les Andorrans sont dans une situation juridique spéciale : la France exerce sur leur patrie
un droit de co-souveraineté qui ne lui permet pas de considérer comme étranger le territoire de cette république.
Aussi les habitants ont-ils droit à la protection française.

148. Religieux latins. — « Le protectorat religieux
est surtout affaire politique. Il permet aux missions d'arborer sur leurs bâtiments le pavillon français et consiste
surtout dans une fréquente intervention diplomatique qui
permet aux religieux d'exercer leur culte (2). »

149. Sociétés. — Une société est dite française lorsqu'elle
a son siège social réellement et effectivement en France, et
qu'elle est constituée d'après les lois françaises. Mais c'est
un être moral distinct des associés qui l'ont formée. Les
administrateurs, les détenteurs de ses actions peuvent être
étrangers. Le consul ne doit donc pas toujours sa protection
à une société parce qu'elle est française, il doit s'assurer
si elle représente bien des intérêts français (3).

---

(1) Article 10 du traité de 1880 confirmant celui du 19 août 1863 .Le nombre
des courtiers est fixé à deux par maison de commerce, mais les entreprises qui
ont des comptoirs dans différents ports peuvent avoir deux courtiers par
comptoir.

(2) REY, *De la Protection diplomatique et consulaire dans les Échelles du
Levant,* p. 472.

(3) *General instructions for H. M. consular officers,* 1907, p. 206. Les
sociétés ne sont pas nécessairement protégées par ce fait qu'elles sont enregistrées en Angleterre.

CHAPITRE II

ATTRIBUTIONS EN MATIÈRES INTÉRESSANT LES PERSONNES

§ 1 — État civil [1]

150. *Textes de lois concernant l'état civil des Français à l'étranger*. — L'état civil des Français à l'étranger est régi :

1° Par l'article 48 du Code civil qui confère aux agents diplomatiques et consulaires les pouvoirs d'officiers de l'état civil;

2° Les articles 47 et 170 qui indiquent les conditions nécessaires pour que les actes reçus par les autorités locales étrangères soient valables en France.

____

(1) Les consuls anglais et espagnols sont officiers de l'état civil, ceux d'Autriche-Hongrie ne le sont que pour les Hongrois. Les agents allemands et belges doivent être spécialement autorisés, sauf en ce qui concerne les mariages pour les derniers. Les consuls norvégiens peuvent célébrer les mariages s'ils ont été autorisés; ceux des États-Unis peuvent seulement être témoins dans un mariage et celui-ci est alors valable comme s'il avait été contracté en Amérique. Les agents russes inscrivent uniquement la femme ou l'enfant sur le passeport du père ou du mari. Ceux d'Italie sont officiers de l'état civil et peuvent marier un Italien et une étrangère si la loi locale ne s'y oppose pas. Antérieurement à la promulgation du Code civil, qui eut lieu en 1803, un avis du Conseil d'État du 4 brumaire an XI (26 octobre 1802) avait reconnu aux consuls les pouvoirs d'officiers de l'état civil. Mais jusqu'à l'instruction du 8 octobre 1814 aucune indication ne fut donnée à ces agents sur la tenue des registres. Le paragraphe 3 de cette instruction leur enjoignit d'envoyer un double au ministère des affaires étrangères. Cette prescription ne fut pas régulièrement observée, car par une circulaire du 30 septembre 1826 le ministre déclarait qu'il existait de nombreuses lacunes et insistait sur l'obligation de lui transmettre les doubles. L'état civil n'est en réalité régulièrement tenu que depuis l'ordonnance du 23 octobre 1833 qui a organisé le contrôle.

1° Actes reçus par les agents diplomatiques et consulaires

151. Lois applicables. — L'article 48 dit expressément que les agents doivent recevoir les actes conformément à la loi française. Il suffit donc de se reporter au Code civil, titre II, articles 34 à 92.

152. Compétence des chefs de missions diplomatiques, consulats généraux, consulats et vice-consulats. — Les chefs de missions diplomatiques, consulats généraux, consulats et vice-consulats (1), sont investis de plein droit des pouvoirs d'officiers de l'état civil.

153. Compétence des agents consulaires. — Les agents consulaires doivent être autorisés par décret. On ne leur confère le plus souvent que le droit d'enregistrer les naissances et décès. Ils doivent donc s'abstenir de procéder aux mariages et publications de mariages (2). Lorsqu'une agence, dont le titulaire avait les pouvoirs d'officier de l'état civil, est supprimée, puis rétablie ultérieurement, il faut un nouveau décret si l'on veut que le nouvel agent jouisse des mêmes pouvoirs que l'ancien.

154. Suppléances et délégations. — Pour la suppléance, voir n° 38. Le chef de poste peut, sous sa surveillance et sa responsabilité, déléguer ses fonctions à l'une des personnes attachées officiellement au poste, sans tenir compte de la hiérarchie. Cette faculté est interdite aux agents consulaires (3). Mais en aucun cas on ne saurait invoquer

---

(1) Depuis le décret du 19 janvier 1881.

(2) Les agents consulaires sont parfois choisis parmi les étrangers qui ne connaîtraient pas suffisamment nos lois pour procéder aux formalités minutieuses du mariage. Mais on pourrait les autoriser à tenir un registre de publications de mariage.

(3) Ordonnance du 20 août 1833, article 46.

l'article 16 de l'ordonnance d'août 1681 pour autoriser un vice-consul à remettre provisoirement, pour une circonstance déterminée, ses fonctions à un Français quelconque de sa résidence. L'ordonnance précitée a été rendue dans un temps où les agents n'exerçaient pas les fonctions d'officier de l'état civil; aussi, ne prévoyant pas l'attribution, elle ne pouvait prévoir la délégation. Lorsqu'un agent se trouve seul dans un poste, et ne peut recevoir un acte, il faut alors s'adresser à l'autorité locale. Dans le cas où il n'y aurait aucune autorité compétente dans le pays de la résidence, on devra recourir à un acte de notoriété et en obtenir par jugement la transcription sur les registres.

155. Compétence uniquement pour les actes concernant les Français (1). — Les agents ne peuvent recevoir que des actes concernant les Français. Cette doctrine a été établie par un arrêt de la Cour de cassation du 10 août 1819, adoptée par le ministère des affaires étrangères dans la circulaire du 4 novembre 1833, puis confirmée par une décision du ministère de la justice du 16 septembre 1878 (2).

Il ne saurait être fait exception pour l'étranger admis à domicile (3). L'article 6 de la convention de La Haye a bien déclaré que les mariages consulaires seraient valables si aucune des parties contractantes n'était ressortissante de l'État où le mariage a lieu, autorisant ainsi implicitement le mariage d'étrangers par les agents. Mais les stipulations conventionnelles ne sont que permissives (Voir n° 15). Il faudrait que nos agents fussent habilités par une loi spéciale pour pouvoir célébrer des mariages où des étrangers seraient parties.

------

(1) Consulter le *Manuel des Actes de l'état civil, avec formules pour la rédaction de tous les actes,* par J. MONFREU, 2ᵉ édition. Berger-Levrault et Cⁱᵉ, éditeurs. 1908. 4 fr.

(2) *B. O. M. J.,* 1878, p. 89 et circulaire du 31 janvier 1902.

(3) L'étranger admis à domicile jouit de certains droits mais la naturalisation seule peut l'assimiler entièrement aux citoyens français.

156. *Autorisation de marier un Français avec une étrangère en certains pays.* — Une loi du 29 novembre 1901 a autorisé les mariages consulaires de Français avec une étrangère dans les pays désignés par décrets du président de la République. Ces pays sont : la Turquie, l'Égypte, le Maroc, le Siam, la Chine, la Corée (1), la Serbie, le Monténégro, l'Abyssinie (2).

157. *Pays où cette loi est pratiquement utile. Situation en Tunisie.* — Cette loi n'est applicable que dans les pays de juridiction. L'étrangère épousant un Français devient Française, et comme telle justiciable de nos tribunaux consulaires. Dès lors, le mariage, valable d'après la loi française, ne pourra être contesté, au moins ni en France ni dans le pays de résidence. Il en serait autrement dans les pays de chrétienté. Le mariage pourrait n'avoir aucune valeur d'après la loi locale. Cette loi n'a pas eu à être étendue en Tunisie. Les contrôleurs civils agissent en qualité de fonctionnaires tunisiens; ils peuvent donc marier valablement les étrangers par application de la règle *locus regit actum.*

158. *Indigènes des colonies. Étrangers protégés.* — Les agents ne peuvent recevoir les actes concernant les indigènes des colonies s'ils ont conservé leur statut personnel (3) et les étrangers protégés.

159. *Faculté pour les Français de s'adresser à l'autorité locale ou au consul.* — De l'étude des travaux préparatoires du Code civil (4), il résulte clairement que les Français ont le droit absolu de choisir entre le consul et l'autorité locale.

----

(1) Décret du 29 décembre 1901.

(2) Décret du 2 août 1902.

(3) L'état civil actuellement fonctionne cependant dans les colonies pour tous les indigènes indistinctement.

(4) Voir Locré, t. III, p. 139, 207 et 228.

Aussi un agent, qui, en pays de juridiction, se basant sur la loi du 28 mai 1836, article 75, ferait un règlement obligeant ses nationaux à déclarer en chancellerie les naissances et décès, outrepasserait ses pouvoirs, la Cour de cassation (1) ayant reconnu que les capitulations ne s'opposaient pas à l'application de la règle *locus regit actum.*

160. *Non-obligation pour le consul de recevoir les actes de l'état civil.* — Le tribunal de la Seine, par jugement du 13 mai 1909, a déclaré que l'article 48 conférait un pouvoir aux consuls, et ne leur imposait pas une obligation. Dans la pratique, ils ne doivent s'abstenir que dans les cas visés n° 162.

161. *Pays où la qualité d'officier de l'état civil est ou non reconnue aux consuls.* — L'usage, en général, reconnaît aux consuls les pouvoirs d'officier de l'état civil. Une convention avec le Mexique, du 3 juin 1908, reconnaît la validité des mariages contractés devant les agents des pays respectifs. Une expédition de l'acte reçu doit être remise à l'autorité locale. Mais un certain nombre de pays refusent de reconnaître aux consuls la qualité d'officiers de l'état civil sur leur territoire : Allemagne, Autriche, Argentine, Colombie, Grande-Bretagne (2), Nouvelle-Zélande, Norvège, Suisse, Russie, Uruguay. Dans quelques-uns l'usurpation de cette fonction est frappée de sanctions pénales.

162. *Conduite du consul dans les pays où sa qualité d'officier de l'état civil n'est pas reconnue.* — 1° Naissances et décès : ce sont de simples constatations. L'agent pourra les recevoir, mais après avoir engagé les intéressés

---

(1) 18 avril 1865 (S., 1865, 1, 317).

(2) La célébration des mariages dans les consulats étrangers en Angleterre est interdite par les sections 21 et 22 de l'Acte 4, George IV, chapitre 76. Mais les mariages célébrés entre nationaux dans les ambassades et légations sont valables (*General Instructions for H. M. consular officers,* 1907, p. 362).

à se conformer à la loi locale. Les actes reçus dans le pays pouvant toujours être transcrits, il n'y aurait d'utilité à les dresser en chancellerie que si la pièce étrangère contenait des indications, non obligatoires d'après la loi française (mention de suicide, de dernière maladie), que la famille désirerait cacher;

2º Reconnaissances : ces actes comportent modification de l'état de la personne reconnue, mais ne sont cependant que de simples déclarations. Ils peuvent d'ailleurs être dressés par le chancelier faisant fonction de notaire;

3º Mariage : le mariage ne peut être ignoré des autorités locales, comme la constatation des naissances et des décès. Le consul non seulement le constate, mais le célèbre, ce qui peut être considéré comme une atteinte à la souveraineté territoriale. Il est donc préférable de s'abstenir de procéder à la célébration des mariages et de renvoyer les futurs époux devant l'autorité locale, en se mettant à leur disposition pour l'accomplissement des formalités imposées par le Code français

163. Des registres. Envoi en France. — Chaque année, en janvier, le double des registres auquel n'a pas été annexé de pièces, doit être transmis au ministère des affaires étrangères. Les deux registres doivent être cotés et parafés par le chef de poste.

164. Contrôle de l'état civil. — L'ordonnance du 23 octobre 1833 a prescrit la nomination d'une commission pour procéder au contrôle des registres de l'état civil. Cette commission n'a aucun pouvoir spécial et ne peut que signaler à l'autorité judiciaire les infractions à la loi.

165. Langue à employer. — Le français est obligatoire. Si l'utilité en était démontrée, on pourrait autoriser à mettre en marge une traduction en langue étrangère, comme cela se pratique dans certaines colonies.

166. Témoins. — Les témoins peuvent être Français ou étrangers (1).

167. Rectification des actes reçus dans les consulats. — Les tribunaux étrangers sont incompétents. Pour obtenir une rectification, il faut s'adresser à un tribunal français. Celui de la Seine est toujours compétent, les doubles des registres étant déposés à Paris.

168. Suppression de l'envoi en France d'une expédition aux fins de transcription immédiate. — Les agents n'ont plus à envoyer en France, dès leur réception, une expédition de tous actes reçus (2). Ceux-ci ne sont jamais transcrits d'office dans les mairies de France.

169. Délivrance d'expéditions. — Elles peuvent être demandées : soit au ministère des affaires étrangères, dès que le double des registres est parvenu; soit au poste où l'acte a été reçu. Dans le premier cas, l'expédition est délivrée par les personnes désignées par arrêté du ministre; dans le second, par le chancelier et visée par le consul (3).

170. Délivrance d'expéditions d'actes de naissance, extraits ou copies intégrales(4). — C'est le chef de poste qui joue le rôle dévolu en France au juge de paix et donne au chancelier l'autorisation de délivrer une copie intégrale. Quand la personne qui demande un acte n'est pas de celles indiquées par la loi comme pouvant exiger une copie complète, c'est à lui qu'il appartient d'apprécier si les motifs allégués ont une valeur suffisante pour justifier une déro-

---

(1) Circulaire du 16 février 1906, note au bas du modèle I.
(2) Circulaire du 31 décembre 1905.
(3) Ordonnance du 23 octobre 1833, article 3.
(4) Article 57 du Code civil, modifié par la loi du 30 novembre 1906.

gation au droit commun (1). Il doit toujours faire connaître sa réponse par écrit et, en cas de doute, peut en référer au ministre.

171. *Livret de mariage.* — Le livret de mariage n'est établi qu'à titre de renseignements. Il n'y a pas d'inconvénients à ce qu'il en soit délivré par le ministère des affaires étrangères, qui peut d'ailleurs compléter les livrets remis aux intéressés par la mention des actes conservés dans ses archives.

172. *Actes de naissance. Délais spéciaux.* — La loi du 21 juin 1903 complétant l'article 66 du Code civil a porté à dix jours le délai de déclaration pour les naissances, sans distinguer si celles-ci ont lieu ou non dans la ville où réside le consul. La même loi permettant de plus longues prolongations dans les pays désignés par le président de la République, un décret du 17 mai 1909 a étendu à trente jours le même délai pour la Russie et les pays hors d'Europe.

173. *Acte de naissance d'un enfant de père et mère inconnus.* — Il ne peut être reçu dans un consulat, l'enfant n'étant Français ni *jure sanguinis*, ni *jure soli*.

174. *Acte de naissance dans lequel figure le nom du père ou de la mère, sans reconnaissance.* — 1° Le cas est identique à celui du n° 173 si le nom de la mère est seulement indiqué sans reconnaissance formelle signée par elle. La simple mention de ce nom n'équivaut nullement, d'après la jurisprudence, à la reconnaissance et n'établit pas un lien de filiation et de nationalité (2);

----

(1) Circulaire du 15 février 1907.

(2) Cassation, civ. 3 août 1872 (*D. P.*, 1872, 1, 113); Paris, 11 juin 1891 (*D. P.*, 1892, 2, 533); Limoges, 13 novembre 1892 (*D. P.*, 1894, 2, 319); Aix, 4 juin 1896 (*J. D. I. P.*, 1899, p. 153); Seine, 17 février 1897 (*J. D. I. P.*, 1897, 349).

2º Pour le père, la jurisprudence admet la reconnaissance de celui-ci sans déclaration formelle : 1º lorsqu'il a assisté à la rédaction de l'acte et a autorisé qu'on nomme le père; 2º lorsqu'il a signé l'acte en qualité de père de l'enfant.

175. Reconnaissances. — On peut recevoir un acte de reconnaissance sur le registre de l'état civil si la personne reconnue Française ne perd pas cette qualité par le fait de la reconnaissance, ou si, étrangère d'origine, elle devient Française par le fait de la reconnaissance. D'autre part, si la personne qui reconnaît est étrangère, il est préférable, pour éviter toute contestation, de recevoir sa déclaration sur le registre des actes notariés, quand bien même cette formalité ne changerait pas la nationalité de celui qui en est l'objet (1).

176. Mariage. Pièces à produire, formalités à remplir. -— 1º Actes de naissance des futurs époux; expéditions intégrales s'ils ont moins de trente ans, afin de connaître les personnes qui doivent être averties du mariage ou dont le consentement est nécessaire. S'ils ont plus de trente ans, un extrait suffit, la loi n'obligeant nullement l'officier de l'état civil à constater dans l'acte de célébration si la filiation est légitime ou naturelle. Les expéditions ne doivent pas avoir plus de six mois si elles viennent de France ou si elles ont été délivrées dans une colonie ou un consulat (2). Cette règle ne saurait s'appliquer aux pièces étrangères. Dans la plupart des pays, en effet, on ne porte pas, comme en France, de mentions en marge des actes de naissance; les expéditions seront donc toujours identiques, quelle que soit leur date de délivrance. On peut suppléer

------

(1) L'article 48 du Code civil consacre la compétence des agents diplomatiques et des consuls à l'effet de recevoir les actes de l'état civil, uniquement à l'égard des Français.

(2) Article 70 du Code civil modifié, loi du 17 août 1897. Circulaire du 26 novembre 1897.

aux actes de naissance par des actes de notoriété que le consul peut établir. Ces documents n'ont pas à être homologués par un tribunal.

2º Un certificat constatant le domicile ou la résidence actuelle. Si ce domicile ou cette résidence a une durée inférieure à six mois, un autre certificat constatant la résidence antérieure est nécessaire;

3º Le consentement des parents reçu par un notaire ou un officier de l'état civil et, dans le cas où il ne serait pas possible de faire autrement, par acte sous seing privé avec signatures légalisées. Pour les notifications prévues aux articles 151 et 154 du Code civil, le vice-consul peut les faire en qualité de notaire. Si les parents demeurent au lieu de la résidence ou à proximité, ils seront convoqués au consulat, ou bien le chancelier se rendra à leur domicile, si rien ne s'y oppose. Lorsqu'il ne sera pas possible d'agir ainsi, la notification pourra se faire par lettre recommandée avec avis de réception. L'agent mentionnera ensuite dans un procès-verbal le mode de notification et le motif qui l'a contraint à en faire usage (1);

4º Livret militaire ou certificat d'exemption (jusqu'à quarante-cinq ans). Le consul n'a pas à marier les déserteurs et les insoumis (2).

5º Certificats de non-opposition. Une publication par voie d'affiche pendant dix jours consécutifs, dont deux dimanches, doit être faite au lieu où chacune des parties a son domicile ou sa résidence (Voir nº 2). Si le domicile ou la résidence n'a pas une durée de six mois, une autre publication doit être faite au lieu du dernier domicile ou résidence. Enfin, si cette dernière résidence n'a pas elle-même une durée ininterrompue de six mois, il sera nécessaire de faire une publication au lieu de naissance. Pour les mineurs, une publication doit avoir lieu, en outre, au

----

(1) Circulaire du 15 octobre 1907.
(2) Application du décret du 16 juin 1808.

domicile des personnes sous la puissance desquelles ils se trouvent (1).

Lorsque les publications doivent être affichées dans une localité où réside un consul, l'accomplissement de cette formalité peut être faite à volonté soit en chancellerie, soit par les soins des autorités locales. Dans les autres cas il faut demander à ces dernières d'afficher la publication au lieu du domicile. Ce n'est qu'en cas de refus de leur part qu'on peut y procéder, comme pis-aller, au consulat dans la circonscription duquel se trouve le domicile.

En ce qui concerne la levée des oppositions, on ne peut suivre les prescriptions de l'article 177 du Code civil, une juridiction étrangère ne pouvant être compétente. Il faut s'adresser au tribunal français dans le ressort duquel se trouve l'opposant, où se trouvait son dernier domicile en France, etc., etc.;

6° Certificat de notaire, s'il y a eu contrat;

7° Dispenses d'âge, de parenté et d'alliance.

Le consul n'a aucun droit pour lever ces prohibitions (2), mais peut être appelé à faire une enquête. Il doit suivre alors les instructions du ministre de la justice du 18 novembre 1904 : « Deux questions seulement devront désormais faire l'objet de l'examen des parquets : celle de la liberté de consentement des futurs conjoints et celle de l'intérêt des enfants issus de la première union. C'est sur ces points que vous devez m'adresser des renseignements précis. »

8° S'il y a des enfants à légitimer, en faire la déclaration avant le mariage et produire les bulletins de naissance. L'omission de la légitimation est irréparable. Une loi du

---

(1) C. C., articles 166 à 168. L'article 17 de l'Ordonnance du 23 octobre 1833 n'est plus applicable (Circ. 15 oct. 1907).

(2) L'article 18 de l'Ordonnance du 23 octobre 1833 confère aux consuls généraux, dans les pays au delà de l'océan Atlantique, le pouvoir d'accorder des dispenses d'âge. La légalité de cette disposition est contestable, l'article 145 du Code civil ne consacrant pas au profit du chef de l'État la faculté de déléguer son pouvoir.

7 novembre 1907 a autorisé, en certains cas, la légitimation des enfants adultérins;

9° Pour un second mariage, l'acte de décès du précédent époux ou expédition de l'acte de transcription du divorce (un acte de naissance avec mention est insuffisant);

10° Pour l'étrangère qui se marie avec un Français, un certificat de coutume (Voir n° 189);

11° L'autorisation administrative, lorsqu'elle est requise (militaires en activité de service, fonctionnaires du ministère des affaires étrangères, etc.). La Cour de cassation, par arrêt du 16 février 1829, a décidé que les lois défendant aux Français de se marier en pays de juridiction sans une autorisation administrative n'étaient plus en vigueur (1).

177. Célébration du mariage. — Le mariage doit être célébré en chancellerie. Il ne faudrait pas y procéder ailleurs, sans nécessité bien démontrée. Cette cérémonie étant un acte public, le consul doit mettre son uniforme. Mais cette obligation ne saurait être imposée. Quant à l'écharpe tricolore des maires, les agents, dont l'uniforme ne comporte pas cet insigne, n'ont pas à la prendre.

178. Actes de décès. — La loi n'a pas déterminé de délai passé lequel il n'est plus permis de dresser un acte de décès. Mais, en France, l'officier de l'état civil qui instrumente à l'occasion d'une mort délivre aussi le permis d'inhumation, après s'être assuré lui-même du décès. A l'étranger, le consul n'a pas à remplir cette formalité préalable; aussi doit-il s'entourer de toutes garanties qu'il jugera utiles, avant de recevoir une déclaration tardive (2). Dans le cas où il y aurait difficulté à identifier un défunt (le corps

---

(1) En sens contraire, avis du Conseil d'État, circulaire du 19 juillet 1826.

(2) La circulaire du 30 septembre 1826 et le règlement belge, t. II, p. 54, exigent que le consul fasse vérifier la mort par un médecin avant de dresser un acte de décès.

a été mutilé ou brûlé), on peut se contenter de dresser un acte de notoriété et d'en demander à l'autorité judiciaire la transcription sur le registre. Un officier de l'état civil, en effet, ne peut, lorsqu'il reçoit un acte régulier, insérer dans ce document aucunes autres mentions que celles prescrites par la loi. Il ne saurait ajouter les motifs qui lui ont paru de nature à justifier la réception de l'acte, bien que ni lui, ni les témoins, ne soient absolument certains du décès ou de l'identité du défunt.

179. *Actes de notoriété*. — L'ordonnance du 23 octobre 1833, article 7, prescrit : « Toutefois, les consuls recueilleront avec soin et transmettront au ministère des affaires étrangères, soit au moyen d'actes de notoriété, soit de toute autre manière, les renseignements qui peuvent être utiles pour rectifier les actes reçus dans leurs consulats ou pour y suppléer. » Les actes de notoriété ne peuvent jamais suppléer de plein droit l'état civil régulier, il faut en demander à l'autorité judiciaire la transcription sur les registres. Ils sont, en général, dressés en brevet, mais leur place est sur le registre des actes administratifs et divers (1). L'acte de notoriété est établi sur des témoignages recueillis soit oralement, soit par correspondance, si l'on ne peut faire autrement :

1° Cet acte doit être dressé par le consul dans la circonscription duquel a eu lieu la naissance ou le décès (2);

2° On doit y annexer, autant que possible, une attestation des autorités locales certifiant qu'il n'existait pas d'état civil au moment de la naissance ou du décès, ou que l'état civil a été détruit, ou, tout au moins, que l'acte ne figure pas sur les registres. Si les autorités refusent cette pièce, le consul attestera lui-même le fait;

---

(1) Ce registre n'est imposé par aucun règlement, mais l'usage s'est établi, dans certains postes, d'en tenir un pour assurer une meilleure conservation de documents.

(2) Bordeaux, 26 mars 1878 (*J. D. I. P.*, 1878, p. 598).

3° Il faut recueillir le témoignage de personnes précises, qui ont pu constater le fait, autant que possible celui des gens que leurs fonctions appellent auprès des nouveau-nés ou des défunts : sages-femmes, médecins, ministres des cultes. Donner au besoin des renseignements sur leur moralité;

4° Mentionner et annexer copie de toutes pièces conservées dans les archives du poste ayant trait à l'événement : correspondance avec les autorités locales, inventaires, extraits d'actes détruits, certificats religieux, de médecins, sages-femmes, gardiens de cimetières, entrepreneurs de pompes funèbres, pièces de liquidation, de succession, jugements, etc., les témoignages reçus par correspondance.

L'acte établi doit rester déposé au poste, et une copie doit en être envoyée au ministère des affaires étrangères, qui peut lui-même délivrer expédition de cette copie, l'acte n'ayant pas une valeur authentique.

Lorsque les particuliers le demandent et versent une provision destinée à garantir le remboursement des frais, le consul peut s'entremettre pour faire recevoir les déclarations et témoignages par les autorités locales compétentes.

2° Actes, concernant les Français, reçus par les autorités étrangères

180. Application de la règle locus regit actum *(art. 47 du Code civil).* — L'article 47 du Code civil affirme la règle *locus regit actum* en ce qui concerne l'état civil des Français à l'étranger. Cette règle, cependant, n'est pas entièrement applicable pour le mariage (Voir n° 185).

181. Des différentes sortes d'état civil à l'étranger. — L'état civil à l'étranger peut se diviser en quatre catégories :

1° L'état civil établi sur des règles analogues à celles de notre code;

2° Les actes religieux ;

3° Les statistiques ;

4° Les actes de notoriété ; certains pays admettent en cette matière la preuve testimoniale.

La règle *locus regit actum* est applicable sans contestation à la première catégorie.

182. Actes religieux. — Pour les actes religieux, ils n'ont force probante que dans les pays où le clergé remplit légalement ou par tradition les fonctions d'officier de l'état civil (Russie, Autriche, etc., pays de juridiction). Un acte de baptême, cependant, pour être l'équivalent d'un acte de naissance, doit avoir été dressé peu de temps après la naissance, et le fait qu'il relate doit avoir pu être constaté, soit par le rédacteur, soit par les déclarants, si le prêtre se borne à recevoir une déclaration. Quand un acte religieux ne contient pas toutes les indications utiles, il faut alors un jugement.

183. Statistique. — Aux États-Unis, par exemple, l'enregistrement des décès, naissance et mariages n'a d'autre objet en vue que la statistique. Les extraits de cette dernière ont parfois une valeur légale d'après la loi locale et peuvent être assimilés à notre état civil ; dans les autres cas, il faut un jugement (1).

184. Actes de notoriété. Preuve testimoniale. — Le tribunal de la Seine (2) a décidé que l'article 47 du Code civil s'appliquait alors même que la loi territoriale à laquelle les parties se sont conformées n'exigeait pas d'actes écrits pour la constatation de divers faits relatifs à l'état civil.

---

(1) Aux États-Unis, les actes religieux ont également force probante, tout autant que les extraits des statistiques.

(2) 3 août 1894 (*J. D. I. P.*, 1895, p. 374); Besançon, 17 juill. 1895 (*J. D. I. P.*, 1895, p. 1051).

Un mariage a pu ainsi être prouvé par témoins. Dans ce cas, il faut toujours un jugement pour tenir lieu d'acte.

185. Mariage des Français devant les autorités locales étrangères. — L'article 170 du Code civil exige certaines formalités et conditions pour qu'un Français puisse se marier à l'étranger. Mais un mariage célébré en contravention de la loi française n'est pas nul de plein droit, il faut un jugement pour le casser. Il peut même produire, après l'annulation, des effets civils tant à l'égard des époux que des enfants, quand il a été contracté de bonne foi (1).

186. Conditions de validité. — 1º Conditions d'âge (*C. C.*, art. 144). Personnes pouvant attaquer le mariage (art. 184 et 187). Le président de la République peut accorder des dispenses d'âge (art. 145);

2º Consentement des époux (art. 146, 180, 181);

3º Dissolution du premier mariage (art. 147, 184, 187);

4º Consentement des parents (art. 148 à 160).

Personnes pouvant attaquer le mariage (art. 182 et 183). Celui qui n'est pas en mesure de prouver que ses parents n'ignoraient pas son mariage, a la ressource de le faire porter par huissier à leur connaissance et de faire ainsi courir le délai d'un an;

5º Prohibitions entre alliés et parents (art. 161 à 163, 184 et 187). Le président de la République peut accorder des dispenses (Voir nº 176-7º);

6º Publications de mariage (art. 63). La jurisprudence la plus récente n'admet pas que l'omission des publications soit à elle seule une cause de nullité. Si l'omission n'a pas eu lieu dans le but de faire fraude à la loi française, elle valide le mariage. Si, au contraire, les tribunaux relèvent une intention frauduleuse, ils l'annulent.

---

(1) Mariage putatif, articles 201 et 202 du Code civil.

187. *Possibilité de requérir une nouvelle célébration du mariage*. — Lorsque des époux ont des raisons pour croire que leur mariage est annulable, ils peuvent requérir une nouvelle célébration. La loi ne l'interdit pas et la jurisprudence l'admet (1). Dans ce cas, ne pas oublier de légitimer les enfants qui seraient nés avant la nouvelle célébration.

188. *Légitimation des enfants*. — La législation de certains pays considère que la légitimation des enfants résulte *ipso facto* du mariage des parents. L'application de cette règle pouvant offrir des difficultés au point de vue français, vu les termes de l'article 331 du Code civil (2), les Français devront, avant le mariage, reconnaître, devant une autorité consulaire française, leurs enfants; ceux-ci seront alors légitimés de plein droit même s'il n'est pas fait mention d'eux dans l'acte de célébration du mariage subséquent et si la loi locale n'admet pas la légitimation (3).

189. *Certificat de capacité à l'effet de contracter mariage*. — Dans les pays où l'on considère que le statut des personnes doit être régi par la loi nationale, on exige parfois des étrangers un certificat attestant qu'ils peuvent valablement contracter mariage (4). Pour obtenir ce docu-

------

(1) Cassation, 24 juill. 1872 (S., 1872, 1, 330); Orléans, 14 avril 1886 (*J. D. I. P.*, 1886, p. 334); Seine, 2 août 1890 (*J. D. I. P.*, 1890, p. 913).

(2) Besançon, 25 juillet 1876 (*J. D. I. P.*, 1877, p. 228); Paris, 2 août 1876 (*J. D. I. P.*, 1877, p. 230); Seine, 4 juin 1901 (*J. D. I. P.*, 1902, p. 334).

(3) Lesparre, 18 mai 1876 et Bordeaux, 27 août 1877 (*J. D. I. P.*, 1878, p. 39).

(4) L'article 4 de la convention de La Haye, du 12 juin 1902, relatif à cette matière n'est pas impératif. En Belgique on ne demande pas ce certificat; l'Allemagne et l'Autriche n'autorisent pas leurs représentants à en délivrer. L'obligation de fournir cette pièce résulte des accords de 1884 et 1905 entre la France et la Grande-Bretagne, des articles 31 et 37 de la loi fédérale suisse du 24 décembre 1874, de l'article 103 du Code civil italien, de l'article 43-§ 1 de la loi d'exécution pour la Prusse du nouveau Code civil allemand.

ment, les Français doivent s'adresser à l'ambassade de Berne pour la Suisse, et aux consuls dans les autres pays. Ce certificat constate la nationalité de l'intéressé, l'accomplissement de la formalité des publications, l'absence d'oppositions, et reproduit les articles 170, 12 et 8 du Code civil.

190. Mentions françaises à opérer sur l'état civil étranger. — En principe, les mentions françaises ne peuvent être inscrites qu'en marge de registres français; les législations étrangères ignorent cette formalité. Certains gouvernements, cependant, par complaisance, veulent bien les faire opérer. Dans ce cas, il faut transmettre par la voie diplomatique une copie authentique et intégrale de l'acte donnant lieu à mention. S'il s'agissait de l'inscription d'une décision judiciaire, l'autorité étrangère exigerait vraisemblablement que le jugement reçoive l'exequatur.

191. Mentions sur les registres français d'actes reçus par les autorités étrangères. — Lorsqu'une expédition authentique d'un acte dressé régulièrement par une autorité locale est transmise au consul par la voie administrative, ou lui est remise par un particulier, il peut faire mention de cet acte en marge du registre tenu au consulat.

192. Transcription sur les registres français d'actes reçus par les autorités étrangères. — Si l'acte a été reçu par une autorité locale compétente, le consul n'a pas à se faire juge des énonciations qui y sont inscrites. La transcription laisse subsister pour tous les intéressés le droit de faire valoir, le cas échéant, les causes de la nullité dont cet acte peut être entaché (1). Pour les transcriptions d'actes établis en langue étrangère, il est nécessaire que l'expédition dûment légalisée soit accompagnée d'une traduction en

____

(1) Circulaire du 25 mai 1889.

français (1). C'est alors la traduction qui est transcrite et elle reste annexée avec l'expédition au double des registres conservé au poste. La mention qui suit l'acte doit indiquer à la demande de qui l'acte a été transcrit et que l'original et la traduction sont annexés (2).

193. Transcription et mention de décisions judiciaires de tribunaux étrangers. — Les décisions judiciaires étrangères (divorce, adoption) ne peuvent en général être transcrites ou mentionnées d'office sur un registre français. Il était autrefois de jurisprudence que les jugements rendus par les tribunaux étrangers, relativement à l'état civil des Français, devaient être tenus pour nuls comme émanant de juges incompétents. Une évolution s'est produite à cet égard et certains de ces jugements sont maintenant reconnus valables (3), notamment les jugements de divorce et de séparation de corps rendus dans les conditions fixées par l'article 7 de la convention de La Haye du 12 juin 1902. Ces jugements peuvent donc faire l'objet de mentions sans avoir besoin d'exequatur et sans avoir été transcrits, si la loi locale n'exige pas cette formalité (4). En ce qui concerne les autres décisions judiciaires, pour qu'elles puissent donner lieu à transcription ou à mention, il est nécessaire qu'elles aient reçu l'exequatur d'un tribunal français et soient signifiées aux consuls par la voie judiciaire française.

194. Règles spéciales pour la transcription d'un acte de mariage célébré par une autorité étrangère. — Bien qu'un Français ait accompli toutes les formalités prescrites par sa loi nationale, il peut se faire que celles-ci

---

(1) Circulaire du garde des sceaux du 18 juillet 1811.

(2) L'original et la traduction peuvent être parafés par le requérant et le consul.

(3) Circulaire du parquet de la Seine aux maires (*J. D. I. P.*, 1897, p. 643).

(4) Boulogne, 2 août 1907 (*R. D. I. P.* et *D. I. P.*, 1907, p. 742).

ne soient pas consignées dans l'acte dressé par l'autorité locale. Or, en transcrivant ce document sur le registre français, on peut mentionner à la suite les pièces non indiquées dans l'original (consentement des parents, publications, etc.) et les annexer au registre. La loi n'interdit pas cette façon de procéder qui présente l'avantage de réunir des indications qu'il serait peut-être difficile de retrouver ultérieurement.

195. Dépôt d'actes étrangers au ministère des affaires étrangères. — La loi du 8 juin 1893 complétant l'article 47 du Code civil autorise le ministère des affaires étrangères à recevoir en dépôt des expéditions des actes reçus par les autorités étrangères concernant des Français et à délivrer des copies ou traductions authentiques de ces expéditions (1). Les actes peuvent être remis directement par les particuliers, ils doivent être dûment légalisés, en bon état, et ne présenter ni grattage ni surcharge non approuvés.

196. Conventions d'échange. — La France a échangé avec certains pays des déclarations en vertu desquelles tous les actes de l'état civil, concernant les Français, sont transmis d'office au ministère des affaires étrangères :

1° Pour tous actes : Italie, 13 janvier 1875; Luxembourg, 14 juin 1875; Belgique, 25 août 1876; Monaco, 24 mai 1881; Autriche-Hongrie, 29 août 1892; Chili, 24 août 1899; Suède, 9 novembre 1904; Norvège, 21 décembre 1906; Suisse, *modus vivendi* depuis 1877 (2);

---

(1) Le dépôt n'est pas admis dans les consulats où l'on peut transcrire les actes. Les expéditions sont délivrées par les personnes désignées par arrêté du ministre.

(2) Circulaire du garde des sceaux du 6 octobre 1897 (*B. O. M. J.*, 1897, p. 100 et du 22 avril 1907, *B. O. M. J.*, p. 132). Toutefois, le supplément au *Guide pour les officiers de l'état civil de la Suisse*, 1906, circulaire du 29 septembre 1905, n° 20, p. 18, nie l'existence de toute obligation à cet égard.

2º Actes de mariage seulement : convention de La Haye du 12 juin 1902 : Allemagne, Espagne, Pays-Bas, Portugal, Roumanie.

L'échange d'actes ne préjuge pas de la question de nationalité. Pour y donner lieu, il suffit que la personne désignée dans le document ait été jugée en possession de la nationalité française à un moment donné.

197. Rectification des actes reçus par les autorités étrangères. — Les tribunaux français, en principe, sont incompétents pour rectifier les actes de l'état civil reçus par les autorités étrangères. Ils peuvent cependant le faire lorsqu'il s'agit d'un Français et que l'acte a été transcrit sur le registre d'un consulat ou d'une commune, ou déposé au ministère des affaires étrangères (1). Cette façon de procéder laisse subsister l'erreur sur l'acte original. Pour obtenir la rectification de ce dernier, il faut s'adresser aux autorités étrangères compétentes.

§ 2 — Immatriculation [2]

198. But et caractère de l'immatriculation. — L'immatriculation est un moyen d'assurer aux Français la protection des consuls (3), de les rattacher plus étroitement à la patrie commune en les groupant autour du représentant de leur pays. Elle met ce dernier en mesure de prêter son appui sans avoir besoin de vérifier la nationalité de la personne à protéger; elle fournit à l'administration des éléments d'information soit pour établir des sta-

---

(1) Seine, 14 août 1894, 31 mars 1896 (*J. D. I. P.*, 1900, p. 412).

(2) L'immatriculation est prévue dans tous les règlements consulaires, mais n'est obligatoire que pour les Anglais et les Autrichiens (pas les Hongrois) en pays de juridiction seulement.

(3) Ordonnance du 28 novembre 1833.

tistiques ou assurer l'exécution des lois militaires (1), etc. L'immatriculation est un acte essentiellement administratif.

199. *Avantages pratiques pour les nationaux.* — 1° Preuve de la nationalité. Cependant la production d'un certificat d'immatriculation n'établit pas la nationalité d'une manière irréfragable et ne lie pas les tribunaux, dont l'appréciation reste souveraine (2). Le tribunal de Tunis (3) a posé en principe que les musulmans algériens étaient Français, et qu'il importait peu qu'ils n'aient pas payé les droits pour être inscrits au consulat de France. Cette circonstance ne leur faisait pas perdre leur nationalité d'origine;

2° En pays de juridiction, l'immatriculation fait acquérir un domicile légal;

3° Aux termes de l'article 8 de la loi du 28 mai 1836, un prévenu ne peut être arrêté préventivement lorsqu'il s'agit d'un délit emportant la peine d'emprisonnement, s'il est immatriculé soit comme chef actuel ou ancien, soit comme gérant d'un établissement commercial;

4° En vertu de l'article 52 de la loi du 28 mai 1836, l'entrée du lieu où siège le tribunal consulaire ne peut être refusée aux Français immatriculés, sauf en cas de huis-clos;

5° L'instruction du 30 novembre 1833 dit que les témoins dans les actes notariés doivent, autant que possible, être immatriculés;

6° La loi du 27 vendémiaire an II dispose qu'aucun Français résidant en pays étranger ne pourra être propriétaire en totalité ou en partie d'un bâtiment français, s'il n'est soumis à la juridiction française.

---

(1) Circulaire du 3 juillet 1879.

(2) C. JORDAN, *R. D. I. et L. C.*, 1907, p. 294; Bordeaux, 13 juillet 1892 (*J. D. I. P.*, 1892, p. 1168).

(3) 14 mars 1906 (*J. D. I. P.*, 1906, p. 1159).

200. *L'immatriculation ne peut être imposée qu'avec la coopération des autorités locales.* — L'immatriculation, en fait, ne peut être que facultative. La circulaire du 9 décembre 1833 dit expressément que les consuls n'ont pas à refuser leur protection aux Français non immatriculés (1). Cette formalité ne saurait réellement être imposée qu'avec l'assistance des autorités locales. Trois conventions l'ont déclarée obligatoire : Suisse, article 2 du traité du 23 février 1882; Espagne, article 3 de la convention du 7 janvier 1862; Siam, article 4 du traité du 15 août 1856. L'obligation peut d'ailleurs résulter des règlements de police locaux. Il en est ainsi notamment en Russie, en Bavière, à Hambourg, au Portugal.

201. *Des deux sortes d'immatriculation : Français et protégés.* — Il existe deux sortes d'immatriculations, non d'après la nationalité des individus, mais d'après leur statut personnel. Un registre est ouvert pour les Français selon le Code civil, et un second pour les Français ayant un statut personnel spécial (indigènes des colonies) et les étrangers. Aux premiers on délivre un certificat d'immatriculation, aux seconds une patente de protection.

202. *Conditions pour immatriculer les Français ou opérer leur radiation.* — L'unique condition spécifiée par l'ordonnance du 28 novembre 1833 est d'être Français. L'unique condition d'exclusion est donc la perte de la nationalité française. Le consul ne peut jamais refuser l'inscription à toute personne qui justifie être Française.

---

(1) Le nouveau tarif des chancelleries présenté aux Chambres pour le budget de 1910, observation VIII, impose aux Français et protégés l'obligation de l'immatriculation. Mais la seule pénalité prévue pour les personnes ne se conformant pas à cette prescription est l'imposition de surtaxes lorsqu'elles passeront des actes au consulat. Aucune autre mesure ne saurait être prise contre elles.

203. Conditions pour immatriculer les protégés. —
La circulaire du 20 janvier 1869 a réglé le mode d'inscription des Algériens, et les mêmes dispositions ont été rendues applicables aux indigènes des autres colonies et des pays de protectorat (1). On ne peut refuser l'inscription de ces indigènes.

Dans les pays de juridiction, les consuls peuvent également inscrire les étrangers, ou même les ressortissants du pays de la résidence qu'ils sont appelés à protéger. C'est une faculté qui leur est laissée, les étrangers peuvent toujours être rayés des contrôles (2).

204. Agents compétents pour tenir les registres.
— Les agents diplomatiques, les consuls généraux et consuls sont compétents pour immatriculer. Le décret du 19 janvier 1881 n'a pas conféré cette faculté aux Vice-consuls. Mais l'usage tend à assimiler ceux-ci aux consuls. Les agents consulaires doivent se borner à transmettre les pièces et informations nécessaires (3) aux consuls qui doivent eux-mêmes procéder à l'immatriculation, sans pouvoir déléguer leur droit de décision.

205. Tenue des registres. — Sur chacun des deux registres, les individus sont inscrits à la suite, sous des numéros d'ordre dont la série ne doit jamais être interrompue. On mentionne leur état civil, leur domicile, les pièces qui ont servi à justifier leur inscription ou l'énonciation des témoins qui ont certifié leur identité, les condamnations subies et toutes informations les concernant.

206. Durée de validité de l'inscription et du certificat la constatant. — L'immatriculation n'avait jamais à

---

(1) Décret du 19 avril 1899.
(2) Conseil d'État, 12 février 1904 (LEBON, 1904, p. 105).
(3) Circulaires des 15 juillet 1862 et 24 décembre 1877.

être renouvelée, ni le certificat la constatant (1). La patente de protection des protégés doit être renouvelée tous les ans.

§ 3 — Passeports [2]

207. Les prescriptions relatives aux passeports sont en général réglées par la législation interne des États. — Les prescriptions relatives aux passeports sont en général réglées par la législation interne des États, et les étrangers doivent s'y soumettre. Si, par exemple, un gouvernement ne reconnaît pas la validité des passeports consulaires, les Français doivent se pourvoir d'un titre de voyage conforme à la loi locale (3).

208. Nécessité ou exemption de passeport en certains pays. Traités et arrangements. — Dans la plupart des États, les étrangers sont admis à entrer et à circuler sans avoir à se munir de passeport. Des arrangements tantôt verbaux, tantôt écrits ont été conclus avec l'Angleterre, la Belgique, le Danemark, l'Espagne, les Pays-Bas, la Suède, la Norvège, pour éviter aux Français d'avoir à se munir d'un titre de voyage. Celui-ci, cependant, est encore obligatoire en Russie, en Turquie (4), etc., au Siam et au Japon (5).

209. Caractère du passeport d'après la législation française. — Pratiquement le passeport n'est qu'une pièce d'identité et un certificat administratif de nationalité

---

(1) Le nouveau tarif des chancelleries, présenté aux Chambres dans le budget de 1910, oblige au renouvellement du certificat tous les cinq ans en Europe, tous les deux ans, hors d'Europe, tous les ans en pays de juridiction.

(2) Les consuls des États-Unis ne peuvent délivrer de passeports qu'à défaut d'agent diplomatique, les agents russes ne peuvent que viser.

(3) DE CLERCQ et DE VALLAT, *Guide des consulats*, 1898, t. I, p. 426.

(4) Ordonnance de 1781, tit. II, art. 1.

(5) Traités du 15 août 1856, art. 3 et 7, et du 4 août 1896, protocole.

auquel la loi attache une importance particulière (1).
Mais, quelle que soit la rédaction de cette pièce, elle ne
donne droit à aucune protection spéciale des consuls, qui
ne peuvent en exiger la production (2). Elle ne donne non
plus au porteur aucune situation privilégiée auprès des
autorités locales.

**210. Conditions pour qu'un passeport soit valable
d'après la législation française.** — Pour qu'un passeport soit réellement un certificat de nationalité et une pièce
d'identité, il faut : 1° que ce passeport soit délivré par une
autorité de la même nationalité que le porteur (3) [ce principe n'est pas toujours rigoureusement appliqué]; 2° qu'il
porte le signalement du titulaire (4) [absolument obliga-
toire].

**211. Autorités qui délivrent en France les passe-
ports aux Français. Visas.** — Ce sont les préfets. Le
passeport, en outre, doit être visé au ministère des affaires
étrangères pour être valable dans les consulats (5). Les
gouvernements étrangers exigent également, en général,
que cette pièce soit régularisée par un de leurs agents en
France (mêmes formalités que pour les légalisations).

**212. Autorités qui délivrent à l'étranger des passe-
ports aux Français.** — Les seuls passeports délivrés
par les consuls sont considérés comme valables. La circulaire du 4 novembre 1833 prescrit même de retirer aux
nationaux le titre de voyage délivré par les autorités étrangères aux Français qui se présentent en chancellerie pour
obtenir un nouveau passeport, sauf en cas de circonstances

---

(1) Voir l'article 155 du Code pénal.
(2) Circulaire du 4 novembre 1833.
(3) Circulaires des 8 février et 30 mars 1858.
(4) Instruction du 8 octobre 1814.
(5) Ordonnance du 25 octobre 1833, art. 10.

exceptionnelles où la nécessité de l'acte étranger ne saurait être méconnue.

213. *Agents compétents.* — Tous les agents sont compétents pour délivrer des passeports. Les agents consulaires doivent faire viser ces pièces par le chef de l'arrondissement (1). Ils peuvent être dispensés de ce visa.

214. *A quels Français les consuls peuvent-ils délivrer des passeports? Capacité des requérants. Personnes à qui ils doivent être refusés.* — L'ordonnance du 25 octobre 1833 autorise les consuls à délivrer des passeports aux Français. Quand ceux-ci ne sont pas capables (femme mariée, mineur, interdit), en principe il faut l'autorisation du mari ou du tuteur. Mais cette règle ne saurait être appliquée rigoureusement. Le passeport ne doit être refusé qu'à la personne qui le demanderait pour se soustraire frauduleusement à la puissance maritale ou paternelle. On ne saurait refuser un passeport à une femme abandonnée de son mari ou résidant habituellement loin de lui, à un mineur qui voudrait revenir chez ses parents. Il appartient aux agents de prendre une décision selon les circonstances. En ce qui concerne l'individu pourvu d'un conseil judiciaire, il n'a besoin d'aucune autorisation.

L'ordonnance précitée n'impose pas aux consuls l'obligation de délivrer des passeports. Ils ne doivent le faire qu'aux personnes qui leur sont personnellement connues ou dont l'identité leur est certifiée par deux témoins à eux connus (2). Ils doivent en refuser aux déserteurs, aux insoumis, aux condamnés en état de contumace, sauf à destination de la France; aux réfugiés français, lors même qu'ils ne se trouveraient pas compris dans les listes spéciales communiquées par le ministère des affaires étran-

---

(1) Ordonnance du 26 octobre 1833.
(2) Circulaire du 25 janvier 1858, article 155 du Code pénal.

gères. Dans les pays de juridiction où les consuls exercent un droit de police, ils peuvent refuser les titres de voyage aux Français pour les empêcher de sortir du pays quand leur présence est nécessaire.

215. Passeports délivrés exceptionnellement à des étrangers. — « Nos consuls sont autorisés, dans tous les cas où les lois et usages du pays dans lequel ils sont établis n'y font pas obstacle, à délivrer des passeports pour la France aux étrangers qui leur en demandent. »

Cependant on peut établir des titres de voyage pour toute destination : 1º aux indigènes des pays de protectorat qui sont officiellement protégés par nos agents; 2º aux étrangers qui, en pays de juridiction, se sont mis sous notre protection.

216. Énonciations que doit contenir le passeport. Signature. Passeport collectif. Présence de l'intéressé. — Le passeport doit énoncer le nombre de personnes auxquelles il est destiné, leurs noms, âge, signalement, profession, domicile, et doit être signé en présence du consul (1). On peut y mentionner la religion (2). Il ne doit être délivré de passeport collectif que pour les membres d'une même famille. Les requérants doivent se présenter personnellement en chancellerie (3).

217. Visa. Obligation de se présenter. Exceptions. — Les parties doivent se présenter elles-mêmes en chancellerie pour obtenir le visa d'un passeport français ou étranger, sauf lorsque cette formalité est demandée par les autorités locales, avec recommandation spéciale et sous

---

(1) Ordonnance du 25 octobre 1833, art. 1er.

(2) Mais seulement si les intéressés en font volontairement la déclaration. Voir le règlement belge, t. II, p. 122, au sujet des passeports pour la Russie.

(3) Circulaire du 12 mars 1858.

leur responsabilité, pour les titres de voyage qu'elles ont délivrés à leurs propres nationaux (1).

218. Registre. — Il doit être tenu un registre spécial où sont mentionnés : 1° les passeports délivrés (les porteurs doivent en donner décharge sur ce registre); 2° les visas (2).

219. Durée de validité des passeports et des visas. — La durée de validité des passeports et visas est de un an.

220. Contrats d'immigrants. — L'article 3 du décret du 15 janvier 1855 porte que si le contrat d'immigration renferme le signalement de l'émigrant ainsi que les indications nécessaires pour établir son identité, il pourra être visé par la légation ou le consulat de France établi dans le pays où il aura été passé, et lui tenir lieu de passeport (3).

221. Passeports des Algériens. — « Lorsqu'un Algérien se présente dans un consulat, on doit lui retirer son passeport et lui délivrer en échange, soit un permis de séjour, soit un certificat de nationalité (4). »

222. Passeports étrangers ne contenant pas de signalement ou un signalement en mesures étrangères. — Le passeport doit être complété, ou l'on doit rappeler la concordance entre les mesures françaises et étrangères.

§ 4 — Certificats de vie

223. A qui sont délivrés des certificats de vie. — Des certificats de vie peuvent être délivrés à toutes per-

---

(1) Circulaire du 30 mars 1858.
(2) Ordonnance du 25 octobre 1833.
(3) Circulaire du 10 février 1855.
(4) Circulaire du 20 janvier 1869.

sonnes. Mais les consuls sont surtout appelés à en établir pour les pensionnaires de l'État, et les règles qui suivent sont applicables pour ces derniers.

224. Agents français et autorités étrangères compétentes. — Tous les agents sont compétents pour dresser ces actes (1). Mais les intéressés peuvent également s'adresser aux autorités locales pour l'établissement de ces documents. L'ordonnance du 20 mai 1818 porte que les certificats de vie seront délivrés par les agents... ou les magistrats du lieu, ou les notaires ou autres officiers publics ayant qualité à cet effet, quelle que soit la distance du lieu qu'ils habitent de celui de la résidence des agents français. Le certificat doit être légalisé.

225. Règles spéciales pour les pensionnaires militaires et ceux de la Caisse des Invalides de la Marine. — D'après une circulaire du 31 août 1832, c'est l'ordonnance du 30 juin 1814, et non celle du 20 mai 1818, qui est applicable pour les pensionnaires militaires. Ceux-ci doivent alors s'adresser obligatoirement aux agents français s'ils habitent à moins de 6 lieues (24 kilomètres) du siège du consulat. Le décret du 26 juin 1882, relatif aux pensionnaires des Invalides de la marine, vise également l'ordonnance de 1814.

226. Responsabilité vis-à-vis du Trésor. — L'article 9 du décret du 21 août 1806 porte : « Les notaires certificateurs seront garants et responsables envers le Trésor public de la vérité des certificats de vie délivrés..., soit qu'ils aient ou non exigé des parties requérantes l'intervention de témoins pour attester l'individualité, sauf, dans tous les cas, leur recours contre qui de droit. »

------

(1) Y compris les agents consulaires. Ordonnance du 26 octobre 1833, art. 7.

227. *Tenue d'un registre.* — L'article 5 du décret précité prescrit la tenue d'un registre des titres viagers et des pensionnaires. On doit énoncer les noms, prénoms, date de naissance des intéressés, le montant de la rente et le domicile.

228. *Pensionnaires ayant besoin ou non d'une autorisation pour résider à l'étranger.* — Les pensionnaires militaires doivent obtenir l'autorisation du gouvernement pour résider à l'étranger. Cette règle ne s'applique pas aux pays de protectorat. Mais les pensionnaires non militaires, les anciens militaires étrangers non naturalisés, les veuves de militaires français ou naturalisés n'ont nullement besoin de cette autorisation.

229. *Pensionnaires fixés à l'étranger faisant un séjour en France.* — Les titulaires de pensions de toute nature fixés à l'étranger, qui viendraient faire un séjour en France, auront la faculté de s'y faire délivrer leurs certificats de vie dans la forme usitée, sous la condition de présenter au certificateur une attestation de l'autorité consulaire de leur pays d'élection, énonçant qu'ils n'ont pas perdu la qualité de Français et, en outre, en ce qui concerne les pensionnaires militaires, qu'ils sont autorisés à résider à l'étranger (1).

230. *Paiement des pensions à l'étranger.* — Les consuls ne sont pas chargés de payer les pensions à l'étranger. Les intéressés doivent constituer mandataire en France.

231. *Principales énonciations des certificats de vie.* — 1° Indiquer si l'intéressé jouit d'une autre pension ou d'un traitement de l'État, d'un département ou d'une commune, s'il est titulaire d'un bureau de tabac;

---

(1) Circulaire du 15 novembre 1901.

2° Certifier qu'il est toujours Français et, si c'est une femme, qu'elle n'est pas remariée;

3° Énoncer l'autorisation de résider à l'étranger si elle est nécessaire.

§ 5 — Tutelle

232. Silence du Code au sujet de la tutelle des mineurs à l'étranger. Principes de la législation française. — Le Code civil ne contient aucune disposition concernant la tutelle des mineurs français à l'étranger. Cette question n'a pas été discutée dans les travaux préparatoires (1). De la législation française on peut cependant tirer les principes suivants :

1° Les règles concernant l'organisation et le fonctionnement de la tutelle relèvent du statut personnel même en pays étranger (2);

2° La tutelle s'ouvre au lieu où le mineur a son domicile légal : « La détermination de ce lieu a une grande importance, parce qu'il est attributif de compétence pour le juge de paix chargé de convoquer le conseil de famille (3). »

233. Usages internationaux en matière de tutelle. — Ces principes ne peuvent toujours être appliqués à l'étranger. Mais comme, en tous pays, l'organisation des tutelles est considérée comme une mesure urgente et d'utilité absolue, il s'est établi des usages internationaux parfois ratifiés par des conventions. Trois systèmes sont actuellement suivis :

1° Celui de la convention de La Haye du 12 juin 1902 (4)

---

(1) Voir LOCRÉ, t. VII.

(2) Cassation, 10 novembre 1890 (*D. P.*, 1897, 1, 313); Cassation, 2 juin 1908 (*J. D. I. P.*, 1908, p. 1155).

(3) PLANIOL, *Traité élémentaire de Droit civil*, t. I, 5ᵉ éd., 1908, p. 573.

(4) Non ratifiée par l'Autriche, l'Espagne et le Portugal.

qui reconnaît la tutelle comme relevant du statut personnel et devant être organisée en principe par les autorités du pays auquel appartient le mineur;

2º Celui où l'organisation de la tutelle est uniquement régie par la loi territoriale;

3º La tutelle organisée par le consul faisant fonctions de juge de paix.

234. Cas où le consul n'est qu'agent de renseignements et de transmission. — Dans les deux premiers systèmes, le consul n'est qu'agent de renseignements ou de transmission. Il ne peut que se conformer à l'instruction du 29 novembre 1833 : « De plus, si le défunt a laissé dans l'étendue du consulat des enfants mineurs ou une veuve qui, d'après les lois du pays, serait mineure, les consuls donneront les avis convenables aux officiers de justice du lieu chargés de la conservation de ces droits, lorsque les traités, conventions, usages ou le droit de réciprocité leur en donneront la faculté. »

235. Différence entre le système de la convention de La Haye et celui qui n'admet que l'application de la loi territoriale.

Système de la convention de La Haye	Système où la loi territoriale est seule applicable
1º La tutelle s'ouvre pour les causes déterminées par la loi nationale du mineur.	1º La tutelle s'ouvre pour les causes déterminées par la loi territoriale.
2º Les gouvernements doivent s'avertir de l'ouverture des tutelles (1).	2º Les gouvernements n'ont pas à se prévenir.
3º La tutelle doit être organisée en France autant que possible; elle doit être unique.	3º La tutelle est organisée d'après la loi locale, dans le pays de la résidence. Il peut y avoir deux tutelles, une en France, l'autre à l'étranger.

(1) La convention n'a pas déterminé comment les avis doivent être donnés.

<table>
<tr><td>Système de la convention
de La Haye</td><td>Système où la loi territoriale
est seule applicable</td></tr>
<tr><td>4° La tutelle s'étend à tous les biens du mineur (exception pour les immeubles soumis à un régime foncier spécial).

5° Les autorités locales peuvent prendre des mesures provisoires jugées urgentes sans que celles-ci fassent obstacle à l'organisation de la tutelle en France (1). Elles doivent même prendre des mesures définitives selon la loi locale si la tutelle ne peut être organisée en France ou par le consul.</td><td>4° La tutelle organisée dans le pays de la résidence ne s'étend qu'aux biens possédés par le mineur dans ce pays.

5° Les mesures prises par l'autorité locale sont définitives et il n'est pas tenu compte de la tutelle organisée en France.</td></tr>
</table>

236. Tutelle consulaire. Cas où elle peut être organisée. — Aucun texte de la législation française n'autorise expressément les consuls à organiser les tutelles (Voir n° 45). Aussi les agents doivent-ils convoquer un conseil de famille uniquement lorsque les autorités locales se refusent à prendre les mesures nécessaires, qu'il est impossible d'organiser une tutelle en France, ou qu'il est urgent de s'occuper des intérêts du mineur. Cette ligne de conduite est à suivre même dans les pays où des traités leur ont reconnu le droit d'organiser les tutelles : Espagne (art. 20); Italie (art. 9); Grèce, Salvador, Saint-Domingue, Bolivie (art. 15); convention de La Haye du 12 juin 1902 (art. 2), lorsque l'État de la résidence ne s'y oppose pas (2).

Dans les pays de juridiction, cependant, les Français peuvent acquérir un domicile légal. A leur mort, la tutelle de leurs enfants doit donc s'ouvrir à ce domicile, et le consul est la seule autorité judiciaire compétente qui puisse présider le conseil de famille. Dans tous les cas, d'ailleurs,

____

(1) Des travaux préparatoires il résulte que les mesures provisoires peuvent être prises conformément à la loi locale.

(2) L'Allemagne, l'Autriche-Hongrie et la Suisse s'y opposent.

il sera bon, dans les procès-verbaux, de suivre les indications données par MM. de Clercq et de Vallat (1) : « Avoir soin de motiver, dans le procès-verbal de la délibération du conseil de famille, leur intervention exceptionnelle et directe en cette circonstance, etc. »

237. Loi applicable aux tutelles consulaires. Agents compétents. Délégations. — La loi française est seule applicable (2). Cette règle est inscrite dans les traités avec l'Espagne, l'Italie et le Portugal. Les agents agissant en qualité de magistrats, les consuls généraux et consuls sont seuls régulièrement compétents. Depuis le décret de 1881, l'usage tend à assimiler les vice-consuls aux consuls, dans les pays de chrétienté tout au moins. Mais les agents consulaires ne peuvent jamais présider un conseil de famille, même par délégation; ils n'ont aucun caractère public. Pour les agents diplomatiques, voir nos 45 et 49.

238. Rôle du consul. Responsabilité. — Le rôle assigné au consul est celui du juge de paix. Il se borne à convoquer le conseil de famille qui, seul, est investi de la puissance tutélaire dont le tuteur qu'il nomme est l'agent d'exécution soumis à son contrôle. La nomination du tuteur n'est pas soumise à l'homologation d'un tribunal. Agissant comme magistrats, les consuls ne doivent pouvoir être attaqués personnellement que par la voie de la prise à partie.

239. Obligation de réunir le conseil de famille. — En France, le juge de paix est tenu de convoquer le conseil de famille quand il en est requis par les personnes désignées par la loi. Le consul, comme on l'a vu au nº 236, peut ne pas être obligé d'obtempérer à ces réquisitions.

---

(1) *Guide des Consulats*, 1898, t. I, p. 319.
(2) *C. C.*, tit. X, chap. I à III.

Il doit alors rejeter la demande par une ordonnance motivée qui peut être frappée d'appel devant un tribunal français (1).

240. Composition du conseil de famille. Admission des étrangers. — Les étrangers peuvent être tuteurs, subrogés tuteurs, membres du conseil de famille d'un mineur français, s'ils sont parents de celui-ci (2). Mais l'exception ne saurait être étendue, sous prétexte d'analogie par exemple, au cas où l'étranger aurait été l'ami particulier du père de famille, et où celui-ci l'aurait désigné pour le remplacer auprès de ses enfants (2).

241. Sanctions contre les membres du conseil de famille qui ne se présentent pas. — Il ne pourra jamais y en avoir en pays de chrétienté. Dans les pays de juridiction, l'amende ne pourra être prononcée que contre les membres français, les étrangers échappant à notre juridiction.

242. Conflit entre le statut personnel du mineur et celui des père et mère. — En cas de conflit entre le statut personnel des père et mère et celui des mineurs, la jurisprudence décidait que c'était celui des parents qui était applicable (3) lorsqu'un intérêt français était en jeu. Mais actuellement la convention de La Haye a fait prévaloir le principe que la tutelle est régie par la loi nationale du mineur.

---

(1) *Code civil Dallos annoté*, t. I, p. 705.

(2) Seine, 27 décembre 1906 (*J. D. I. P.*, 1907, p. 717); Cassation, 16 février 1875 (*S.*, 1875, 1, 193) et Paris, 21 août 1879 (*J. D. I. P.*, 1880, p. 196); Seine, 13 décembre 1897 (*D. P.*, 1899, 1, 209); Alger, 1er mai 1888 (*J. D. I. P.*, 1891, p. 912 et 29 octobre 1908, *J. D. I. P.*, 1909, p. 1133).

(3) Cassation, 13 janvier 1873 (*J. D. I. P.*, 1874, p. 245); Cassation, 14 mars 1877 (*J. D. I. P.*, 1878, p. 67); Seine, 5 avril 1884 (*J. D. I. P.*, 1884, p. 521); Bordeaux, 23 juillet 1897 (*J. D. I. P.*, 1897, p. 1028).

243. *Lieu où doit se réunir le conseil de famille. Convocations.* — Pour respecter les prescriptions de l'article 415 du Code civil, le conseil doit se réunir en chancellerie. La loi n'a pas prescrit de forme spéciale pour les convocations. Celles-ci peuvent se faire oralement ou par écrit.

§ 6 — Service et questions militaires

1º Personnes appelées au service actif

244. *Établissement de la liste de recensement.* — La circulaire du 5 novembre 1905 enjoint aux consuls d'établir, comme les maires, les tableaux de recensement des jeunes gens appelés au service militaire, en compulsant les registres de l'état civil, ceux d'immatriculation, en provoquant, au moyen d'avis publics, la déclaration à laquelle sont tenus les jeunes gens, leurs parents ou représentants légaux. Ces tableaux (1) provisoires doivent parvenir au ministère des affaires étrangères tous les ans, avant le 15 décembre; des extraits en sont envoyés directement par les agents aux préfets des départements et aux gouverneurs des colonies *où les jeunes gens doivent prendre part aux opérations de recrutement* (2); à ces extraits sont joints les dossiers, certificats, demandes, etc., des intéressés.

245. *Quelles personnes doivent être inscrites et à quel âge.* — Ne sont inscrits sur le tableau de recensement

---

(1) Ils doivent être envoyés pour néant.

(2) Loi du 21 mars 1905, art. 10; il n'est pas fait mention des consuls. Les jeunes gens résidant à l'étranger, nés en France, sont inscrits au lieu du domicile de leur famille si celle-ci y réside, ou au lieu de leur naissance; ceux nés à l'étranger, au lieu du dernier domicile de leur famille (Instruction du 20 octobre 1905; circulaires des 15 juin 1908 et 28 mai 1909).

que les Français selon le Code civil et les lois sur la naturalisation. Sont donc seuls exclus les indigènes des colonies ayant conservé leur statut personnel.

Sont inscrits dans l'année où ils ont atteint l'âge de vingt ans révolus :

1° Les Français *jure sanguinis*, en quelque lieu qu'ils soient nés. Il y a exception pour les fils de Français naturalisés belges ou suisses (Voir les paragraphes suivants).

Les fils de Français nés en Espagne, qui accomplissent leur service militaire dans ce pays, ne le doivent pas en France. On peut cependant les inscrire à l'âge légal. Si, après avoir été déclarés insoumis, ils produisent ultérieurement les documents nécessaires pour prouver qu'ils ont répondu à l'appel sous les drapeaux en Espagne, l'esprit manifeste de la convention du 7 janvier 1862 est qu'ils doivent être rayés du contrôle de l'insoumission (1);

2° Les individus nés en France de parents inconnus ou dont la nationalité est inconnue;

3° L'enfant légitime né en France d'un père étranger né lui-même en France;

4° L'enfant naturel né en France, reconnu dans le même acte par les deux parents, si le père, même étranger, est né lui-même en France;

5° L'enfant naturel né en France quand le parent qui l'a reconnu le premier, que ce soit le père ou la mère, même étranger, est né lui-même en France;

6° L'individu né d'une Française ayant épousé un étranger et réintégrée dans la nationalité française, si celle-ci a obtenu par le même décret, ou par décret spécial, que ses enfants mineurs deviennent Français.

Sont inscrits dans l'année où ils ont atteint vingt et un ans révolus (à moins qu'ils n'aient renoncé à la faculté de

---

(1) Seine, 19 juillet 1884 (*J. D. I. P.*, 1885, p. 92).

répudier la qualité de Français, auquel cas ils doivent être portés à vingt ans sur le tableau) :

1° L'enfant légitime né en France d'un père étranger né à l'étranger et d'une mère née elle-même en France;

2° L'enfant naturel né en France, reconnu dans le même acte par les deux parents, dont le père, étranger, est né à l'étranger et la mère est née en France;

3° L'enfant naturel né en France, quand le parent qui l'a reconnu le premier (le père ou la mère), étranger, est né lui-même à l'étranger, et l'autre est né en France;

4° Les enfants dont les parents étrangers se sont fait naturaliser Français durant leur minorité;

5° Les individus nés de parents ex-Français (après la dénationalisation de ceux-ci) quand ces parents se sont fait réintégrer dans la nationalité française pendant leur minorité.

Pour ne pas être inscrits sur les listes en voie de formation, ces jeunes gens devront, avant le 1ᵉʳ janvier qui suit leurs vingt ans révolus, adresser au maire de leur domicile militaire :

1° Une demande tendant à ne pas être inscrit, et manifestant leur intention de revendiquer une nationalité étrangère;

2° Un acte de naissance;

3° Selon le cas, l'acte de naissance du père ou de la mère, le décret de naturalisation ou de réintégration, etc.

Sont inscrits dans l'année où ils ont atteint vingt-deux ans révolus (à moins qu'ils n'aient renoncé à la faculté de répudier la nationalité française) (1) :

1° Les individus nés en Belgique de parents français, pouvant invoquer l'article 9 du Code civil belge;

2° Les individus nés d'un Belge naturalisé Français pendant leur minorité;

---

(1) Conventions avec la Belgique du 30 juillet 1891 et avec la Suisse du 23 juillet 1879.

3° Les individus nés d'un Français naturalisé Belge pendant leur minorité;

4° Les individus nés d'un ex-Français devenu Belge et réintégré Français pendant leur minorité;

5° Les individus nés d'un Français naturalisé Suisse pendant leur minorité.

Pour ne pas être inscrit sur les listes en voie de formation, ni sur celles de l'année suivante, même demande que pour le paragraphe précédent.

Sont inscrits sur le tableau de recensement de la première classe après l'époque où ils ont acquis la nationalité française :

1° Les naturalisés Français;

2° Les enfants majeurs naturalisés Français en même temps que les parents;

3° Les enfants majeurs devenus Français par le même décret qui a réintégré les parents dans la nationalité française.

Les individus originaires des colonies résidant à l'étranger sont inscrits lorsqu'ils possèdent la nationalité française (1) [Voir n° 127].

246. Radiation des listes par suite d'option pour une nationalité étrangère. — Les individus qui usent de leur faculté d'option pour une nationalité étrangère peuvent se faire rayer des listes. Ils doivent à cet effet fournir toutes pièces utiles : acte de naissance, duplicata de déclaration, attestation du gouvernement étranger que l'intéressé a conservé une nationalité étrangère et a répondu à l'appel sous les drapeaux (Voir n° 85). Le requérant n'étant pas Français, ces pièces sont transmises ordinairement par le représentant de sa patrie.

247. Individus de nationalité française incertaine (art. 9). — L'individu né en France de parents étran-

(1) Voir *Bulletin officiel du Ministère de la guerre*, n° 7, 28 février 1910.

gers nés à l'étranger, qui prend part aux opérations de recrutement, devient Français de droit (1). Mais on s'abstiendra d'inscrire les jeunes gens nés dans ces conditions résidant à l'étranger, même après avoir reçu leur acte de soumission : ils ne sont pas encore Français. Il ne faut pas leur fournir non plus le moyen d'éluder l'enquête à laquelle peut procéder le ministre de la justice avant d'enregistrer la déclaration qui les rend définitivement Français.

248. Omis. — Les jeunes gens omis sont inscrits sur le tableau aussitôt après la découverte de l'omission. Ils ont à justifier que celle-ci ne peut être imputée à leur négligence.

249. *Exemption. Visites médicales à l'étranger* (2). — Il n'y a qu'un motif d'exemption : l'incapacité physique. L'intéressé, en cas d'allégation d'infirmité ou maladie, doit faire une déclaration accompagnée d'un dossier sanitaire contenant tous renseignements utiles. Les jeunes gens fixés à l'étranger peuvent obtenir l'autorisation de subir la visite médicale au siège d'un poste, même d'une agence consulaire, quand le lieu de leur résidence est éloigné du consulat. Cette autorisation est accordée par les préfets auxquels la demande doit parvenir soit directement, soit par l'intermédiaire des agents avant le 15 janvier, accompagnée :

1° D'un certificat consulaire constatant que l'intéressé est réellement fixé à l'étranger avant le 1er janvier de l'année où il doit comparaître devant le conseil de revision soit comme appelé, soit comme ajourné (3);

---

(1) Il ne devient cependant pas Français s'il prend part aux opérations de recrutement avant l'âge fixé par l'article 11, alinéas 1 et 2 de la loi du 15 juillet 1889 (Cassation, 26 juillet 1905 [*J. D. I. P.*, 1905, p. 1253]).

(2) Voir RABANY, *Le Recrutement de l'armée*, p. 303 et suiv. (Berger-Levrault et Cie, éditeurs, 12 fr.).

(3) Arrêté du ministre de la guerre, 29 octobre 1907.

2º Autant que possible, d'un dossier sanitaire.

L'autorisation préfectorale doit toujours être accordée aux jeunes gens fixés hors d'Europe (1). Les agents doivent attendre la réponse du préfet et les documents que celui-ci doit envoyer. Mais tout homme qui ne reçoit pas avis que sa demande a été accueillie, doit se présenter devant le conseil de revision en France, sans quoi il est déclaré d'office bon pour le service armé. La visite doit être passée en présence de l'agent, et le résultat en être transmis sans retard directement aux préfets. Les frais de visite sont à la charge des intéressés et, en cas d'indigence absolue, à la charge de l'État. En cas d'impossibilité pour l'intéressé de se présenter au consulat, il peut, avec l'autorisation de l'agent, se faire visiter au lieu de sa résidence. Les jeunes gens fixés en Suisse et en Belgique peuvent demander à passer la visite dans un département français limitrophe. Le procès-verbal de visite, dans un consulat, n'est qu'un simple avis. Le conseil de revision peut seul prendre une décision réformant ou ajournant l'intéressé.

250. Demandes d'ajournements et de sursis. — Ces demandes sont transmises aux préfets par les consuls avec avis motivé. Il en est donné récépissé aux intéressés :

1º Sursis de l'article 19 de la loi du 21 mars 1905;

2º Sursis de l'article 20 (deux frères inscrits (2) la même année ou présents en même temps sous les drapeaux; pièces à fournir : demande de sursis, bulletins de naissance, certificats des inscriptions sur les listes ou de présence sous les drapeaux);

3º Sursis de l'article 21 dans un intérêt de famille ou de

---

(1) Sous le régime de la loi de 1889 des préfets ont refusé l'autorisation en se fondant sur ce que l'intéressé n'alléguait pas une infirmité non douteuse.

(2) Non applicable si l'un des frères est engagé, rengagé ou commissionné. (RABANY, *Le Recrutement de l'armée*, p. 332.)

carrière. La demande doit être accompagnée de l'avis de l'agent.

Le conseil de revision seul est compétent pour accorder les sursis.

251. *Durée du service actif*. — Le service actif est de deux ans sans aucune réduction, sauf 1° pour les naturalisés âgés de plus de vingt-sept ans, et 2° les omis âgés de plus de quarante-neuf ans. Les Français ou naturalisés Français, originaires d'une colonie, ne bénéficient d'aucune dispense ou réduction de service mentionnées aux articles 90 et 91 de la loi du 21 mars 1905, s'ils résident à l'étranger au moment de la formation de leur classe (1). Mais si, après avoir accompli leurs obligations militaires, ils s'établissent avant l'âge de trente ans à l'étranger, il ne semble pas possible de les rappeler pour compléter le temps de service. Les termes de l'article 90 n'imposent cette obligation qu'à l'homme transportant son établissement en France.

252. *Formalité de l'inscription*. — A chaque personne qui se présente pour être inscrite, il est délivré récépissé de sa demande et un bulletin indiquant les cas où la loi exige la constitution d'un dossier. Il est établi séance tenante, sur les indications données par l'intéressé ou son représentant, une notice individuelle indiquant :

1° Nom, prénoms, surnom;

2° La classe;

3° Numéro d'inscription au tableau de recensement;

4° Le canton;

5° Date de naissance (année, jour, heure); l'intéressé doit fournir un bulletin de naissance;

6° Lieu de naissance;

7° Profession;

---

(1) *Bulletin officiel du Ministère de la guerre*, n° 7, 28 février 1910.

8° Filiation avec indication du domicile ou dernier domicile des parents en France;

9° A défaut de l'indication précédente, la commune où l'intéressé désire être inscrit;

10° Signalement;

11° Degré d'instruction (1) : (de zéro à 5) (2);

12° Renseignements sur les aptitudes suivantes : musique, équitation, conduite et soin des chevaux et des voitures, vélocipédie, colombophilie, aérostation, natation, tir, gymnastique, automobilisme;

13° Situation de famille : veuf, célibataire, marié (dans ce cas, produire un bulletin de mariage);

14° S'il est soutien de famille, ou demande un sursis et pour quel motif;

15° Sa situation au point de vue de la nationalité;

16° S'il demande à être visité au consulat;

17° Les maladies dont il est atteint;

18° S'il est omis, ses excuses.

Cette notice est datée et signée de l'intéressé ou de son représentant et certifiée par le consul; elle est annexée à l'extrait transmis directement au préfet.

253. Rédaction du tableau de recensement. — Sur le tableau de recensement sont d'abord inscrits (3) :

1° Les jeunes gens de la classe;

2° Les omis;

3° Les ajournés.

Les intéressés sont inscrits d'après leur âge (année, jour, heure), le plus âgé en tête.

----

(1) Indiquer si l'intéressé ne sait pas le français, si les diplômes obtenus proviennent d'universités étrangères.

(2)   0 Ne savent ni lire ni écrire;
       1 Savent lire seulement;
       2 —   lire et écrire;
       3 —   —   et compter;
       4 Ont obtenu le brevet de l'enseignement primaire;
       5 Bacheliers et diplômes universitaires.

(3) RABANY, *Le Recrutement de l'armée*, p. 173.

Le tableau est divisé en colonnes :

1º Numéro d'ordre;

2º Numéro d'immatriculation au consulat;

3º Nom, prénoms, surnom;

4º État civil : date, lieu de naissance, filiation, résidence personnelle des jeunes gens, état civil des parents, situation de famille, marié, célibataire ou veuf;

5º Signalement (taille);

6º Degré d'instruction;

7º Renseignements sur les aptitudes;

8º Indication de la personne qui a signé la notice du nº 252;

9º Si l'inscription a eu lieu d'office ou sur demande;

10º Indication, pour les omis, de la classe à laquelle ils appartiennent et du jugement les condamnant;

11º Indication des motifs d'exemption ou des demandes de sursis;

12º Observations du consul.

Le tableau (1) envoyé au ministère des affaires étrangères ne doit être accompagné d'aucune pièce; dans la colonne observations, on doit indiquer les pièces annexées aux extraits transmis aux préfets (2).

254. *Transmission des ordres d'appel.* — « Il est d'usage, pour les hommes fixés à l'étranger, que les bureaux de recrutement adressent, soit par l'intermédiaire du ministère des affaires étrangères, soit directement aux consuls dans la circonscription desquels résident les intéressés, des duplicata des ordres d'appel les concernant..... Un jeune homme résidant à l'étranger ne saurait exciper

_____

(1) La loi prescrit aux maires d'afficher et de publier les tableaux. Ceux rédigés par les consuls n'étant que provisoires et à titre d'indication, cette formalité ne semble pas nécessaire. On ne saurait cependant inscrire quelqu'un sans l'avertir ou tout au moins avoir pris les mesures nécessaires pour qu'il soit averti de ce fait.

(2) Circulaire du 28 mai 1909.

du défaut de transmission d'un duplicata de son ordre d'appel à sa résidence actuelle par suite d'une erreur incombant soit au bureau de recrutement, soit au consul, pour échapper aux peines de l'insoumission. La loi ne parle que de la notification au maire de la commune; l'autre est une notification officieuse administrative (1). » Les intéressés doivent donc prendre les mesures nécessaires pour rejoindre leur corps en temps utile, même s'ils ne reçoivent pas d'ordre, l'entrée au service ayant lieu au mois d'octobre (2). Les consuls, d'autre part, doivent prendre toutes mesures possibles pour que les ordres parviennent sûrement aux intéressés. Pour les remettre, ils convoqueront, si besoin est, plusieurs fois les destinataires, et ne retourneront le document qu'après avoir employé tous moyens pour que l'homme n'ignore point son appel, en mentionnant la cause qui a empêché la remise.

255. *Secours aux familles*. — L'article 22 de la loi du 21 mars 1905 prévoit une allocation aux familles nécessiteuses. La demande doit être adressée aux préfets des départements où les hommes sont recensés, accompagnée d'un relevé des contributions (si possible) et d'un certificat du consul. Le paiement de l'allocation est effectué par l'agent sur la présentation de livrets remis aux intéressés (3). Ces allocations ne sont jamais accordées à titre définitif et peuvent être retirées. Le consul doit informer le préfet du changement de fortune des familles (4).

------

(1) C. JORDAN, *R. C. L. et J.*, 1907, p. 110 et 111

(2) Voir article 83 de la loi du 21 mars 1905. Circulaire de la Guerre du 13 novembre 1899.

(3) Circulaire du 11 mars 1908; instruction du 10 août 1908; circulaire du 31 octobre 1908.

(4) Voir RABANY, *Le Recrutement de l'armée*, p. 348.

256. *Rapatriement des jeunes soldats*. — Les jeunes soldats ne sont rapatriés en France que s'ils réunissent les conditions suivantes :

1° Être touchés par leur ordre d'appel à leur résidence à l'étranger;

2° Justifier qu'ils ne possèdent pas de ressources suffisantes leur permettant d'effectuer le voyage à leurs frais.

« Lorsque vous ne serez pas à même de vérifier les assertions des intéressés, il vous appartient de les inviter à produire des certificats des autorités locales et, au besoin, des personnes les ayant employés, constatant leur manque de ressources. Quant à ceux qui ne sont pas dépourvus de ressources, ils doivent rejoindre à leurs frais leur corps d'affectation, sauf à recevoir à leur arrivée au corps les indemnités de déplacement qui leur sont dues pour le parcours effectué en France. Aucune disposition ne fixant les délais de rapatriement des hommes en résidence à l'étranger, qui se trouvent dans les conditions exigées par l'article 68 du décret, les intéressés peuvent rentrer en France dès qu'ils sont en possession de leur ordre d'appel. Il vous appartient toutefois de les aviser que, dans le cas où ils s'expatrieraient de nouveau, ils ne sauraient plus bénéficier du rapatriement gratuit. Au besoin, une mention en ce sens pourrait être portée par vos soins sur l'ordre d'appel (1). »

257. *Rapatriement par la voie de mer*. — Le rapatriement par voie de mer doit toujours être préféré comme plus économique :

1° A bord des navires de l'État;

2° Des navires de commerce français, sur réquisition. La stipulation de la remise entre les mains de l'autorité militaire au débarquement est inscrite sur le titre, sauf pour

---

(1) Circulaire du 1er mai 1909.

les officiers et assimilés. Le règlement des frais est fait par les soins de l'intendance sur la présentation de la réquisition revêtue de la mention « vu débarquer » donnée par l'autorité compétente (1);

3° Des navires de commerce étrangers. Le prix de passage et la nourriture est réglé par un marché de gré à gré passé entre le capitaine et le consul. Le contrat est établi en double, chaque partie en gardant un exemplaire. Le règlement des frais se fait comme pour les navires français. Toutefois, le capitaine étranger peut exiger le paiement d'avance, partiel ou total, du passage. Mention de la somme avancée par le consul doit être inscrite sur le contrat.

Aucune allocation de secours en argent ne doit être donnée aux hommes rapatriés par voie de mer (2).

258. Rapatriement par la voie de terre. — Les hommes doivent être rapatriés non seulement jusqu'à la première gare frontière, mais jusqu'à la première sous-intendance ou suppléance de sous-intendance (3).

Le secours comprend :

1° Le prix du billet du siège du consulat à la gare-frontière, dernière classe, plein tarif;

2° Le trajet de la gare-frontière à la première sous-intendance, 3e classe, au tarif militaire français;

3° Une indemnité journalière de 2f 50.

L'intéressé donne un reçu qui sert de pièce justificative de l'état de réclamation. Lorsque sur le chemin que doit prendre le soldat se trouve un autre poste, les secours en argent ne lui sont accordés que jusqu'à ce poste qui renouvelle les allocations.

---

(1) Le prix payé aux capitaines est de 2 francs par jour sur les navires à voile et 4 francs sur les navires à vapeur.

(2) Articles 76, 77 et 78 du décret du 12 juin 1908.

(3) Voir le tableau de la page suivante.

LIGNES DE CHEMINS DE FER pénétrant en France	GARES FRONTIÈRES situées en France	SOUS-INTENDANCES ou suppléances les plus rapprochées des gares frontières	DISTANCES kilométriques des gares frontières aux sous-intendances ou suppléances les plus rapprochées	MONTANT de l'indemnité kilométrique à allouer
1	2	3	4	5
			kilomètres	fr. c.
Furnes (Belgique) à Dunkerque	Ghyvelde.	S.-int. Dunkerque.	14	0,20
Poperinghe (Belg.) à Hazebrouck.	Godewaersvelde.	— Hazebrouck.	12	0,20
Comines (Belg.) à Armentières et Lille.	Houplines.	— Lille.	24	0,35
Ypres à Lille.	Comines.	Id.	21	0,30
Ostende à Lille.	Halluin.	Id.	22	0,35
Mouscron à Lille.	Tourcoing.	Id.	10	0,15
Tournai à Lille.	Baizieux.	Id.	13	0,20
Tournai à Douai, par Orchies.	Bachy.	Supp. Douai.	30	0,45
Id.		S.-int. Valenciennes.	25	0,40
Tournai à Saint-Amand.	Maulde-Mortagne.	Id.	21	0,30
Mons à Valenciennes.	Blanc-Misseron.	Id.	12	0,20
Peruwelz à Somain.	Vieux-Condé.	Supp. Condé.	2	0,10
Dour à Cambrai, par Bavai.	Gussignies.	— Quesnoy.	20	0,30
Bruxelles à Paris.	Feignies.	S.-int. Maubeuge.	6	0,10
Cologne à Paris	Jeumont.	Id.	9	0,15
Namur à Paris.	Anor.	Supp. Avesnes.	21	0,30
Namur à Givet.	Givet.	— Givet.	»	»
Marienbourg à Vireux-Molhain	Vireux-Molhain.	S.-int. Mézières.	53	0,80
Metz à Verdun.	Batilly.	— Verdun.	49	0,75
Luxembourg-Arlon.	Mont-Saint-Martin	— Longwy.	routes ord. 4 kil.	»
Thionville.	Audun-le-Roman.	Id.	41	0,65
Virton (Belgique).	Écouviez.	Supp. Montmédy.	7	0,10
Sarralbe, Château-Salins, Tic à Sancy et Paris.	Moncel-sur-Seille.	S.-int. Toul.	50	0,75
		— Nancy.	28	0,45
Metz à Nancy et Paris	Pagny-sur-Moselle.	Supp. Pont-à-Mousson.	29	0,45
Strasbourg à Paris.	Avricourt.	S.-int. Lunéville.	24	0,35
Lausanne à Pontarlier et Paris.	Les Hôpitaux-Jougne.	Supp. Pontarlier.	17	0,25
Neuchâtel à Pontarlier et Paris.	Verrières-de-Joux.	Id.	12	0,20
La Chaux-de-Fonds-Le Locle à Besançon.	Villers-le-Lac.	Id.	43	0,65
Mulhouse à Paris.	Petit-Croix.	S.-int. Belfort.	12	0,20
Bâle à Paris.	Delle.	Id.	22	0,35
Ligne de Genève.	Collonges-Fort-l'Écluse.	Supp. Fort-l'Écluse.	23	0,35
Le Bouveret à Bellegarde.	Saint-Gingolph.	— Thonon.	26	0,40
Genève à Annecy et Aix.	Annemasse.	S.-int. Annecy.	54	0,85
Genève à Belley.	Pougny-Chancy.	Supp. Belley.	74	1,15
Genève à Lyon.		S.-int. Lyon.	148	2,30
Turin à Chambéry et Paris.	Modane.	Supp. Modane.	»	»
Vintimille à Marseille.	Menton.	— Menton.	»	»
Barcelone à Perpignan.	Cerbère.	— Port-Vendres.	11	0,15
Madrid à Paris.	Hendaye.	S.-int. Bayonne.	35	0,55

2° Réservistes et territoriaux

259. *Durée du service.* — Onze ans dans la réserve, six ans dans l'armée territoriale, et six ans dans la réserve de l'armée territoriale. Les naturalisés et les omis sont cependant toujours libérés à cinquante ans.

260. *Nécessité de déclaration en cas de déplacement.* — Les réservistes et territoriaux voyageant ou allant se fixer à l'étranger doivent faire une déclaration à la gendarmerie à leur départ, et, s'ils s'établissent à l'étranger, une seconde au consulat, sans quoi ils sont considérés comme n'ayant pas quitté la France. Dans les postes, cette déclaration est reçue sur un registre à souche, contenant un talon qui reste et une feuille qui doit aussitôt être transmise au département. Sur ces deux parties sont inscrites les indications portées sur le livret de l'homme. Mention de la déclaration doit être inscrite sur le livret, mais la non présentation de celui-ci n'est pas un motif pour refuser la déclaration. Aux termes de l'article 45 de la loi, l'homme devant *prévenir* le consul de son changement de résidence, il est admis que la déclaration peut être faite par correspondance. L'agent doit alors vérifier si l'intéressé réside effectivement à l'étranger.

261. *Périodes d'exercices.* — Les hommes ayant fait les déclarations indiquées n° 260 n'ont pas à revenir en France spécialement pour accomplir des périodes d'exercices; ceux en résidence hors d'Europe sont dispensés d'office des périodes accomplies pendant leur séjour à l'étranger par la classe de mobilisation à laquelle ils appartiennent; ceux en résidence en Europe (1), revenant en France, en Algérie ou en Tunisie, accomplissent par voie de rappel la période à laquelle a été appelée leur classe (exception pour les hommes de la réserve de l'armée territoriale). Cependant les individus, qui dès leur arrivée font à la gendarmerie une déclaration manifestant leur intention de retourner à l'étranger, ne sont astreints à aucune

---

(1) Ces dispositions ne sont applicables aux hommes en résidence dans la principauté de Monaco que s'ils sont au service du prince (carabiniers, personnel de la police, etc.). Les autres Français sont soumis aux règles générales comme s'ils résidaient en France (Circulaire du 5 février 1909).

période, s'ils repartent avant l'expiration d'un délai de six mois(1).

Les hommes résidant dans les pays limitrophes de la France (2) peuvent, s'ils le désirent, accomplir leurs périodes dans une localité à proximité.

262. Rapatriement des réservistes et territoriaux. — Les réservistes et les territoriaux résidant dans les pays limitrophes (2) qui, *sur leur demande*, sont convoqués pour accomplir une période d'exercice, peuvent être rapatriés aux frais du département de la guerre. Les dispositions prévues pour les jeunes soldats sans ressources sont applicables dans ce cas. Les autres réservistes et territoriaux sont exclus du droit au rapatriement (3).

263. Avances aux officiers de réserve. — Les officiers de réserve résidant hors du territoire national sont traités comme s'ils n'avaient pas quitté leur domicile en France. En cas de convocation, ils n'ont pas droit aux frais de rapatriement, mais peuvent recevoir des consuls des avances en argent. Celles-ci ne peuvent dépasser un mois de solde pour toute la durée du séjour à l'étranger(4).

3° Déserteurs et Insoumis

264. Soumission et rapatriement. — Si un déserteur ou un insoumis se présente dans un consulat, il peut faire un acte de soumission. S'il est sans ressources, et si son

(1) Circulaire du 5 février 1909.
(2) Belgique, grand-duché de Luxembourg, Suisse, Italie (provinces de Turin, Coni, Porto Maurizio), Espagne (provinces de Barcelone, Gerone, Lerida, Tarragone, Sarragosse, Navarre, Alava, Guipuscoa, Biscaye, Santander).
(3) Circulaire du 1er mai 1909.

identité est bien établie, il peut être rapatrié aux frais du ministère de la guerre.

« Si les individus dont il s'agit n'ont pas de papiers, il vous sera dans ce cas difficile d'apprécier la sincérité de leurs déclarations. Vous devez néanmoins leur en donner acte, mais vous agirez prudemment en évitant autant que possible de leur remettre une allocation en argent qu'ils peuvent solliciter et dissiper sans avoir aucunement l'intention de se rendre en France. Dans le doute, vous devez surseoir au rapatriement et provoquer des instructions du département de la guerre (1). »

Ces dispositions ne s'appliquent pas aux déserteurs de nationalité étrangère appartenant aux régiments étrangers (1). On ne doit pas recevoir leurs actes de soumission ni les rapatrier.

265. Sauf-conduits. — Des sauf-conduits peuvent être accordés pour rentrer temporairement en France, mais seulement lorsqu'il s'agit d'affaires d'ordre public et jamais pour celles d'intérêt privé.

266. Objets saisis sur les déserteurs. — Les autorités locales remettent en général aux consuls les objets saisis sur les déserteurs. Ces objets doivent être renvoyés au corps de troupe auquel ils appartiennent ou à la gendarmerie française la plus rapprochée, si l'on ne peut obtenir de renseignements suffisants. Les agents remboursent les avances faites par l'autorité locale pour le transport des objets. Sur la frontière italienne, les postes désignés pour recevoir ceux-ci sont Turin et Vintimille (2).

267. Amnisties. — En cas d'amnistie, le consul donne toute publicité possible à cette mesure. Chaque loi porte des

---

(1) Circulaire du 1er mai 1909.
(2) De Clercq, *Recueil des traités*, t. XIX, p. 104.

conditions spéciales qui doivent être toutes intégralement remplies par le déserteur ou l'insoumis. Ainsi, s'il est spécifié que l'homme doit accomplir une certaine durée de service actif, celui qui n'aura fait qu'un acte de soumission devant le consul sans remplir la condition précitée continuera à être considéré comme déserteur (1).

4° Questions diverses

268. *Port de l'uniforme à l'étranger*. — « Les militaires à l'étranger ne peuvent porter l'uniforme qu'avec l'autorisation du ministre de la guerre..... Lorsque des officiers désirent assister en tenue à une cérémonie de famille, ils peuvent s'adresser au réprésentant diplomatique de la France, qui peut accorder directement au nom du ministre de la guerre l'autorisation nécessaire (2). »

269. *Correspondance relative au service militaire*. — La correspondance militaire en pays étranger ne doit jamais circuler à découvert et l'on ne doit jamais demander aux autorités locales de faire remettre les pièces aux intéressés. Les consuls dans la plupart des cas peuvent correspondre directement avec les préfets et les bureaux de recrutement et réciproquement. Lorsqu'un agent reçoit ainsi une communication non affranchie dont il est obligé d'acquitter la taxe, il peut en demander le remboursement au ministre de la guerre ou au ministre de l'intérieur (3).

270. *Engagements volontaires*. — Les personnes désirant contracter un engagement volontaire doivent s'a-

---

(1) Conseil d'État, 31 juillet 1903 (*D. P.*, 1904, 3, 114).
(2) Circulaire du 25 avril 1891.
(3) Circulaire du 11 avril 1900.

dresser aux bureaux de recrutement. Elles ne peuvent signer cet engagement en chancellerie et n'ont droit à aucun secours ni rapatriement (1).

271. Mobilisation. — En cas de mobilisation, il n'est pas envoyé d'ordre d'appel aux hommes; il suffit de consulter le livret pour reconnaître si un homme appartient aux classes mobilisables. Les Français doivent alors rejoindre immédiatement leurs corps et doivent être rapatriés à titre gratuit s'ils ne possèdent pas des ressources suffisantes, qu'ils soient ou non porteur d'un ordre de convocation (1).

272. Renvoi à l'étranger des hommes ayant accompli le service militaire. — Les hommes venus de l'étranger dans le but exclusif de faire leur service militaire ont droit, sans exception, à être rapatriés jusqu'à la localité où ils avaient leur résidence. Ils sont munis d'une feuille de déplacement mentionnant les principaux points de l'itinéraire qu'ils doivent suivre, ainsi que le montant de l'allocation qu'ils ont reçue pour effectuer ce voyage. Lorsque cette allocation ne sera que pour se rendre jusqu'à un consulat, le chef de poste, après s'être assuré que l'intéressé est bien dans l'itinéraire fixé, lui donne :

1° Le prix du billet en chemin de fer, plein tarif, dernière classe;

2° Une indemnité de 2ᶠ 50 par jour, soit pour terminer le voyage, soit pour se rendre à une autre résidence consulaire. Les sommes déboursées doivent être mentionnées sur la feuille de route (1).

____

(1) Circulaire du 1ᵉʳ mai 1909.

§ 7 — Assistance aux indigents, enfants abandonnés, vieillards, incurables, aliénés, aux victimes de la traite des blanches

273. *Protection des indigents à l'étranger*. — L'Assistance publique française n'étend pas son action hors du territoire, et les consuls n'ont pas mission de distribuer des secours et de subvenir aux frais d'hospitalisation des Français indigents. Ils peuvent seulement invoquer le principe de réciprocité pour que les autorités locales accordent aux Français l'assistance que reçoivent les nationaux.

274. *Malades. |Enfants abandonnés*. — Ils peuvent notammment demander l'admission des indigents français dans les hôpitaux locaux et celle des enfants abandonnés dans les hospices spéciaux. En France, en effet, la part faite aux indigents étrangers dans les hôpitaux est très large (1) et les enfants abandonnés sont toujours recueillis.

Une convention avec la Suisse du 27 septembre 1882 porte, d'ailleurs, que chacun des deux gouvernements s'engage à pourvoir à ce que sur son territoire les enfants abandonnés de l'autre État soient assistés et traités à l'égal de ses propres ressortissants. Dans les pays où il n'y a pas d'assistance publique, les consuls s'adressent alors aux établissements de charité privés.

275. *Aliénés*. — Les aliénés n'ont pas à être rapatriés. Les agents doivent faire auprès des autorités territoriales les démarches nécessaires en vue de faire admettre dans un établissement public les individus atteints d'aliénation mentale. Dans les pays où il n'y a pas d'assistance publique,

---

(1) Conseil supérieur de l'assistance publique, fascicule 59, p. 15.

ils s'adressent aux établissements privés de bienfaisance. La convention du 27 septembre 1882 assure aux aliénés français en Suisse le même traitement qu'aux nationaux. Des accords verbaux avec l'Allemagne, la Belgique, l'Espagne, le Luxembourg ont affirmé le même principe. En outre, dès qu'ils ont connnaissance qu'un Français est atteint d'aliénation mentale, les consuls doivent en avertir le département avec tous renseignements nécessaires pour que la famille soit avisée le plus promptement possible. Ils doivent également provoquer les mesures nécessaires pour la conservation des biens de l'aliéné et peuvent recevoir en dépôt les objets qui lui appartiennent.

276. *Accidents du travail*. — Il rentre dans le devoir de protection d'aider les ouvriers français à bénéficier des lois locales relatives aux accidents du travail, quand ces lois le permettent. Les conventions avec la Belgique (21 février 1906), avec le Luxembourg (27 juin 1906), la Grande-Bretagne (3 juillet 1909), stipulent d'ailleurs « que les autorités des deux pays se prêteront mutuellement leurs bons offices en vue de faciliter de part et d'autre l'exécution des lois relatives aux accidents du travail ». L'arrangement signé le 9 juin 1906 avec l'Italie porte (art. 3) : « En cas d'accident donnant lieu à enquête, avis de la clôture de l'enquête doit être immédiatement donné à l'autorité consulaire du ressort dans l'étendue duquel se trouvait la résidence de la victime au moment de l'accident, afin qu'elle puisse prendre connaissance de ladite enquête dans l'intérêt des ayants droit »; (art. 4) : « Les chefs d'entreprise et les assureurs de chaque pays auront la faculté de se libérer des arrérages de rente ou des indemnités dus par eux entre les mains de l'autorité consulaire de l'autre pays visée à l'article précédent, à laquelle il appartiendra de produire les pièces d'identité et certificats de vie, ainsi que de pourvoir à l'envoi des arrérages ou indemnités à ceux de ses nationaux qui résidaient dans son ressort au moment de l'accident. »

Ces dispositions ont été complétées par l'arrangement suivant (1) :

Art. 1. — L'avis de clôture d'enquête d'accident adressé immédiatement à l'autorité consulaire mentionnera les nom, prénoms, profession, domicile, lieu et date de naissance de la victime de l'accident, le lieu où elle se trouve, et, lorsque l'accident a entraîné ou paraît devoir entraîner la mort, les nom, prénoms, profession, domicile, lieu et date de naissance des ayants droit pouvant, le cas échéant, prétendre à une indemnité. Il rappellera, en outre, la date à laquelle le dossier de l'enquête cessera d'être déposé au greffe de la justice de paix ou à la chancellerie de la préture, pour être transmis à l'autorité judiciaire compétente. Au reçu de cette communication, l'autorité consulaire se mettra immédiatement en rapport, s'il y a lieu, avec la victime ou ses ayants droit, en vue de la sauvegarde de leurs droits.

Art. 2. — Les débiteurs qui voudront user de la faculté que leur accorde l'article 4 de l'arrangement, de se libérer entre les mains de l'autorité consulaire des arrérages de rente ou des indemnités dus par eux, devront adresser à cet effet, par lettre recommandée, à l'autorité consulaire visée audit article, ou lui remettre contre récépissé immédiat une déclaration contenant : 1° les nom, prénoms, profession, domicile, lieu et date de naissance de la victime ou des ayants droit; 2° la date de l'accident; 3° si les bénéficiaires sont incapables, les noms, prénoms, professions et domiciles de leurs représentants légaux; 4° l'indication de la décision judiciaire ou du titre fixant le taux de l'indemnité; 5° le montant des arrérages ou de l'indemnité dus; 6° la date de l'exigibilité. L'autorité consulaire, dans un délai maximum de trois jours, réclamera à la victime de l'accident ou à ses ayants droit les pièces d'identité et certificats de vie et, dès réception, les produira au débiteur. Elle lui donnera quittance des sommes reçues qu'elle transmettra immédiatement aux créanciers. La déclaration prévue au premier alinéa ci-dessus n'aura pas besoin d'être renouvelée à chaque échéance par les débiteurs qui auront déclaré vouloir périodiquement s'acquitter des arrérages des rentes à leur charge entre les mains de l'autorité consulaire. Celle-ci leur produira les certificats de vie du rentier aux échéances. Si les victimes d'accidents ou leurs représentants résident ailleurs qu'en France et en Italie, le consul leur réclamera par la voie consulaire les pièces à produire. Toutes les diligences, démarches, correspondances, ou productions d'actes incombant à l'autorité consulaire en exécution du présent article et de l'article précédent, seront gratuites au regard des victimes d'accidents ou de leurs ayants droit, qui ne devront à aucun titre en supporter la charge.

____

(1) *Journal officiel* du 20 décembre 1907.

277. *Assistance judiciaire*. — Il rentre également dans le devoir de protection d'aider les nationaux indigents à obtenir l'assistance judiciaire, quand les lois locales admettent les étrangers à en bénéficier. On peut signaler que cette question a été réglée par des conventions avec l'Autriche-Hongrie (14 mai 1879), l'Espagne (14 mai 1884), l'Italie (19 février 1870), l'Uruguay (23 mars 1885), la convention de La Haye du 17 juillet 1905, la Suisse (15 juin 1869), la Bavière (11 mars 1870), la Belgique (22 mars 1870), le Luxembourg (22 mars 1870), le Wurtemberg (23 juin 1870), l'Allemagne (20 février 1880).

278. *Victimes de la traite des blanches*. — Les agents doivent intervenir auprès des autorités territoriales pour la protection des victimes de la traite des blanches. Ils peuvent demander l'application de l'article 3 de l'arrangement du 18 mai 1904, signé par la France, l'Allemagne, la Belgique, le Danemark, l'Espagne, la Grande-Bretagne, l'Italie, les Pays-Bas, le Portugal, la Russie, la Suède, la Norvège, la Suisse, et auquel les États-Unis et le Brésil ont adhéré : « Les gouvernements s'engagent, dans les limites légales et autant que faire se peut, à confier, à titre provisoire et en vue d'un rapatriement éventuel, les victimes d'un trafic criminel, lorsqu'elles sont dépourvues de ressources, à des institutions d'assistance publique ou privée ou à des particuliers offrant les garanties nécessaires. »

Cet arrangement ne s'applique qu'aux mineures embauchées en vue de la prostitution, aux majeures conduites à l'étranger en vue de la débauche à l'aide de fraude, menaces, abus d'autorité ou tout autre moyen de contrainte, et à celles retenues contre leur gré dans une maison publique.

Ne peuvent, en effet, être considérées comme victimes de la traite des blanches, les femmes majeures se livrant de leur plein gré à la prostitution ou la femme même mineure venue en compagnie d'un amant, si elle n'a pas été contrainte par cet individu à se livrer à la prostitution à son profit.

279. *Assistance aux vieillards et infirmes. Loi du 14 juillet 1905.* — L'article 1 de la loi du 14 juillet 1905 porte : « Tout Français privé de ressources, incapable de subvenir par son travail aux nécessités de l'existence, soit âgé de plus de soixante-dix ans, soit atteint d'une infirmité ou d'une maladie reconnue incurable, reçoit aux conditions ci-après l'assistance instituée par la présente loi (1). »

Les Français résidant à l'étranger peuvent invoquer ce texte. L'article 16 de la loi, en effet, prévoit l'admission aux frais de l'État, des nationaux qui n'auraient aucun domicile de secours dans une commune ou un département. Les pièces à fournir par les intéressés sont :

1° Une demande d'assistance signée du postulant;

2° Une pièce prouvant sa nationalité;

3° L'acte de naissance et l'acte de mariage pour l'étrangère ayant épousé un Français;

4° Un certificat (légalisé par le consul, s'il est délivré par l'autorité locale), concernant la situation du postulant et celle de ses parents tenus à la dette alimentaire;

5° Un certificat médical émanant d'un médecin désigné par le consul et indiquant le degré d'incapacité de travail

---

(1) Les Français résidant à l'étranger ne peuvent d'ailleurs réclamer le bénéfice de la loi de 1905 qu'autant que, satisfaisant aux conditions exigées par l'article 1, ils reviendraient se fixer en France, le fonctionnement du nouveau service d'assistance ne se prête pas en effet à l'allocation de secours au profit de personnes résidant à l'étranger. — Spécialement pour les vieillards, les infirmes, les incurables, résidant depuis longtemps à l'étranger et qui ont perdu tout domicile de secours communal ou départemental en France, la loi pourra être facilement appliquée. Le ministre soumet les demandes à l'examen de la commission centrale (art. 17) et statue après son avis (art. 16). Les vieillards ainsi admis à l'assistance seront, après rapatriement, entretenus aux frais de l'État dans les hospices que le ministre de l'intérieur aura désignés pour les recevoir. CAMPAGNOLE, *L'Assistance obligatoire aux vieillards, aux infirmes et aux incurables*, p. 75 et 76 (Berger-Levrault et Cie, éditeurs. 7 fr. 50 c.).

et ses causes précises; les frais de visite sont avancés par le consul et remboursés par le ministre de l'intérieur; ils doivent être minimes;

6° Un certificat indiquant la durée de la résidence à l'étranger.

Ces indigents n'ont pas droit, en principe, au rapatriement aux frais de l'État. Ce rapatriement ne peut être autorisé que si une société charitable ou le gouvernement du pays où l'individu est à charge en supporte la dépense (Voir n° 280).

§ 8 — Rapatriements [1]

280. Rapatriement des indigents tombés à la charge de l'assistance publique. — Les Français voyagent à l'étranger à leurs risques et périls, l'État n'est pas obligé de les rapatrier. Aussi, lorsque l'un d'eux est tombé à la charge de l'assistance publique locale, les agents du service consulaire n'ont pas à intervenir auprès de leur gouvernement pour obtenir son rapatriement. Il faut suivre alors l'usage international indiqué à l'article 16 de la circulaire du 2 avril 1887. « Il appartient dès lors au gouvernement du pays dans lequel est interné l'aliéné de réclamer par la voie diplomatique, s'il y a lieu, son rapatriement (2). » Ce principe est applicable dans tous les cas, vieillards hospitalisés, enfants abandonnés, indigents malades et recueillis par l'assistance publique locale.

En principe, le gouvernement français n'acquiesce à une demande de rapatriement diplomatique que s'il s'agit d'un enfant abandonné, d'un vieillard âgé de plus de soixante-dix ans, d'un incurable ou d'un aliéné.

---

(1) Pour les rapatriements militaires, voir n°ˢ 257 et 258.

(2) Les mots « ainsi que le remboursement des frais », etc., doivent être supprimés (Circulaire du 29 novembre 1907).

281. Rapatriement administratif. — Cependant, dans un but humanitaire, l'État prend parfois à sa charge le rapatriement de Français indigents de l'ordre civil. Mais c'est une faveur toute spéciale et non un droit. Il faut non seulement prouver un état d'indigence absolue, mais avoir de bons antécédents, sous le rapport de la conduite et de la moralité (1).

282. Autorisation préalable. — Les agents ne doivent, en principe, procéder au rapatriement qu'après en avoir reçu l'autorisation. Ils peuvent cependant rapatrier d'office sous leur responsabilité personnelle, en cas d'absolue nécessité ou urgence, de force majeure en quelque sorte, soit parce que l'indigent est une cause de scandale public de nature à compromettre les bons rapports internationaux, soit parce que son expulsion est réclamée d'urgence par les autorités locales (1). Dans le cas où la mesure ne serait pas approuvée, les frais du rapatriement resteraient à la charge du consul.

283. Où doit être rapatrié l'indigent. — Le Français indigent ne peut obtenir la faveur du rapatriement que s'il doit trouver, sur le territoire français, des personnes susceptibles de subvenir à ses besoins, et ne doit pas tomber à la charge de l'assistance publique. Le consul doit donc diriger l'indigent vers un point de la frontière, le plus proche du lieu où se trouvent ces personnes. L'intéressé peut être envoyé en France ou aux colonies. Les frais pour le retour dans la métropole sont supportés par le ministère de l'intérieur et dans les colonies par les budgets de celles-ci. Il n'est jamais accordé de secours pour se rendre d'une localité étrangère sur un autre territoire étranger.

284. Demandes de rapatriement. — Les demandes de rapatriement en France doivent être adressées au ministère

____

(1) Circulaire du 2 avril 1887.

de l'intérieur; celles relatives aux rapatriements dans les colonies, au ministère des colonies ou aux gouverneurs. A l'étranger, les demandes doivent être reçues par les consuls. Elles doivent être signées des intéressés et contenir les indications suivantes :

1° Nom, prénoms, lieu et date de naissance;

2° Profession;

3° Adresse actuelle;

4° Date du départ du territoire français et de l'arrivée à la résidence actuelle;

5° Dernier domicile sur le territoire français;

6° Localité où le postulant désire se rendre;

7° Noms et adresses des personnes auprès desquelles il compte trouver assistance;

8° Les raisons qui motivent la demande de rapatriement.

Si le requérant est marié, il devra ajouter :

1° Les nom, prénoms de sa femme;

2° Lieu et date de mariage;

3° Adresse de ses parents;

4° Prénoms des enfants.

Le cas échéant, le requérant doit, en outre, indiquer ceux des membres de sa famille qui se trouvent avec lui et dont le rapatriement est demandé (femme, enfants, parents). Cette demande est transmise par le consul, qui donne les renseignements recueillis sur la moralité des intéressés et indique le prix du voyage à effectuer (1).

285. *Procédure du rapatriement*. — Le fait d'avoir signé une demande ne donne droit à aucun secours. Lorsque l'autorisation est parvenue, le consul avance les frais du rapatriement. Le voyage est dû seulement jusqu'à la frontière française; le restant est à la charge des départements traversés. Les agents doivent immédiatement informer le

____

(1) Circulaire du 10 juin 1902.

ministre de la suite donnée à une autorisation de rapatriement, que celui-ci ait lieu ou non (1). Il convient également d'avertir directement l'autorité départementale du point frontière de l'arrivée du rapatrié sur notre territoire (2). Le rapatriement se fait par la voie la plus économique, dernière classe, sauf pour les personnes dont l'état de santé exige des soins spéciaux (une autorisation spéciale doit être demandée à cet effet) [2].

Lorsque l'agent ne peut acquitter lui-même intégralement les frais jusqu'à la frontière française, il ne doit pas remettre à l'intéressé la totalité de la somme nécessaire, mais adresse l'indigent à un collègue qui renouvelle les allocations (2). L'autorisation doit être utilisée de suite ou tout au moins toujours dans les trois mois courants, sans quoi elle doit être renouvelée. Les dépenses, outre les frais de transport, comprennent également de légers secours de route, même durant quelques jours dans un port d'embarquement, jusqu'à l'arrivée d'un bateau.

286. Passeport. — Les indigents doivent être munis d'un passeport qui, outre les indications ordinaires, doit porter l'indication de leur qualité d'indigent rapatrié aux frais de l'État, les motifs du rapatriement, l'autorisation accordée et toutes observations nécessaires (sommes remises) [2].

§ 9 — Recherches d'individus — Renseignements sur les particuliers

287. Dans quels cas les consuls peuvent rechercher des particuliers. — Les agents ne peuvent rechercher

---

(1 Circulaire du 27 octobre 1900.
(2) Circulaire du 2 avril 1887.

les particuliers à l'étranger que dans un intérêt de famille, lorsque des parents désirent connaître le sort et la résidence d'un des leurs. Ils ne peuvent donner suite à des demandes de renseignements sur un individu en vue d'un mariage projeté, ou faire une enquête pour découvrir l'adresse d'un débiteur, etc. (1).

288. Quels renseignements peuvent être donnés. — Il faut distinguer les majeurs et les mineurs. Pour les majeurs, on doit se contenter de donner des renseignements matériels sur la résidence, la santé, mais non sur le genre d'existence, la situation de fortune et la vie privée en général. L'adresse exacte ne doit être même révélée que du consentement de la personne recherchée. En ce qui concerne les mineurs, les agents sont tenus à moins de discrétion vis-à-vis des personnes qui possèdent la puissance paternelle.

289. Exercice de la puissance paternelle à l'étranger. — En principe, les autorités judiciaires sont seules compétentes pour régler la puissance paternelle, en déterminer l'étendue ou prononcer la déchéance. Mais les autorités administratives interviennent parfois pour en assurer l'exercice.

En Italie, elles font remettre aux parents les enfants confiés à des nourrices et retenus en gage sous prétexte que les salaires stipulés n'ont pas été payés. Par contre, en Belgique et en Angleterre, elles refusent de contraindre à réintégrer le domicile paternel un mineur âgé de seize ans ayant des moyens d'existence et une bonne conduite.

---

(1) Ces recherches peuvent avoir pour objet de retrouver un étranger ou un Français. Dans certains pays, la police locale aide les consuls dans leurs investigations, dans d'autres ils sont réduits à leurs propres ressources (en Amérique particulièrement). Ils ont alors recours à la presse et font mettre des annonces dans les journaux, moyen dont le résultat est aléatoire. Ils ne possèdent aucun pouvoir qui puisse forcer les nationaux à se présenter à la chancellerie.

§ 10 — Expulsion

290. *Expulsion en pays de chrétienté et en pays de juridiction*. — Il faut distinguer entre l'expulsion dans les pays de chrétienté et l'expulsion dans les pays de juridiction. Dans les premiers, les Français sont exclus d'un territoire étranger par décision des autorités locales; dans les seconds, nos nationaux, soustraits aux lois territoriales, ne peuvent être renvoyés que par les agents français.

291. *Expulsion en pays de chrétienté*. — En pays de chrétienté, tous les États se réservent le droit absolu d'expulsion contre les étrangers (1).

Ce droit « a sa source dans ce principe que le gouvernement doit assurer la sécurité générale (2) ». Vis-à-vis des étrangers, « l'action du gouvernement pourra être préventive, il pourra prendre des précautions contre l'individu suspect pour l'empêcher d'attenter à l'ordre public, et la mesure de précaution tout indiquée sera d'éloigner l'étranger du pays où, jusque-là, il était admis, mais d'où on le rejette dès qu'il crée un danger pour la sécurité (2) ».

En France, la loi du 3 décembre 1849 reconnaît au ministre de l'intérieur le droit d'expulsion, par mesure de police, contre tous les étrangers et ceux-ci n'ont recours contre ses décisions devant aucune juridiction. L'expulsion est un acte de gouvernement; les consuls n'ont donc pas à élever de protestation quand elle est prise contre un national. Si ce dernier croit devoir faire une réclamation, c'est à l'agent diplomatique qu'il doit s'adresser.

Cependant, une semblable mesure n'est jamais prise sans

---

(1) Le Royaume-Uni de Grande-Bretagne et d'Irlande, qui avait longtemps fait exception, a consacré ce droit par une loi récente : *An act to amend the law with regard to aliens*, 5 Edw., 7, chap. XIII, 11 août 1905.

(2) *R. D. .I.*, t. XV, p. 497.

motif, et l'on ne saurait refuser de communiquer aux consuls les raisons de cet acte exceptionnel. Si même l'agent relève des erreurs matérielles (erreur sur la personne de l'expulsé, sa nationalité, par exemple), il peut les signaler à l'autorité compétente.

292. *Conventions relatives à l'expulsion en pays de chrétienté.* — Dans les traités avec le Honduras du 22 février 1856, le Salvador, du 2 janvier 1858, l'Équateur, du 6 juin 1843, il est stipulé : « Ils (les Français) ne pourront être arrêtés ni expulsés, ni même envoyés d'un point à un autre du pays par mesure de police ou gouvernementale sans indices ou motifs graves et de nature à troubler la tranquillité publique, et avant que ces motifs et les documents qui en font foi aient été communiqués aux agents diplomatiques et consulaires de leur nation respective. Dans tous les cas, il sera accordé aux inculpés le temps nécessaire pour présenter ou faire présenter au gouvernement du pays leurs moyens de justification; ce temps sera d'une durée plus ou moins grande, selon les circonstances. Il est bien entendu que les dispositions de cet article ne seront point applicables aux condamnations à la déportation ou au bannissement d'un point du territoire à l'autre, qui pourront être prononcées conformément aux lois et aux formes établies par les tribunaux des pays respectifs contre les citoyens de l'un d'eux. Ces condamnations continueront à être exécutables dans les formes établies par les législations respectives. »

Des stipulations analogues étaient inscrites dans les traités dénoncés avec le Guatemala (8 mars 1848) et le Pérou (9 mars 1861).

La déclaration échangée avec la Bavière, le 30 mai 1868, a seulement pour objet la constatation de la nationalité de l'expulsé par la communication à la légation ou au consulat des papiers de l'intéressé. Il est remis à l'expulsé une feuille de route que l'agent doit viser et où il doit indiquer qu'il n'y a aucun obstacle au rapatriement en France. En cas de doute, il doit en référer à son gouvernement.

293. *Expulsion en pays de juridiction*. — L'article 82 de l'édit de juin 1778 donne le droit aux consuls dans les pays du Levant et de Barbarie de renvoyer en France les nationaux. Ce texte a été étendu à la Chine et à Mascate par la loi du 8 juillet 1852, à la Perse (1) et au Siam par la loi du 18 mai 1858, à l'Éthiopie par la loi du 16 novembre 1908 et la loi du 8 juillet 1852 a été déclarée applicable en Corée par décret du 16 décembre 1889

Les consuls ne doivent user de ce droit que dans les cas intéressant la politique ou la sûreté du commerce, lorsqu'un Français, par sa mauvaise conduite et par ses intrigues, pourrait être nuisible au bien général. L'indigence, le fait de se livrer à la prostitution, ne seraient pas des motifs d'expulsion. Le consul, pour lui donner le temps de régler ses affaires, peut laisser un délai à l'expulsé. Ce dernier, en principe, doit être renvoyé en France (2). La loi du 8 juillet 1852, article 17, ajoute bien qu' « en cas d'urgence l'individu peut être envoyé dans un établissement de l'Inde ou de l'Océanie, ou sur un lieu de station navale française ». Mais il ne doit être ainsi dirigé sur un point intermédiaire que provisoirement et en vue du renvoi en France. Il faut même avertir l'autorité coloniale quand un navire,

---

(1) Les termes de la loi de 1858 ne mentionnent pas expressément le pouvoir d'expulsion pour les agents en Perse et semblent même l'exclure, vu les termes juridiction civile. Mais l'exposé des motifs dénote l'intention du législateur d'assimiler la Perse aux Échelles du Levant. Doit-on considérer l'article 82 de l'édit de 1778 comme en vigueur en Perse? La question prête à controverse. Ni FÉRAUD-GIRAUD (*Juridiction dans les Échelles*, t. II, p. 88), ni MARTINI (*L'Expulsion des étrangers*, 1909, p. 42) ne mentionnent la Perse parmi les pays où l'article 82 est applicable.

(2) « Comme le simple changement de lieu ne remédierait pas au mal, parce que l'individu scandaleux porterait ailleurs le trouble dans la société..., le consul est autorisé à l'envoyer en France. » (VALIN, *Commentaire sur l'ordonnance de 1681*, art. 15.)

sur lequel un expulsé est embarqué, relâche dans une station française, pour que les mesures soient prises en vue de l'exécution complète de la décision.

Non seulement le consul peut forcer un individu à quitter le pays, mais il peut le faire arrêter jusqu'à ce qu'une occasion se présente pour le rapatrier.

L'édit de 1778 n'a pas prévu de pénalité pour l'individu qui rentrerait dans un pays dont il a été renvoyé. A l'époque où cet édit a été rendu, on ne pouvait s'établir dans les Échelles qu'avec une permission du gouvernement. Il était donc facile d'empêcher un expulsé de revenir en Orient.

Il n'a pas non plus été prévu de forme pour la notification de l'expulsion (1), mais le consul doit immédiatement aviser de la mesure prise le ministre des affaires étrangères. Ce dernier est la seule autorité à laquelle puisse être déféré un ordre d'expulsion. Il peut annuler ou ratifier l'acte du consul, mais sa décision ne peut donner lieu à un recours devant le Conseil d'État (2)

L'expulsion, étant une mesure administrative, ne peut être ordonnée que par le consul seul et non par le tribunal consulaire (3).

_____

(1) Ravaut-Bionon, *Droit de police des consuls*, p. 114.

(2) Arrêt du Conseil d'État du 15 mars 1855, cité par Féraud-Giraud, (*Juridiction dans les Échelles du Levant*, t. II, p. 91) : « Considérant que la décision par laquelle notre ministre des affaires étrangères a appliqué aux sieurs X... et Y..., en vue d'un intérêt international, la disposition de l'édit ci-dessus visé de juin 1778, n'est pas de nature à nous être déféré en notre Conseil d'État par la voie contentieuse, rejette. » (Arrêt du Conseil d'État, 8 décembre 1882 [*J. D. I. P.*, 1885, p. 291]). Même solution.

(3) « Mlle Davesne fit appel devant la cour d'Aix qui, par arrêt du 29 décembre 1865, tout en confirmant le jugement dans sa partie relative aux indemnités, le réforma dans celle qui se rapportait à l'expulsion, par ce motif qu'il n'appartient pas au tribunal consulaire, statuant au contentieux., de prendre des décisions de cette nature. » (Féraud-Giraud, t. II, *op. cit.*, p. 91.)

CHAPITRE III

ATTRIBUTIONS EN MATIÈRES RELATIVES
AUX BIENS ET A LA PROPRIÉTÉ

—

§ 1 — Successions

1° Compétence des agents en matière de liquidation de successions

294. *Agents de carrière*. — D'après les règlements, le droit de liquider les successions n'est reconnu qu'aux chefs de consulats généraux, consulats et vice-consulats. Dans les postes diplomatiques, cependant, un secrétaire ou le chancelier peuvent exercer cette attribution si le gouvernement étranger ne s'y oppose pas (Voir d'ailleurs le n° 49).

295. *Agents consulaires*. — L'ordonnance du 26 octobre 1833 autorise les agents consulaires seulement à provoquer de la part des autorités locales des mesures conservatoires. La circulaire du 14 août 1866 a rappelé que les règlements français ne leur donnaient pas le droit de liquider les successions (Voir n° 15), qu'ils n'étaient que les délégués des consuls et devaient attendre de leurs chefs hiérarchiques des pouvoirs spéciaux et n'agir que dans la limite de ceux-ci.

296. *Délégation*. — Au point de vue français, les consuls peuvent déléguer leurs pouvoirs à toutes personnes, mais sont personnellement responsables de la gestion de celles-ci. La même faculté, sous les mêmes conditions, leur est reconnue dans les conventions avec l'Autriche (art. 5), la Bolivie, la Grèce, Salvador et Saint-Domingue (art. 16), l'Espagne (art. 21), l'Italie (art. 10), le Portugal (art. 9), la Russie (art. 11), dans le traité italo-tunisien (art. 24). Les conventions avec le Costa-Rica, le Honduras, l'Équateur, visent les consuls respectifs. Ce terme général peut comprendre les agents consulaires, lesquels liquideront les successions en vertu du traité vis-à-vis des autorités locales et comme délégués du consul, au point de vue français.

297. *Étendue de la délégation donnée aux agents consulaires*. — La circulaire du 14 août 1866 a spécifié que, si les agents consulaires n'avaient pas qualité pour recevoir des dépôts, la délégation ne pourrait s'étendre aux actes donnant lieu à un mouvement de fonds. Si des sommes leur sont remises, ils doivent les envoyer immédiatement aux consuls. Ceci est la règle à laquelle il faut apporter quelque tempérament. Ainsi, l'agent consulaire de Saint-Paul de Loanda relève de Lisbonne. Il devrait alors transmettre les fonds à la légation et les redemander pour éteindre le passif. Ces envois retarderaient la liquidation et grèveraient la succession de frais supplémentaires.

298. *Compétence territoriale*. — Un consul n'est compétent que dans sa circonscription. Cependant, lorsqu'il s'agit de la succession d'un individu ayant laissé des biens sur différents points de territoire, il serait peu pratique de faire une liquidation par portions. Le consul résidant au lieu du domicile du défunt ou au lieu où s'ouvre légalement sa succession d'après la loi locale, devra centraliser les opérations. Mais, en aucun cas, le pouvoir de l'agent ne pourrait s'étendre au delà des frontières de l'État de la résidence.

299. Quelles successions peuvent être liquidées par les consuls. Français. Protégés.—La plupart des conventions actuelles ne visent que les Français. Mais par ce terme, il faut entendre tous ceux qui se trouvent légalement, et d'une façon permanente, sous la protection de la France, comme les indigènes des colonies et ceux des pays de protectorat. Pour la Tunisie, la question a été résumée et réglée dans le décret beylical du 1er février 1897 : « Les conventions passées entre la France d'une part, l'Allemagne, l'Autriche-Hongrie, le Danemark, l'Espagne, la Russie, la Suisse d'autre part, sont applicables à la Tunisie. » De plus, une convention spéciale a été conclue entre ce dernier pays et l'Italie, le 28 septembre 1896, chargeant les consuls français de la liquidation des successions des Tunisiens. Dans les pays de juridiction, les consuls ne sauraient intervenir dans le règlement de la succession d'un étranger sous la protection française. Mais le tribunal consulaire peut nommer un administrateur (Voir n° 308).

2° Conventions relatives à la liquidation des successions en pays de chrétienté

300. Liste des pays où les consuls peuvent liquider des successions. Colonies. — Autriche-Hongrie, Bolivie, Espagne, Grèce, Italie, Portugal, Russie, Saint-Domingue, Salvador, Équateur, Costa-Rica, Honduras, Chili (Voir n° 4).

Au Pérou, en Colombie et au Japon, vu l'entente expresse des gouvernements à cet égard, les consuls peuvent intervenir dans la liquidation des successions en vertu de la clause de la nation la plus favorisée (Voir nos 24 et suivants).

La convention avec l'Espagne (art. 30) est applicable aux possessions d'outre-mer « sous les réserves que comporte le régime spécial auquel ces possessions sont soumises ».

301. *Avis de décès*. — Pour l'Autriche (art. 3), le Bolivie, la Grèce, le Salvador, Saint-Domingue (art. 12), l'Espagne (art. 20), l'Italie (art. 9), le Portugal (art. 8), et dans le traité italo-tunisien (art. 23), il est stipulé que les autorités locales doivent donner avis du décès des Français au consul le plus rapproché (ou dans la circonscription duquel a eu lieu le décès); pour la Grèce, les agents consulaires ne sont pas visés. L'agent doit donner le même avis aux autorités locales s'il est informé le premier.

En Russie (art. 2), l'avis n'est obligatoire que s'il réside un consul à proximité. Au Chili (art. 23), les consuls doivent être avertis dans le plus bref délai possible. En Bolivie, Grèce, Salvador, Saint-Domingue, bien que les traités n'aient rien spécifié à cet égard, les autorités locales doivent également aviser l'agent lorsqu'un national décède, ne laissant que des héritiers français (Voir n° 304-4°). L'avis de décès, ainsi que tous renseignements utiles sur la famille, doivent être aussitôt transmis au ministère des affaires étrangères s'il n'y a pas d'héritiers sur place.

302. *Succession ouverte sur un point éloigné d'une résidence consulaire*. — L'autorité locale liquide alors la succession, à moins que le consul ne se présente ou n'envoie un délégué : Autriche (art. 5), Bolivie, Grèce, Salvador, Saint-Domingue (art. 16), Espagne (art. 21), Italie (art. 10), Portugal (art. 9), Russie (art. 11), et traité italo-tunisien (art. 24). Le cas n'est pas prévu dans les autres conventions, mais il est évident que les autorités locales reprennent les droits qu'elles tiennent de la souveraineté territoriale, lorsqu'un consul n'use pas d'une faculté accordée par un traité.

303. *Succession liquidée par l'autorité locale*. — Lorsque les autorités locales liquident la succession, toutes les conventions citées n° 303 stipulent qu'il doit être donné avis dans le plus bref délai possible du résultat de la liqui-

dation à l'ambassade ou légation ou à l'autorité consulaire
la plus rapprochée.

304. Conditions à examiner pour savoir si un consul peut intervenir dans la liquidation d'une succession.
— 1º Le défunt est Français. Sauf pour la Bolivie, la Grèce,
le Salvador et Saint-Domingue, c'est la condition essentielle et *sine qua non* ;

2º Le défunt français est décédé dans le pays de la résidence. Le consul sera compétent, sans restriction, pour
apposer les scellés, faire inventaire et liquider en Autriche
et Russie. En Bolivie, Grèce, Salvador, Saint-Domingue,
Portugal, il pourra poser les scellés, mais non toujours
procéder aux opérations ultérieures. Pour le Honduras, le
Costa-Rica, l'Équateur, la situation est la même que pour
l'Autriche, s'il n'y a ni testament, ni exécuteur testamentaire. En Espagne, en Italie, au Chili, ce n'est pas une
condition suffisante ;

3º Le défunt français est décédé hors du pays de la résidence. L'intervention consulaire est admise comme si le
défunt était décédé dans le pays de la résidence en Bolivie, Grèce, Salvador, Saint-Domingue (art. 19), Russie
(art. 12), et dans le traité italo-tunisien (art. 25). Dans les
autres pays, cette circonstance rend le consul incompétent, le cas n'ayant pas été prévu dans les textes (1) ;

4º Le défunt est national du pays de la résidence. L'intervention consulaire n'est admise qu'en Grèce, Bolivie, Salvador, Saint-Domingue, à la condition *sine qua non* que
tous les héritiers sans exception soient Français ;

5º Nationalité des héritiers. La nationalité des héritiers
ne saurait en principe écarter l'intervention consulaire.
Cette clause a été insérée à l'article 12 des conventions
avec la Bolivie, la Grèce, le Salvador, Saint-Domingue.

---

(1) Marseille 19 juillet 1905, Aix 19 juillet 1906 (*J. D. I. P.*, 1907, p. 152.
Voir nº 13).

Dans certains cas, cependant, le consul français ne doit pas user de ses pouvoirs :

a) Tous les héritiers sont Français.

Aucune difficulté. Cette circonstance permet même au consul de liquider la succession d'un national du pays en Bolivie, Grèce, Salvador, Saint-Domingue (Voir 4°);

b) Aucun héritier français.

Le consul français, n'ayant pas à protéger des intérêts étrangers, ne devra pas user de ses pouvoirs;

c) Héritiers français et étrangers.

Même si les héritiers français sont en minorité, le consul doit agir;

6° Héritiers inconnus.

On ne peut exiger d'un consul qu'il fasse immédiatement la preuve de l'existence d'héritiers. Aussi, le fait que ceux-ci sont inconnus n'est pas un obstacle à l'intervention consulaire. Cette clause a été insérée dans les conventions avec la Bolivie, la Grèce, le Salvador, Saint-Domingue (art. 14) et le Portugal (art. 8). Exceptions : *a)* au Chili, le consul ne peut toucher les fonds que muni d'une procuration des héritiers (art. 23); *b)* en France et en Italie, les fonds déposés dans les caisses publiques ne sont remis aux consuls que sur le vu d'un certificat constatant l'existence d'héritiers et faisant connaître leurs noms et le degré de parenté avec le défunt (1);

7° Héritiers présents majeurs et capables.

La généralité des termes de certains articles de conventions permet aux consuls de représenter les héritiers, même présents, majeurs et capables. Mais l'article 20 de l'ordonnance de 1681 ayant force de loi en tout pays, leur interdit d'intervenir (2).

____

(1) *B. O. M. J.*, 1879, p. 105 et 106. Circulaire du ministère italien du Trésor du 20 juin 1899 (*J. D. I. P.*, 1900, p. 441).

(2) « Car, s'il y a quelque légitime héritier sur le lieu, il est évident que le consul n'a rien à faire, à moins qu'il ne soit requis de la part des créanciers d'apposer les scellés sur les meubles et effets du défunt. » (VALIN, *Commentaire sur l'ordonnance de 1681.*)

Dans ce cas, d'ailleurs, les conventions avec l'Espagne, l'Italie (y compris le traité italo-tunisien) ne les autorisent pas à recouvrer les successions. Au Portugal, ils peuvent seulement apposer les scellés. Pour la Grèce, la Bolivie, le Salvador et Saint-Domingue, il faut distinguer : *a*) le consul peut toujours apposer les scellés; *b*) si les héritiers présents, majeurs et capables sont d'accord sur leurs droits et qualités, le consul, après la levée des scellés, dresse un inventaire sommaire des biens, effets et papiers et délivre le tout aux parties; *c*) s'ils ne sont pas d'accord, l'autorité consulaire, après que l'inventaire aura été dressé, sera, comme séquestre des biens de toute nature, chargée de plein droit d'administrer et de liquider la succession (art. 14).

Lorsque les héritiers capables et majeurs sont représentés par des mandataires, la situation est la même que s'ils étaient présents;

8º Héritiers mineurs et incapables.

C'est un des cas spécialement prévus dans les conventions les plus restrictives. Cependant, l'intervention consulaire est inutile si les représentants légaux, père ou mère survivants, tuteur, sont présents ou représentés;

9º Héritiers absents majeurs ou mineurs.

Le consul est toujours compétent, même d'après les conventions les plus restrictives. Le mot « absent » ne doit pas être pris dans le sens juridique du Code civil, mais doit être considéré comme synonyme de non présent. Quand l'absent se présente ou se fait représenter, le consul peut se dessaisir de la succession sous les conditions énoncées au nº 326;

10º Testament et exécuteur testamentaire.

Quand un exécuteur testamentaire a été nommé par le défunt, le consul n'a pas à se substituer à lui (1). Mais,

____

(1) Article 21 de l'ordonnance de 1681 ayant force de loi pour tous les pays. « Il en serait de même si le défunt, par son testament, avait nommé un exé-

lorsqu'il existe un testament, l'agent devient nécessairement incompétent en Équateur, au Honduras et au Costa-Rica (art. 22), ainsi qu'en Espagne (art. 20), en Italie (art. 9), et d'après le traité italo-tunisien (art. 23) [1]. Dans les trois dernières conventions, il est cependant stipulé que le consul peut recouvrer la succession si l'exécuteur testamentaire n'est pas sur les lieux. L'absence d'un exécuteur désigné pour s'occuper de biens situés au loin ne serait pas suffisante pour justifier l'intervention consulaire, il faut la non-présence de celui chargé de s'occuper de la partie de la succession située dans la circonscription de l'agent. Dans tous les autres pays, il n'y a pas de restriction et le consul n'a qu'à exécuter les clauses du testament;

11° Succession en déficit.

Quand une succession est en déficit, le consul, en principe, n'a pas à s'en occuper. Son rôle est de sauvegarder les intérêts des héritiers et, dans ce cas, ils n'ont plus de droits à faire valoir. L'Espagne (art. 20), l'Italie (art. 9), le Portugal (art. 8), l'Autriche (art. 3), et le traité italo-tunisien (art. 23) ont d'ailleurs stipulé d'une façon identique, que « si les consuls se refusaient au paiement de tout ou partie des créances, en alléguant l'insuffisance des valeurs de la succession, les créanciers auraient le droit de demander à l'autorité compétente, s'ils le jugent utile, de se constituer à l'état d'union, et les consuls devront alors remettre la succession aux tribunaux ou aux syndics de faillite, en demeurant toutefois chargés de représenter les héritiers absents, les mineurs et les incapables.

---

cuteur testamentaire quoique celui-ci soit obligé, de droit, de faire inventaire, parce que ce n'est pas au consul à examiner sa conduite, le défunt lui ayant donné sa confiance..... » (VALIN, *Commentaire sur l'ordonnance de 1681.*)

(1) D'après la législation de ces pays, le testateur doit toujours désigner un exécuteur testamentaire.

3° Pays de juridiction

305. Conventions. — Les traités contenant des clauses relatives à la liquidation des successions des Français en pays de juridiction sont : Turquie, capitulations de 1740 (art. 22), Mascate, 17 novembre 1844 (art. 7), Siam, 15 août 1856 (art. 14), Birmanie, 24 janvier 1873 (art. 5), Perse, 12 juillet 1855 (art. 6).

306. Intervention des autorités locales. — Dans ces conventions, l'intervention des autorités locales est limitée au minimum. Elles doivent remettre les biens du décédé aux héritiers ou au consul. Si même le Français meurt dans une localité où réside un agent, elles n'ont plus aucun droit à exercer (1).

307. Cas où le consul peut ou non intervenir. — Les consuls ne peuvent intervenir que s'il n'y a pas d'héritiers ou de légataires présents (2). De plus, comme ils ne peuvent exercer simultanément les fonctions de liquidateur et de juge, ils ne peuvent agir s'il s'élève des contestations de la compétence du tribunal consulaire, ou si l'autorisation de ce dernier est nécessaire pour faire des actes d'aliénation. Dans ce cas, il faut faire nommer un administrateur par le tribunal. C'est, d'ailleurs, un moyen que les consuls peuvent toujours employer lorsqu'ils veulent dégager entièrement leur responsabilité personnelle.

308. Liquidation par un administrateur nommé par le tribunal consulaire. — Il ne faut pas confondre cet administrateur avec le curateur aux successions vacantes,

---

(1) Voir l'Instruction du 6 mai 1781.

(2) Ordonnance de 1681, art. 20 et 21; ordonnance du 3 mars 1781, titre II, art. 86 et 87.

institué par les articles 811 et suivants du Code civil. Ce dernier ne peut être nommé qu'après les délais fixés par l'article 795 (trois mois et quarante jours). L'administrateur provisoire peut être nommé immédiatement après le décès, en chambre du conseil, et même, en cas d'extrême urgence, par le juge des référés (1). Il appartient à la chambre du conseil de déterminer ses pouvoirs. En général, il n'est chargé que des actes de gestion et n'est autorisé que dans les cas exceptionnels à faire des actes d'aliénation. On doit lui enjoindre de verser les fonds à la caisse de la chancellerie. « Lorsqu'il y a nécessité de pourvoir à l'administration des biens d'une succession en l'absence de plusieurs héritiers, le tribunal, en chambre du conseil, a le droit de nommer un administrateur provisoire et de lui conférer le pouvoir de recevoir les capitaux et d'en donner décharge. Attendu que la nomination d'un administrateur provisoire était légitimée par la nécessité de pourvoir à l'administration des biens dont plusieurs des copropriétaires étaient absents..... par analogie de cette situation avec celle prévue par l'article 112 du Code civil, par une pratique constante avant la publication des codes qui nous régissent ; que cette nomination avait été faite par une décision du tribunal, rendue en chambre du conseil, après avoir ouï le procureur impérial en ses conclusions, dans les formes fixées par la loi, dans les cas analogues, pour la nomination des mandataires chargés de gestion au nom des personnes qui sont dans l'impossibilité de manifester leur volonté (2). » La nomination de ces administrateurs est une création de la jurisprudence. (On peut voir à ce sujet une note au *Bulletin officiel* du ministère de la Justice de 1879 [3].)

Si la liquidation de la succession se prolonge, l'adminis-

------

(1) Note du *D. P.*, 1872, 2, p. 8.
(2) Bordeaux, 18 novembre 1863 et 22 novembre 1870 (*D. P.*, 1872, 2, 8).
(3) Pages 45 et suivantes.

trateur provisoire peut être nommé curateur dans les formes indiquées par le Code civil.

309. *Situation spéciale à Zanzibar*. — Zanzibar appar-
tint aux imans de Mascate jusqu'en 1861 : à cette époque,
les territoires d'Asie et d'Afrique se séparèrent en deux
États indépendants; mais le traité de 1844, conclu avec
Mascate, continuait à régler nos relations avec Zanzibar.
En 1904, la déclaration suivante fut signée avec l'Angleterre (1) : « En vue de l'accord en préparation sur les questions de juridiction et du service postal à Zanzibar et sur
la côte adjacente, le gouvernement de Sa Majesté Britannique renonce à la réclamation qu'il avait formulée contre
l'introduction du tarif douanier établi à Madagascar après
l'annexion de cette île à la France. Le gouvernement français prend acte de cette déclaration. » La France renonça
alors à maintenir la juridiction consulaire à Zanzibar,
mais, dans son entente avec l'Angleterre, conserva aux
consuls le droit de liquider les successions des Français et
protégés français dans la mesure où cette disposition ne
serait pas de nature à rouvrir, soit directement, soit indirectement, un retour à l'exercice de la juridiction consulaire. Les consuls peuvent donc liquider les successions,
mais toutes les contestations doivent être jugées par la
juridiction anglaise.

4° Administration et liquidation des successions

310. *Des mesures conservatoires*. — Ces mesures
(scellés, inventaire) sont en général, en pays de chrétienté,
prises de concert avec l'autorité locale, qui peut toujours

---

(1) Documents diplomatiques, 1904. Accords conclus, le 8 avril 1904, entre
la France et l'Angleterre. Déclaration concernant le Siam, Madagascar et
les Nouvelles-Hébrides. II. Madagascar.

y assister, soit pour affirmer le principe de la souveraineté territoriale, soit parce que des ressortissants du pays ou des sujets d'une tierce puissance sont intéressés dans la succession et qu'ils ont droit à une protection égale à à celle des nationaux du consul. Ce dernier est amené à remplir les fonctions dévolues en France aux notaires (1), aux juges de paix, et aux présidents de tribunaux.

311. Scellés. — 1° Les scellés sont apposés soit d'office, soit à la requête des parties intéressées (toutes les conventions en pays de chrétienté, sauf le Chili) (Ordonn. de 1681, art. 20, et de 1781, art. 83, pour les pays de juridiction). Les personnes qui ont le droit de requérir cette formalité sont indiquées aux articles 909 et 910 du Code de procédure civile;

2° L'autorité la première avertie doit demander à l'autre de procéder en commun à l'apposition des scellés (toutes les conventions en pays de chrétienté, sauf le Chili, où les consuls sont seulement admis à croiser leurs scellés avec ceux de l'autorité locale). Pour la Bolivie, la Grèce, le Salvador et Saint-Domingue (art. 12), cette invitation doit être donnée par écrit. Dans les pays de juridiction, le consul opère seul;

3° Pour l'Autriche (art. 3) et la Russie (art. 2), il est stipulé que « si l'apposition des scellés est reconnue immédiatement nécessaire, le consul ou l'autorité locale pourront procéder seuls à cette opération, mais inviter immédiatement l'autre à faire de même »;

4° Quand le consul n'appose pas de scellés, l'autorité locale peut toujours mettre les siens. En Bolivie, Grèce, Salvador, Saint-Domingue (art. 12), l'autorité locale, avant de procéder à cette opération, doit toujours avertir le consul

---

(1) C'est une dérogation aux règles ordinaires de l'institution consulaire, d'après lesquelles c'est le vice-consul-chancelier qui exerce les fonctions de notaire.

par écrit. Ce dernier conserve le droit de croiser ultérieurement ses scellés. En pays de juridiction, l'autorité locale ne doit jamais intervenir;

5° Droit de délégation. Il est prévu par l'article 912 du Code de procédure civile pour les juges de paix et stipulé expressément à l'article 2 de la convention avec la Russie. Le consul rend une ordonnance pour déléguer ses pouvoirs (1);

6° Levée des scellés. L'article 931 du Code de procédure civile indique les personnes qui doivent être appelées à assister à la levée des scellés. Celle-ci doit être faite en commun avec l'autorité qui a croisé les siens. Pour la Russie (art. 2), l'Autriche (art. 3), le Portugal (art. 8), l'Italie (art. 9), dans le traité italo-tunisien (art. 23), l'autorité qui désire la levée des scellés doit avertir l'autre par écrit et si, dans le délai de quarante-huit heures, l'autorité convoquée ne se présente pas, la première peut passer outre. En Bolivie, Grèce, Salvador, Saint-Domingue, si les scellés ne sont pas levés de concert, il faut une décision du juge (art. 12). C'est la solution à adopter pour les autres pays de chrétienté. Dans les pays de juridiction, l'autorité locale n'a jamais à intervenir;

7° Procès-verbaux d'apposition et de levées de scellés. Outre les indications prescrites par les articles 914 et 915 du Code de procédure civile, il est bon de viser les conventions, et il n'y a pas d'inconvénient à insérer des mentions prescrites par la loi locale.

312. *Inventaire*. — En pays de juridiction, l'autorité locale restant complètement étrangère à toutes opérations relatives aux successions, les indications qui suivent ne

---

(1) Un jugement du tribunal correctionnel de la Seine du 3 juillet 1893 (*J. D. I. P.*, 1893, p. 1207) a décidé que le bris de scellés apposés par le chancelier du consulat de Russie, sans une délégation régulière du consul, n'était pas une infraction punissable aux termes des articles 249 et suivants du Code pénal.

sont, pour la plupart, applicables que dans les pays de chrétienté :

1° L'inventaire se fait en présence de l'autorité locale, si celle-ci croit devoir y assister : Autriche (art. 3), Équateur (art. 22), Honduras (art. 22), Costa-Rica (art. 22), Espagne (art. 20), Italie (art. 9), Portugal (art. 8). L'autorité locale n'a pas, en principe, à signer le document, sauf en cas de contestation (Autriche, Équateur, Honduras, Costa-Rica). Il serait inutile de lui refuser cette faculté;

2° En Espagne (art. 20), Italie (art. 9), Portugal (art. 8) et Russie (art. 2), les conditions pour faire inventaire sont les mêmes que pour apposer les scellés. En Grèce, Bolivie, Salvador, Saint-Domingue, voir n° 304-7°;

3° Les personnes qui peuvent assister à l'inventaire sont désignées à l'article 942 du Code de procédure civile et la rédaction de ce document doit se faire d'après l'article 943 du même code. Il n'y a pas d'inconvénient à insérer des mentions prescrites par la loi locale;

4° Lorsque, à la levée des scellés, il est trouvé des papiers cachetés ou un testament, le consul peut remplir le rôle de président de tribunal, si la loi locale, en pays de chrétienté, l'autorise à agir ainsi (Voir n° 45), et, en se conformant aux articles 916 à 918 du Code de procédure civile. Tout inventaire doit commencer par les papiers à l'effet de connaître les héritiers absents, le lieu de leur résidence et de constater s'il y a un testament.

313. *Administration et liquidation de la succession. Partie mobilière.*— Le rôle du consul consiste à réaliser l'actif et à éteindre le passif. Il ne peut s'abstenir de poursuivre le recouvrement des créances qu'en justifiant de l'insolvabilité des débiteurs ou des autres causes qui s'opposent aux poursuites. Il opère toujours sans l'intervention des autorités locales. Il y a exception à cette règle en pays de chrétienté : 1° lorsqu'il s'élève une contestation de la compétence des tribunaux locaux; 2° l'Espagne (art. 20), l'Italie (art. 9), le Portugal (art. 8), et l'Autriche (art. 3) ont stipulé que les dépôts de fonds doivent avoir lieu d'accord avec l'autorité locale appelée aux opérations antérieures, s'il se présente des sujets du pays ou d'une tierce puissance comme intéressés dans la succession. L'Autriche prescrit également cette mesure pour garantir le paiement des droits de succession ou de mutation prévus par les lois du pays.

314. *Prise de possession du mobilier*. — Elle se fait en général en même temps que la levée des scellés (Voir *C. P. C.*, art. 943). En Russie (art. 4), l'autorité locale après l'inventaire délivre les biens à l'autorité consulaire sur la demande écrite de celle-ci.

315. *Droit de vendre*. — Un jugement du tribunal de la Seine du 24 juin 1893 (1) a déclaré que la vente était expressément imposée aux consuls par les règlements. Cette règle est trop absolue. Il faut respecter l'article 826 du Code civil : « Chacun des cohéritiers peut demander sa part en nature des meubles de la succession. » Dans les conventions avec l'Autriche, la Bolivie, la Grèce, le Salvador, Saint-Domingue, l'Équateur, le Honduras, le Costa-Rica, l'Espagne, la Russie, l'Italie, et dans le traité italo-tunisien, il est spécifié que le consul ne doit vendre que les effets qui peuvent se détériorer, ceux qui sont d'une conservation difficile, ou ceux pour lesquels se présenteraient des circonstances favorables.

En résumé, la vente des valeurs et objets mobiliers, pour éviter toute difficulté, doit être faite seulement :

1° Lorsqu'elle est nécessaire pour acquitter les dettes;

2° Lorsque les héritiers y ont donné leur acquiescement;

3° Pour éviter la perte ou la destruction des objets;

4° Lorsque les frais de conservation seraient plus élevés que la valeur des objets.

La vente doit être faite aux enchères publiques, dans la

____

(1) *J. D. I. P.*, 1893, p. 1216.

forme locale, en pays de chrétienté (1), en chancellerie ou selon les usages locaux en pays de juridiction.

La vente à l'amiable est interdite. Cependant lorsque le peu de valeur des objets ne saurait couvrir le chiffre des frais qu'entraînerait une vente aux enchères, on peut, sans inconvénient sérieux, vendre à l'amiable. Il convient toutefois d'indiquer dans le procès-verbal établi à cette occasion les motifs à raison desquels on a cru devoir s'écarter, à titre exceptionnel, des prescriptions légales sur la matière. En outre, il est préférable que les agents dans aucun cas ne se rendent acquéreurs des objets appartenant aux successions qu'ils liquident (2).

316. *Dépôts de fonds.* — Les fonds doivent être déposés en chancellerie et faire l'objet de dépôts réguliers. Il y a exception à cette règle pour l'Espagne, l'Autriche, l'Italie, le Portugal (Voir n° 313). Au Chili, les consuls ne peuvent toucher les fonds qu'avec une procuration des héritiers (art. 23). Pour les fonds déposés dans les caisses publiques en Italie, voir n° 304-6°.

317. *Souvenirs de famille.* — Les objets présentant un intérêt de souvenir de famille pour les héritiers naturels et les légataires doivent être conservés en nature (3).

318. *Garanties données aux créanciers du pays.* — 1° Annonces de l'ouverture de la succession insérées par les soins du consul dans les journaux locaux. Toutes les conventions stipulent cette formalité, sauf celle avec la Russie où l'autorité locale doit y procéder et celle avec l'Autriche qui ne contient aucune disposition à cet égard;

---

(1) Toutes les conventions en pays de chrétienté.

(2) Voir le décret du 27 janvier 1855 sur la curatelle aux successions vacantes aux colonies (art. 21).

(3) Circulaire du 22 juin 1858; Seine, 8 novembre 1898 (*J. D. I. P.*, 1899, p. 120).

2º Paiement des créanciers.

Certaines conventions donnent aux créanciers un délai pour présenter leurs réclamations (Voir nº 325).

319. *Exécuteur testamentaire*. — Les conventions avec la Bolivie, la Grèce, le Salvador, Saint-Domingue, le Portugal stipulent que le consul doit remettre à l'exécuteur testamentaire les sommes nécessaires pour l'acquittement des legs particuliers, et ce dernier reste chargé de tout ce qui concerne la validité et l'exécution du testament (Voir nº 304-10º).

320. *Administration et liquidation de la partie immobilière*. — En règle générale, les consuls doivent laisser aux autorités locales le soin d'administrer et liquider la partie immobilière et, en pays de juridiction, le mieux est de faire nommer un administrateur provisoire par le tribunal (1) (Voir nº 308).

Dans les pays où on ne leur contesterait pas le droit, aux termes des traités, d'administrer et même de liquider la partie immobilière, ils ne peuvent jamais, sauf si tous les héritiers sont capables, majeurs et consentants, faire vendre un immeuble sans une autorisation judiciaire (2). Si, en effet, le consul peut parfois remplir en pays de chrétienté le rôle dévolu au président d'un tribunal de première instance, il ne peut se substituer à un tribunal entier.

5º Contestations devant les tribunaux

321 *Pays de juridiction*. — En pays de juridiction, le tribunal consulaire peut être compétent pour trancher les

---

(1) En Turquie, les consuls ne peuvent intervenir dans les questions concernant la propriété foncière (Protocole du 9 juin 1868).

(2) Article 1001 du Code de procédure civile, article 827 du Code civil.

contestations relatives aux successions (Voir nᵒ 308). Si les contestations sont portées devant une autre juridiction, la ligne de conduite du consul est la même que celle à suivre en pays de chrétienté.

322. *Pays de chrétienté.* — En pays de chrétienté, le consul peut être appelé en justice et faire plaider soit comme demandeur, soit comme défendeur. Les conventions avec la Bolivie, la Grèce, le Salvador, Saint-Domingue, l'Espagne, la Russie reconnaissent formellement aux agents le droit de se faire représenter par un délégué devant les tribunaux (avocat). Mais il n'est pas admis qu'un consul puisse être mis personnellement en cause (Conventions avec la Bolivie, la Grèce, le Salvador, Saint-Domingue et la Russie). Si la responsabilité personnelle de l'agent est engagée par des actes accomplis en tant que fonctionnaire français, il ne peut être attaqué que devant les tribunaux français (Voir nᵒ 16 et page 172, note 2).

323. *Consul demandeur.* — La circulaire du 22 juin 1858 a prescrit aux consuls de ne pas engager de procès si la valeur de la succession n'était pas largement suffisante pour couvrir les frais du litige ou s'il n'avait pas été versée par les héritiers une provision pour garantir le remboursement de ces frais.

324. *Conduite du consul avant et après le jugement.* — En cas de contestation fondée ou non fondée portée devant un tribunal, le consul n'est pas dessaisi de l'administration de la succession, mais il doit attendre le prononcé du jugement et ne prendre jusque-là que des mesures d'administration qui ne pourraient entraver l'acquittement des réclamations. Quand le jugement a été rendu, il doit l'exécuter s'il ne fait appel.

6° Remise de la succession aux héritiers
ou envoi en France

325. Conditions pour que le consul puisse se dessaisir du produit de la succession. — 1° Les contestations devant les tribunaux ont été tranchées et les jugements exécutés;

2° Toutes les dettes connues de la succession ont été éteintes;

3° Les délais fixés par les conventions sont expirés.

Autriche : délai fixé par les autorités locales selon les lois du pays.

Bolivie, Grèce, Salvador, Saint-Domingue : une année après le décès s'il ne se produit aucune réclamation.

Équateur, Costa-Rica, Honduras : une année après la date de la publication du décès si aucune réclamation n'a été présentée.

Italie : six mois à partir du jour où le décès a été publié dans les journaux.

Russie : six mois à compter du jour de la dernière des publications faites par l'autorité locale, ou huit mois s'il n'y en a pas eu.

Pour l'Espagne, le Portugal, les pays de juridiction : pas de délai fixé.

326. Conduite du consul quand les héritiers se présentent avant l'expiration des délais. — Lorsque le consul a assumé l'administration d'une succession, il ne lui est plus possible de s'en décharger, en remettant les sommes, biens et valeurs qui la composent aux ayants droit autrement qu'en se conformant aux prescriptions des arrangements internationaux, c'est-à-dire seulement à l'expiration des délais. Les créanciers du défunt peuvent, en effet, se pourvoir jusque-là auprès du consul pour formuler leurs réclamations et l'actif successoral se trouvant dans le pays de la résidence et qui constitue leur gage, ne doit pas être déplacé prématurément. Les héritiers ne sont donc pas fondés à exiger de suite la remise du produit d'une succession, quitte à laisser les créanciers exercer leurs droits sur la part de l'actif se trouvant en France, quelle que puisse en être l'importance.

Mais il appartient au consul d'examiner s'il est indispensable qu'il conserve entre les mains la totalité de l'actif réalisé jusqu'à l'expiration du délai prévu ou s'il ne peut, au contraire, en remettre une partie plus ou moins importante à l'héritier justifiant de sa qualité, le surplus restant déposé en chancellerie pour faire face au paiement des droits de mutation et des sommes qui peuvent être réclamées par des créanciers qui ne se sont pas encore révélés.

327. Remise aux héritiers. — Le consul peut remettre le produit de la succession aux héritiers ou à leurs mandataires présents sur les lieux, s'ils justifient de leurs qualités. C'est aux intéressés à justifier eux-mêmes de leurs qualités par la production d'un intitulé d'inventaire ou d'un acte de notoriété. Ces actes peuvent être établis en chancellerie.

328. Envoi en France. — Lorsque les héritiers ni leur mandataire ne sont sur les lieux, le produit de la succession doit obligatoirement être envoyé en France à destination de la Caisse des dépôts et consignations. Suivre les règles indiquées au chapitre du dépôt.

329. Pièces à transmettre au ministre des affaires étrangères. — 1° Une expédition de l'acte de décès, indispensable si l'acte a été reçu par une autorité étrangère et non transcrit sur le registre du poste. Si l'on ne peut se procurer gratuitement cette pièce, l'acheter aux frais de la succession, les héritiers, en effet, ne pouvant retirer les

fonds déposés à la Caisse des dépôts et consignations sans
en produire un extrait;

2º Copie du testament;

3º Copie de l'inventaire;

4º Copie des procès-verbaux de vente;

5º Compte de liquidation certifié, présentant le relevé
détaillé de toutes les recettes et dépenses;

6º Les pièces justificatives des dépenses;

7º Un état de versement en double exemplaire;

8º Tous documents qui peuvent être utiles pour contrôler
la liquidation.

Toutes ces pièces, exigées dans un intérêt administratif,
doivent être établies gratuitement.

330. Droits des créanciers après l'envoi en France.
— S'il se présente des créanciers retardataires, ceux-ci ont
toujours le droit de revendiquer le montant de leurs créances
lorsque les fonds ont été transmis en France, sans qu'il
puisse leur être opposé d'autres prescriptions que celles
prévues par les lois et la jurisprudence en matière civile.

7º Pays avec lesquels la France n'a pas de convention

**331. Le consul ne peut intervenir dans le règlement
des successions.** — En l'absence de convention, le consul
ne peut être investi du droit de se faire remettre les biens
d'un national décédé. Il ne saurait même pas se faire
nommer par les autorités locales administrateur de la succession, ni accepter d'être exécuteur testamentaire. Il lui
est interdit de se charger d'un mandat particulier, surtout
lorsque celui-ci le rendrait personnellement justiciable, sans
restriction, des tribunaux étrangers (1).

____

(1) Le règlement norvégien, paragraphe 55, autorise les consuls à recevoir
la procuration des héritiers.

332. *Traités garantissant aux Français le droit d'acquérir par succession.* — Le droit d'acquérir par succession n'est plus contesté aux étrangers dans aucun pays. Mais il est formellement reconnu aux Français dans les traités avec les États-Unis, le Japon et le Mexique.

333. *Intervention en Argentine et aux États-Unis.* — A la suite de la signature du protocole du 26 février 1889 (1), les consuls français en Argentine, en vertu de la loi du 30 septembre 1865, lorsqu'il n'y a pas d'exécuteur testamentaire et que des héritiers sont étrangers et absents, peuvent, au décès d'un national : 1° apposer les scellés concurremment avec les autorités locales; 2° nommer un curateur à la succession. Si le défunt a laissé des héritiers dans le pays, le curateur nommé par le consul est réduit au caractère de représentant des absents qui n'auraient pas de mandataires spéciaux. Mais le consul n'intervient pas dans la liquidation de la succession, le produit en est remis aux héritiers par le curateur seulement un an après le décès et le paiement de toutes dettes. Aux États-Unis, la Cour suprême de la Louisiane (2), vu les termes de la convention consulaire dn 3 février 1853 avec la France, stipulant qu'en cas de décès d'un Français aux États-Unis sans avoir nommé d'exécuteur testamentaire, le consul avait le droit d'intervenir, soit personnellement, soit par délégué dans toutes les opérations où était intéressé un héritier absent ou mineur, a reconnu le délégué du consul de France comme représentant d'héritiers absents, n'ayant pas de mandataires spéciaux, et a écarté la nomination de tout autre mandataire pour les représenter. Cette jurisprudence, très libérale, mais ne reposant sur aucun texte précis, ne serait peut-être pas suivie par les autres tribunaux de l'Union.

____

(1) *B. O. M. J.*, 1901, p. 25.

(2) Ellery C. Stowell, *Consular cases ond opinions*, succ. Rabasse, 1895, pp. 316 et suivantes.

334. *Mesures conservatoires*. — L'instruction du 29 novembre 1833 prescrit aux consuls, lorsqu'ils apprennent le décès d'un national sans qu'il y ait d'héritiers présents, de requérir des autorités locales l'apposition de scellés et la confection d'un inventaire. Ils peuvent, en invoquant le principe de réciprocité, demander à assister officieusement à ces opérations, les consuls étrangers en France étant toujours autorisés à le faire lorsqu'ils en expriment le désir (1).

335. *Renseignements à envoyer au ministère des affaires étrangères*. — 1º Renseignements sur la famille du défunt;

2º Les principes de la dévolution des successions : loi territoriale ou loi nationale du défunt;

3º S'il y a un testament, où il est déposé, si possible sa teneur ou une copie : les forces de la succession;

4º Si les étrangers peuvent posséder des immeubles ou s'ils ont un délai pour faire vendre les biens fonciers qu'ils acquièrent par succession;

5º Les preuves d'hérédité à produire.

Dans un grand nombre de législations, ces pièces sont établies par l'autorité judiciaire (Espagne, Allemagne). En France, on a recours aux actes de notoriété dressés par les notaires. Il n'existe en réalité aucun texte qui autorise ces fonctionnaires à dresser dans une forme déterminée des actes de notoriété destinés à attester la qualité d'héritier des personnes qui prétendent à une succession. Ces officiers publics agissent en vertu d'un usage constant consacré par la loi du 25 ventôse an XI, article 20, qui cite l'acte de notoriété parmi ceux que les notaires ont qualité pour dresser. La force probante de ces documents est d'ailleurs admise par les tribunaux français (Cassation, 27 juillet 1899). Mais l'attestation reçue par le notaire ne prouve pas le fait

____

(1) *B. O. M. J.*, 1880, p. 75, note au sujet des consuls de l'Uruguay.

attesté d'une façon absolue. L'acte constate simplement la croyance publique qui s'est établie sur le fait. Mais quand la croyance publique constitue le seul moyen de preuve auquel les parties peuvent recourir, elle devient, par la force même des choses, une sorte de preuve légale devant laquelle il y a lieu de s'incliner jusqu'à ce que la preuve du contraire soit rapportée. Il est toujours bon, et parfois nécessaire (surtout pour les pays de l'Amérique), de joindre à l'acte des expéditions des actes de l'état civil qui établissent la parenté. Rien ne s'oppose à ce qu'un consul reproduise dans un certificat de coutume les indications qui précèdent;

6° Envoyer un modèle de procuration, indiquer les formalités (légalisations et autres) exigées par la législation du pays; donner les noms de mandataires;

7° Faire connaître les délais pendant lesquels peut être formée une pétition d'hérédité, ceux avant l'expiration desquels le produit de la succession ne peut quitter le pays, les prescriptions.

336. Le consul agent de transmission du produit d'une succession. — Le consul n'a pas qualité, en l'absence de convention, pour demander à être mis en possession du produit d'une succession, en vue de le transmettre en France. Il peut accepter de le faire s'il en est sollicité par les autorités locales. Dans ce cas, il peut encaisser la somme pour le compte d'héritiers déterminés. Il opère un recouvrement. Mais il doit agir ainsi seulement lorsqu'il n'y a aucune difficulté. S'il surgit quelque contestation, il doit restituer immédiatement aux autorités locales les fonds, valeurs et objets et dégager sa responsabilité.

8° Divers

337. Tribunaux compétents en matière de successions. — La législation et la jurisprudence locale déterminent les tribunaux compétents en matière de successions. Cependant certaines conventions ont réglé cette question :

Autriche, 11 décembre 1866, article 2; Bade, 16 avril 1846, article 2; Belgique, 8 juillet 1899, article 7; Mexique, 27 novembre 1886, article 6; Russie, 1ᵉʳ avril 1874, article 10; Saint-Domingue, 9 septembre 1882, article 6.

338. *Droits de mutation.* — Aucune convention ne stipule que les Français à l'étranger seront exemptés d'acquitter les droits de mutation par décès. Dans un certain nombre de traités, il est seulement dit qu'ils n'auront pas à payer des tax s plu élevées que les nationaux : Autriche, Chili, Équateur, Costa-Rica, Honduras, Espagne, États-Unis, Mexique, Russie, Saint-Domingue, Salvador. On ne pourrait d'ailleurs demander aucune exemption en invoquant le principe de réciprocité. Le texte de la loi du 23 août 1871 lie l'administration française et les successions d'étrangers sont toujours soumises en France aux taxes de mutation. Celles-ci sont donc dues au fisc étranger, s'il l'exige, sur le produit des successions liquidées par les consuls. Et comme cet impôt est également perçu en France, dans la plupart des cas, les successions sont frappées deux fois.

Lorsqu'ils remettent directement les fonds aux ayants droit, les consuls, dans l'état actuel de la législation française, n'ont pas à s'occuper de la perception des droits de mutation et n'ont à veiller qu'à l'application des taxes du tarif des chancelleries (1).

---

(1) En ce qui concerne les délais de déclarations des successions, le mode d'évaluation, le taux de l'impôt, les pénalités, etc., voir les lois des 22 frimaire an VII, 23 août 1871, 8 mai 1850, 25 février 1905.

Les bureaux où peuvent être reçues les déclarations de successions ouvertes à l'étranger sont : Paris, 1ᵉʳ bureau des successions; Lille, 1ᵉʳ bureau; Nancy, Belfort, Ar.. cy, Lyon, 1ᵉʳ bureau; Nice, Marseille, Pau, Bordeaux, 1ᵉʳ bureau; Briey, Lunéville, Pont-à-Mousson, Givet, Perpignan, Annemasse.

339. Renonciation aux successions. — 1° Une succession s'ouvre en France et les héritiers sont à l'étranger. Ceux-ci doivent donner procuration à un mandataire à l'effet de renoncer pour eux conformément à l'article 784 du Code civil :

2° Une succession s'ouvre à l'étranger :

Dans les pays de juridiction, le fonctionnaire qui remplit l'emploi de greffier peut recevoir une renonciation. Dans les pays de chrétienté, le consul peut également la recevoir, puisqu'il exerce toujours un pouvoir juridictionnel. Mais une renonciation doit être faite au lieu du domicile du défunt. Or la jurisprudence est divisée sur le point de savoir si un Français, même ayant son principal établissement à l'étranger, a ou non conservé son domicile légal en France. Aussi, pour remplir les formalités d'une façon inattaquable, devra-t-on faire une renonciation : a) en France au lieu du dernier domicile; b) à l'étranger au consulat; c) devant l'autorité locale étrangère qui pourrait ne pas admettre celle reçue par le consul.

340. Recherches de successions. — Les agents ne doivent correspondre qu'avec le ministre en matière de successions. Lorsqu'une demande de renseignements leur est adressée, ils doivent recueillir immédiatement ceux-ci et les transmettre au ministre, qui les communique s'il y a lieu.

Les renseignements ne sont donnés qu'aux prétendant droit ou à leurs mandataires justifiant de leurs qualités.

Lorsqu'un particulier désire faire rechercher une succession, il doit adresser une requête au ministre des affaires étrangères indiquant : 1° son lien de parenté avec le *de cujus;* 2° le lieu et la date du décès du défunt, aussi précis que possible. Les successions vacantes ne sont pas dans tous les pays, comme en France, centralisées dans une caisse d'État et les recherches ne peuvent aboutir que si l'on peut trouver le lieu où elles sont en dépôt.

9° Critique des conventions actuelles relatives au règlement des successions. Projet de convention rationnelle

341. Critique des conventions. — Dans les conventions actuelles, l'intervention consulaire n'est admise, sauf quelques rares exceptions, que si le défunt est national du consul.

La France, en effet, ainsi que diverses nations, ayant posé comme règle soit dans leur législation, soit dans la jurisprudence de leurs tribunaux, que la succession mobilière d'un étranger devait être réglée par la loi nationale du défunt (1), il a semblé logique de la faire liquider par un agent de l'État dont il fallait appliquer les lois. De plus, il était en général à présumer que les héritiers d'un Français seraient Français eux-mêmes dans la plupart des cas.

Mais les conventions actuelles prêtent à certaines critiques. Elles permettent parfois l'intervention de l'agent contre la volonté du défunt (2) et contre celle des héritiers même présents, majeurs et capables ou représentés (3); elles rendent au contraire l'agent incompétent simplement parce que le défunt sera décédé hors du territoire de l'État

---

(1) En France, ce principe n'est pas inscrit dans le code, mais découle de la maxime : *mobilia sequuntur personam*, appliquée par la jurisprudence. Si l'on interprète cette maxime conformément à la tradition, ce n'est pas la loi nationale du défunt, mais celle de son domicile que l'on doit appliquer. Il faut alors distinguer si l'étranger avait un domicile autorisé en France et la loi qui règle sa succession est la loi française (Cassation, 8 mai 1894). S'il n'avait qu'une simple résidence et conservé son domicile légal dans son pays d'origine, la loi successorale applicable est alors celle de ce domicile légal qui se confond le plus souvent avec la loi nationale (Cassation, 5 mai 1875). Comme, en fait, la dernière hypothèse est la plus fréquente, la jurisprudence tend de plus en plus à ne pas faire de distinction et à placer le régime successoral dans le statut personnel.

Ce principe, au contraire, est formellement inscrit dans les codes espagnol, italien et allemand; la succession, tant mobilière qu'immobilière, du défunt est régie par la loi nationale.

(2) Paris, 5 mai 1901 (*J. D. I. P.*, 1901, p. 573).

(3) Voir Ditte, *Des Conventions consulaires*, etc., pp. 191 et suivantes affaire Sawicki.

de la résidence; elles font faire l'inventaire par le consul alors que c'est le vice-consul qui est notaire; elles chargent les agents d'un mandat particulier et ne réservent jamais le droit de déshérence au profit de l'État; elles obligent le consul à garder en chancellerie de l'argent non productif d'intérêt (1) et ne mentionnent même pas toujours l'immunité de juridiction locale (2).

Pour éviter ces inconvénients, on pourrait prendre pour bases des conventions de cette nature, les principes suivants :

1° L'intervention consulaire ne doit se produire que pour sauvegarder les intérêts des héritiers français. Pratiquement, elle ne saurait, en effet, se justifier pour d'autres causes;

2° Elle ne peut se produire contre le gré des héritiers ou du défunt, ceux-ci restant libres de refuser le concours du consul;

3° Le rôle du consul doit être celui d'agent de renseignements et de surveillance. La liquidation se fait par les soins de l'autorité locale, ce qui réserve le droit de déshérence au profit de l'État.

342. *Modèle de convention* (3). — *A*) Lorsqu'un Français laissera des biens en X..., et que les héritiers seront

---

(1) Voir nᵒˢ 325 et 326.

(2) Cette immunité n'est pas un corollaire obligatoire du droit de liquider les successions. Ainsi, aux États-Unis, les consuls autorisés à administrer les successions de leurs nationaux sont simplement assimilés aux administrateurs ordinaires. « On ne peut soutenir que le gouvernement fédéral ait entendu priver les citoyens ou les créanciers d'un étranger décédé des garanties qui lui sont assurées par les lois de l'État »; les consuls doivent fournir caution (Surrogate Court, New-York, 1900. ELLERY C. STOWELL, *Consular cases and opinions*, p. 158); dans le même sens : Supreme Court of Massachusetts, 1906 (STOWELL, *op. cit.*, p. 462); Surrogate Court, New-York, 1901 (STOWELL, *op. cit.*, p. 247).

(3) L'emploi d'expressions générales peut amener des difficultés. Voir dans STOWELL, *op. cit.*, p. 155, 244 et 235, les discussions relatives à l'interprétation du traité du 27 juillet 1853 entre les États-Unis et la république Argentine donnant aux consuls « the right to intervene in the possession, administration, and judicial liquidation of the estate of the

inconnus ou absents, le consul de France pourra provoquer de la part des autorités locales l'apposition de scellés
en sa présence sur tous les biens, meubles, effets et papiers
appartenant au défunt. Il pourra exiger la nomination par
les autorités locales d'un administrateur de la succession,
qui sera choisi d'accord avec lui parmi les personnes désignées par la loi ou l'usage pour remplir cette fonction. Il
pourra assister à l'inventaire auquel il devra être procédé
à la levée des scellés et veillera à ce qu'on recherche s'il y a
un testament. L'administrateur de la succession, chaque
fois qu'il en sera requis, devra communiquer au consul tous
renseignements et pièces relatifs à l'administration et la
liquidation. L'intervention consulaire ne sera pas admise si
le défunt l'a interdite ou s'il a nommé un exécuteur testamentaire, dès que tous les héritiers seront présents ou
dûment représentés, s'il est constaté que la succession est
en déshérence ou qu'il n'y a pas d'héritiers français, si les
héritiers, même non présents, interdisent toute communication au consul;

B) Les dispositions de l'article *A* seront applicables avec
les mêmes restrictions lorsque des héritiers français seront
intéressés dans une succession ouverte en X..., quelle que
soit la nationalité du défunt;

C) Lorsque la liquidation sera terminée et que le consul
aura justifié de l'existence d'héritiers français absents et
de leurs qualités héréditaires, l'administrateur pourra lui
remettre la ou les parts revenant à ces héritiers. Les tribunaux locaux ne pourront connaître des difficultés qui
pourraient surgir entre ces héritiers et le consul après que
ces parts lui auront été remises;

---

deceased », etc. L'interprétation la plus large d'ailleurs a prévalu. « Les
stipulations conventionnelles doivent être interprétées dans nn esprit beaucoup plus large que les textes législatifs... Il y a lieu de tenir compte des
différences de langues; il faut éviter les distinctions subtiles et avoir égard
au but principal poursuivi par les négociateurs, l'établissement de bonnes
relations internationales. » Surrogate Court, New-York, 1900 (STOWELL,
op. cit., p. 156, affaire Fatosini).

D) Lorsque des Français seront intéressés dans la succession d'un ressortissant d'une tierce puissance, les dispositions de l'article *B* ne pourront porter atteinte aux droits reconnus par des traités antérieurs aux consuls du pays auquel appartenait le défunt.

§ 2 — Actes notariés

1° Des actes passés à l'étranger

343. Valeur en France des actes dressés par des autorités étrangères. — Les Français à l'étranger peuvent recourir aux officiers publics locaux pour faire dresser des actes authentiques. Ces derniers, pour être valables en France, sont assujettis, quant à leur forme, à leurs conséquences et à leur mode de preuve, aux prescriptions de la loi du pays où ils ont été reçus, « sans qu'il y ait de distinction à poser entre le cas où le débat s'agite entre les parties contractantes et celui où l'acte est opposé aux tiers (1) ».

Dans la plupart des pays, d'ailleurs, le ministère du notariat est réglé par une législation semblable à la nôtre. Il n'existe guère d'exceptions que pour les *public notaries* d'Angleterre, de certaines colonies britanniques et des États-Unis.

Mais la jurisprudence tend à considérer comme valables les actes passés devant ces officiers publics, tout au moins jusqu'à preuve du contraire, si ce n'est jusqu'à inscription de faux (2). Il a même été jugé que la présence d'un officier public n'était pas indispensable pour qu'un acte soit réputé solennel. Le tribunal de la Seine, dans un jugement du 11 mars 1899 (3), a résumé ainsi la jurisprudence de la

---

(1) Cassation, 23 mai 1892 (*J. D. I. P.*, 1892, p. 1176).
(2) Chambéry, 18 décembre 1901 (*J. D. I. P.*, 1902, p. 790).
(3) *J. D. I. P.*, 1899, p. 1011.

Cour de cassation : « Pour qu'un testament, fait en pays étranger, par un Français, soit réputé valable comme ayant été fait par acte authentique, dans le sens de l'article 999, le concours d'un officier public n'est pas indispensable; il suffit que le testateur ait observé les formes exigées dans le pays pour tester solennellement. » En quelque sorte, un acte passé à l'étranger bénéficie, en France, au point de vue de la foi qui lui est due, du caractère d'authenticité qu'il a reçu d'après les lois du pays où il a été dressé. La règle *locus regit actum* est d'ailleurs applicable, même en pays de juridiction où les coutumes consacrées par un long usage sont respectées. La Cour de cassation (1) a validé un contrat de mariage passé sous seing privé, conformément à un usage immémorial parmi les chrétiens d'Orient.

344. Actes reçus par les vice-consuls de France. Avantages. — Il peut, cependant, ne pas être toujours indifférent de contracter à l'étranger par acte sous seing privé, dans les formes solennelles de la loi locale ou de faire établir un acte par un vice-consul français.

1° Interprétation des contrats.

L'article 1134 du Code civil porte : « Les conventions tiennent lieu de loi à ceux qui les ont faites. »

« La volonté de ceux qui font un contrat ne s'affirme pas toujours avec une clarté parfaite; ils oublient souvent de dire à quelle loi ils ont entendu se soumettre. Et, alors, il devient nécessaire de suppléer à leur silence, de l'interpréter, de rechercher ce qu'ils ont voulu faire (2). »

Or, ni la jurisprudence, ni la doctrine ne sont fixées d'une façon précise sur les règles à suivre pour résoudre les difficultés d'interprétation des contrats. Tantôt elles s'attachent à la loi du lieu où la convention s'est formée, tantôt à celle du lieu où elle doit être exécutée, tantôt à

---

(1) Aix, 17 juin 1862, et Cassation, 18 avril 1865 (*D. P.*, 1865, 1, 342).
(2) WEISS, *Traité de Droit international privé*, t. IV, p. 336.

la loi personnelle des parties. Ces difficultés peuvent être écartées si l'obligation est reçue, dans les formes françaises, par un vice-consul de France. Il est évident que si deux Français ou même deux étrangers choisissent, de préférence à un officier public local, un agent français pour établir un contrat, ils ont entendu se soumettre aux prescriptions de la loi française.

2° Force exécutoire.

Les actes reçus par un vice-consul sont entièrement assimilés à ceux établis en France par les notaires. L'instruction du 30 novembre 1833 autorise la délivrance de grosses en forme exécutoire, intitulées et terminées de la même manière que les jugements. Pour qu'un contrat, passé devant une autorité étrangère, ait force exécutoire en France, il faut un *exequatur* donné par un tribunal français. Les dispositions contraires des traités permettraient seules de déroger à cette règle. Il y a même controverse en doctrine sur le point de savoir si le créancier, porteur d'un acte authentique reçu à l'étranger, doit se borner à le faire déclarer exécutoire ou doit faire condamner judiciairement le débiteur pour être muni d'un titre exécutoire. Une seule convention a réglé cette question : celle avec la Belgique, du 8 juillet 1899, article 16 : « Les actes authentiques exécutoires dans l'un des deux pays peuvent être déclarés exécutoires dans l'autre par le président du tribunal civil de l'arrondissement où l'exécution est demandée..... », etc.

3° Hypothèque.

L'article 2128 du Code civil porte :

« Les contrats passés en pays étrangers ne peuvent donner d'hypothèque sur les biens de France s'il n'y a des dispositions contraires à ce principe dans les lois politiques ou dans les traités. »

Si donc un contrat a été passé par-devant un notaire étranger, quelle que soit la nationalité des parties, il ne peut en résulter constitution d'hypothèque sur les biens sis en France. Il n'y a d'exceptions que pour la Belgique

(Convention du 8 juillet 1899, art. 17) et l'Italie (Traité du
24 mars 1760, art. 22, renouvelé en 1860).

Dans tous les autres pays, Français comme étrangers
doivent s'adresser uniquement aux vice-consuls de France
pour constituer hypothèque (1).

4º Frais.

Lorsqu'un acte est destiné à produire des effets en
France, il est moins onéreux de le faire établir au consulat,
ce qui évite des frais supplémentaires de traduction et de
légalisation.

2° Des agents consulaires français faisant fonction de notaires

345. *Compétence personnelle*. — Dans une ambassade
ou légation, un consulat général ou consulat, c'est au chancelier que sont dévolues les fonctions notariales. Jamais
le chef de poste, titulaire ou gérant, ne doit instrumenter
lui-même. L'ordonnance de 1681 a force de loi dans tous
les pays du globe (Voir nº 44), mais a été rendue à une
époque où il n'était question que des pays de juridiction.
Or, pour que les difficultés s'élevant au sujet d'actes notariés pussent être tranchées par le tribunal consulaire, il
ne fallait pas que ces actes fussent reçus par le consul, justiciable seulement de l'amirauté, mais par le chancelier,
lequel pouvait être déféré au tribunal du chef de poste (2);
il n'était pas non plus possible de laisser le consul être juge
de la validité de ses propres actes. Bien que la situation
soit différente en pays de chrétienté, comme elle est réglée
par le même texte, on peut poser en règle absolue qu'il ne
peut y avoir cumul des fonctions de consul et de chan-

---

(1) VALIN, *Commentaire sur l'ordonnance de 1681*, art. 25 : « Les actes reçus
par le chancelier emportent hypothèque et sont aussi exécutoires sur les biens
des obligés que s'ils étaient passés par-devant des notaires en titre d'office. »

(2) Articles 20, 24, 26 de l'ordonnance de 1681, 8 de l'édit de juin 1778,
édit de 1781 et instruction du 30 novembre 1833.

celier. Aussi, lorsque dans un des postes précités il n'y a pas de chancelier, le titulaire ou gérant « est autorisé à commettre à l'exercice de sa chancellerie, sous sa responsabilité, la personne qu'il en jugera le plus capable, à la charge par lui de la faire agréer par notre ministre des affaires étrangères (1) ». Les titulaires des vice-consulats ont été tous investis des fonctions de notaires (2) qu'ils remplissent eux-mêmes, n'ayant jamais eu de pouvoir juridictionnel. Pour les agents consulaires, ils ne peuvent exercer ces fonctions que s'ils ont reçu une autorisation spéciale, par décret, et dans les limites fixées par ce décret (3).

346. *Remplacement et délégation*. — Lorsqu'un notaire, en France, est empêché d'instrumenter, il peut se faire remplacer par un collègue (4). Il ne saurait en être de même pour les chanceliers dont la compétence est strictement attachée au poste où ils ont été nommés. MM. de Clercq et de Vallat déclarent que le chancelier peut, lorsqu'il est incompétent, avec l'agrément du chef de poste dont il dépend, se faire remplacer par un chancelier *ad hoc* qui agit par empêchement du titulaire. Aucun texte n'autorise explicitement cette façon de procéder. D'autre part, la loi de ventôse n'a point prévu pour les notaires de droit de délégation. Il faut alors nommer un chancelier substitué.

347. *Compétence territoriale*. — « Les chanceliers ne peuvent exercer les fonctions de notaire hors de l'arrondis-

---

(1) Ordonnance du 20 août 1833, art. 20; décret du 29 mai 1902, art. 7. VALIN, *Commentaire sur l'ordonnance de 1681*, art. 16. Le consul a conservé le droit de recevoir le serment du chancelier considéré soit comme greffier, soit comme notaire, parce qu'il est réellement son juge; (art. 19), à l'égard du chancelier, rien n'empêchant que les consuls comme leurs juges naturels n'aient droit de juger leurs contestations avec des négociants tout comme les causes des autres particuliers.

(2) Décret du 19 janvier 1881.

(3) Ordonnance du 26 octobre 1833, art. 7.

(4) Loi du 25 ventôse an XI, art. 8.

sement du consulat auquel ils sont attachés, sous peine de destitution et sans préjudice de tous dommages-intérêts envers les parties (1). »

3° Des registres et des actes

348. Lois *réglant les fonctions notariales.* — Les actes reçus en chancellerie doivent être conformes aux prescriptions de la loi française : la maxime *locus regit actum* n'intervient pas ici. Les fonctions notariales font l'objet de la loi du 25 ventôse an XI, modifiée par celle du 12 août 1902, auxquelles on doit se référer. Les dérogations à ces textes sont indiquées ci après.

349. *Registres.* — Ils doivent être tenus en double exemplaire original, dont l'un demeure en chancellerie, l'autre est envoyé tous les ans à Paris, en même temps que le registre des actes de l'état civil (2).

Cette règle n'est pas applicable à la Tunisie, où les agents consulaires doivent se conformer à la seule loi de ventôse an XI (3).

350. *Déplacement des registres et des actes.* — Les registres et les minutes ne peuvent être déplacés que dans les cas prévus par la loi, ou en vertu d'un jugement français signifié par la voie du ministère des affaires étrangères (4).

Dans ce cas, les notaires dressent et signent une copie figurée qui, après avoir été certifiée par le président et le

---

(1) Instruction du 30 novembre 1833.

(2) L'envoi des doubles au ministère des affaires étrangères ne date que de 1834.

(3) Décret du 16 juin 1908.

(4) Loi du 25 ventôse an XI, art. 22.

procureur du tribunal civil de leur résidence, est substituée
à la minute dont elle tient lieu jusqu'à sa réintégration.
Dans les ambassades, légations, consulats généraux et
consulats, le chef de poste peut remplacer le président
du tribunal. Dans les vice-consulats, devenus en quelque
sorte indépendants depuis le décret du 19 janvier 1881,
le titulaire, seul, certifiera la copie; mais les agents
consulaires devront la soumettre au consul dont ils relèvent.

351. *Réception de l'acte.* — Dans les postes où le chancelier est un agent de carrière, les actes sont reçus par le
vice-consul seul, mais visés par le consul. Ils sont dressés
avec l'assistance du consul là où il n'y a qu'un chancelier
substitué (1).

352. *Actes en minutes et actes en brevets.* — Les
vice-consuls peuvent recevoir des actes en minute et des
actes en brevet. Mais les agents consulaires ne peuvent, en
général, dresser que les actes en brevet. Ces derniers sont
toujours des actes unilatéraux ne contenant pas de stipulations que les tiers peuvent invoquer ou n'ayant pour
objet qu'une chose d'un intérêt momentané : autorisation
maritale, certificat de propriété, procuration, quittance,
acceptation de lettres de change, aval de garantie, consentement à mariage, à engagement militaire, etc.

353. *Langue à employer. Traduction.* — En principe,
les actes doivent être écrits en français; mais lorsqu'un acte
est rédigé en « langue étrangère, aucune loi n'en édicte la
nullité, et les tribunaux ne peuvent prononcer de nullité
non prévue par la loi (2) ». Un acte dicté en langue étrangère
et traduit en français par le notaire est également valable.

____

(1) Instruction du 30 novembre 1833.
(2) Cassation, 22 janvier 1879 (*J. D. I. P.*, 1879, p. 175).

« Ce mode de procéder est conforme aux prescriptions des décrets de l'an II et de l'arrêté du 24 prairial an XI; ce règlement d'administration publique, pris en exécution de l'article 972 du Code civil un mois à peine après sa promulgation, ne peut être considéré comme violant les principes sur la dictée des testaments (1). »

Pour éviter toute difficulté, la meilleure façon de procéder est d'écrire le texte dicté en langue étrangère et à mi-marge la traduction en français. Les parties et les témoins instrumentaires devant comprendre la teneur des actes, il est bon d'indiquer s'ils comprennent tous le français et l'idiome étranger, si c'est le vice-consul qui a traduit et expliqué l'acte ou si l'on a dû recourir à un interprète, et désigner quel était celui-ci.

354. Témoins. — Les nécessités de la pratique ont fait admettre par l'instruction du 30 novembre 1833 le concours d'étrangers comme témoins dans les actes authentiques à défaut de Français. Toutefois, l'instruction exige qu'ils soient domiciliés au lieu de la résidence du consul et âgés de vingt-cinq ans. Cette disposition est relative aux témoins certificateurs. Mais nul doute qu'il ne faille l'étendre aux témoins instrumentaires, qui doivent être Français, autant que possible, et immatriculés au consulat. Mais cette réserve indique que les étrangers, à défaut de Français, peuvent servir de témoins (2).

355. Secret des actes notariés. — Le secret des actes notariés est d'ordre public (3). On ne peut donner communication des actes « à d'autres qu'aux personnes intéressées en nom direct, leurs héritiers ou ayants droit, à moins d'une ordonnance spéciale du consul ou de tout autre juge com-

---

(1) Cassation, 3 août 1891 (*J. D. I. P.*, 1892, p. 234).
(2) C. JORDAN, *R. D. I. P. et D. P. I.*, 1905, p. 658.
(3) Cassation, 12 juin 1899 (*D. P.*, 1900, 1, 39).

pétent (1)..., sauf, toutefois, pour les actes qui doivent être publiés dans les tribunaux ».

L'inviolabilité des archives consulaires, reconnue en tous pays, garantit ces dispositions. Mais les notaires doivent donner aux intéressés communication des pièces qui les concernent. Ils sont tenus d'informer les légataires des dispositions contenues dans un testament, même s'ils ont des doutes sur la validité du legs (2).

356. *Délivrance d'expéditions.* — Des expéditions ne peuvent être délivrées qu'aux personnes pouvant avoir communication des actes et sous les mêmes conditions.

Aussi les notaires ne doivent donner aux intéressés que les extraits des documents les concernant (3). Ainsi l'héritier *ab intestat*, même exclu de la succession par testament, a droit d'obtenir un extrait de la clause l'exhérédant tant qu'il n'a pas renoncé à la succession (4).

357. *Articles de conventions relatifs à la délivrance d'expéditions.* — Les conventions avec la Grèce, le Salvador, la Bolivie, la république Dominicaine, les États-Unis, l'Espagne, l'Italie, le Portugal et la Russie ont spécifié que les expéditions délivrées par les chanceliers, légalisées par les consuls et portant le sceau du consulat, feraient foi en justice au même titre que les originaux (5). Les conventions avec l'Espagne, l'Italie et le Portugal stipulent, d'autre part : « Dans le cas où un doute s'élèverait sur l'authenticité d'un acte public enregistré à la chancellerie d'un consulat, on ne pourra en refuser la confron-

---

(1) Instruction du 30 novembre 1833.

(2) Caen, 17 février 1908 (*D. P.*, 1908, 2, 245).

(3) Seine, 24 janvier 1906 (*D. P.*, 1906, 5, 36).

(4) Cassation, 22 juillet 1896 (*D. P.*, 1897, 1, 580).

(5) Pour être produites dans le pays de la résidence, les expéditions doivent être soumises au timbre, à l'enregistrement et aux formalités édictées par les lois locales (Conventions avec la Bolivie, la Grèce, le Salvador, Saint-Domingue, l'Italie, l'Espagne, la Russie).

tation avec l'original à l'intéressé qui en fera la demande
et qui pourra assister à la collation s'il le juge convenable. »

**358. *Personnes qui peuvent requérir le ministère
des vice-consuls faisant fonctions de notaires.* —**
1º Français. Les vice-consuls sont tenus de prêter leur
ministère aux Français quand ils en sont requis, à moins
que le requérant ne soit atteint d'aliénation mentale, en
état d'ivresse, s'il s'agit d'actes à faire à des heures indues
ou dans des lieux suspects, si les frais de l'acte ne sont pas
consignés (1), si l'on demande à passer un acte non valable.

2º Étrangers. « Les chanceliers peuvent être autorisés
par les consuls, suivant les circonstances que ces derniers
apprécieront, à recevoir les actes et contrats dont les étrangers voudraient assurer l'authenticité en France (2). »

Les consuls ne doivent donner cette autorisation pour
les actes passés entre étrangers « qu'autant qu'il n'en pourrait résulter de difficulté dans leurs rapports avec les autorités locales et les consuls étrangers » (3). Une circulaire
du 30 juin 1884 invite d'ailleurs les agents à s'abstenir
d'établir les certificats de propriété et les actes de notoriété
prévus par l'article 6 de la loi du 28 floréal an VII, concernant des étrangers; ces actes demandant une connaissance
approfondie de la législation du pays des ayants droit.

4º Responsabilité des vice-consuls. Comparaison avec celle des notaires exerçant en France

**359. *Assimilation des vice-consuls aux notaires. Dif-
férences.* —** Les vice-consuls sont assimilés aux notaires.
Cependant, les conditions dans lesquelles ils exercent leurs
fonctions sont différentes de celles où se trouvent ces offi-

(1) *Répertoire du Notariat*, DEFRESNOIS, t. I, p. 143.
(2) Instruction du 30 novembre 1833.
(3) Circulaire du 9 décembre 1833.

ciers en France. La jurisprudence ne limite pas la responsabilité des notaires aux cas prévus par la loi de ventôse, à laquelle elle ne reconnaît pas un caractère limitatif (1). Les travaux préparatoires de cette loi donnent au notaire un rôle plus étendu; il doit être « un conseil désintéressé des parties.... leur faisant connaître toute l'étendue des obligations qu'elles contractent (2) »; si cet homme « n'avait pas une probité sévère, il pourrait être un fléau pour la société, soit par des conseils perfides (3), soit par une condescendance criminelle ».

Tout d'abord le notaire peut engager sa responsabilité s'il accepte d'être le *negotiorum gestor* de son client : s'il donne des renseignements sur la solvabilité d'une personne à une autre qui veut consentir un prêt à la première. Il n'encourt, au contraire, aucune responsabilité s'il reste étranger à tout pourparler (4). Mais un vice-consul peut être obligé, d'après les règlements, de fournir des renseignements commerciaux (notoriété, honorabilité) sur les personnes domiciliées dans sa circonscription consulaire. Devra-t-il être responsable s'il passe un acte entre deux négociants, lorsqu'il aura fourni à l'un deux des renseignements sur l'autre? Il faut évidemment faire ici une distinction entre les actes qu'il accomplit comme agent commercial et ceux dérivant des fonctions notariales.

Les notaires peuvent être mandataires de leurs clients, soit tacitement, soit expressément, pour accomplir les formalités extrinsèques exigées pour certains actes (enregistrement, légalisations [5], etc.). Mais la loi de ventôse n'impose pas cette obligation. Le notaire ne sera responsable

---

(1) Angers, 7 mai 1905 (*D. P.*, 1908, 1, 547).

(2) *Code Napoléon, suivi de l'exposé des motifs.* Paris, Firmin-Didot, 1808, t. VII, p. 270.

(3) *Idem*, p. 323.

(4) Rennes, 21 févr. 1893 (*D. P.*, 1894, 2, 442); et Pau, 24 avril 1893 (*D. P.*, 1894, 2, 442).

(5) Pour le timbre, voir la loi du 13 brumaire an VII, art. 12, et pour l'enregistrement la loi du 22 frimaire an VII, art. 13 et 22.

que si l'on établit qu'il a reçu mandat à cet effet (1). Or, il est interdit aux vice-consuls d'accepter aucun mandat particulier; ils ne doivent donc jamais intervenir pour l'accomplissement des formalités postérieures à la réception de l'acte.

Les notaires doivent éclairer leurs clients sur les conséquences de leurs engagements (2) et suppléer à leur ignorance du droit; ils sont responsables s'ils consentent à donner l'authenticité à un contrat dont ils pouvaient constater le caractère illégal (3-4), ou qui serait entaché d'une nullité, conséquence d'une erreur relative à un point de droit qui, en jurisprudence, a cessé d'être douteux. En conséquence, le vice-consul peut être déclaré responsable s'il reçoit un acte nul, et il ne peut se soustraire à l'obligation de donner, en quelque sorte, des consultations juridiques. Or, « si l'on compare le recrutement des notaires et celui des vice-consuls, on verra qu'il n'ont rien de commun. Le recrutement des notaires est subordonné par la loi du 12 août 1902 à un stage prolongé, leur donnant l'expérience des fonctions qu'ils ont à remplir et à des examens par lesquels ils justifient de leurs connaissances juridiques et professionnelles. Le recrutement des vice-consuls est loin de présenter, sous le rapport des connaissances juridiques, des garanties équivalentes (5). »

Enfin, comme dernière différence entre les notaires et les vice-consuls, on peut signaler que ces derniers ne perçoivent aucun émolument à leur profit, mais versent les taxes au Trésor, tout en restant seuls responsables des fautes qu'ils commettent.

---

(1) Cassation, 18 novembre 1895 (*D. P.*, 1896, 1, 16).

(2) Cassation, 11 juillet 1893 (*D. P.*, 1893, 1, 563).

(3) Cassation, 6 juin 1894 (*D. P.*, 1894, 1, 559).

(4) Par jugement du 27 janvier 1897 (*D. P.*, 1897, 2. 480), la cour de Douai a déclaré que, même lorsqu'on lui avait fourni un modèle, le notaire devait examiner si l'acte était valable.

(5) C. Jordan, *R. D. I. P. et D. P. I.*, 1905, p. 660.

5° Conditions à examiner pour s'assurer de la validité d'un acte

360. *Forme des actes*. — En principe, ils doivent être conformes aux prescriptions de la loi de ventôse. Les conventions avec l'Italie, l'Espagne, la Bolivie, la Grèce, le Salvador, Saint-Domingue portent que les actes doivent être rédigés dans les formes requises par les lois de l'État auquel appartient le consul.

1° Pour les testaments, l'ordonnance de 1681, article 24, est toujours en vigueur; ils peuvent être reçus par le chancelier en présence du consul et de deux témoins (1), mais rédigés conformément aux prescriptions de l'article 972 du Code civil, avec mention de l'accomplissement de ces formalités (2);

2° Lorsqu'il s'agit de constitution d'hypothèques dans le pays où réside le consul, les conventions avec l'Italie, le Portugal et la Russie spécifient nettement qu'on doit appliquer les dispositions spéciales en vigueur dans le pays;

3° Lorsqu'un contrat est destiné à être exécuté dans un pays étranger, on peut sans inconvénient remplir en outre les formalités déterminées par les dispositions de la législation de ce pays, surtout quand elles sont prescrites à peine de nullité (3).

361. *Dans quels pays les actes reçus par les vice-consuls sont-ils valables*. — Ils seront toujours valables en France. Mais dans les autres pays il faut examiner si les lois locales ou la jurisprudence en admettent la validité (4).

---

(1) Angers, 28 décembre 1892 (*J. D. I. P.*, 1892, p. 1033).

(2) Cassation, 23 janvier 1893 (*J. D. I. P.*, 1895, p. 127).

(3) Voir l'article 6 de la Convention de La Haye du 15 juillet 1905, non en vigueur, relatif à la validité des contrats de mariage.

(4) Le tribunal de Mexico (10 juin 1908) n'a pas reconnu aux agents diplomatiques et consulaires la capacité notariale même à l'égard de leurs nationaux (*R. D. I. P. et D. P. I.*, 1909, p. 660).

Il n'y a d'exception à cette règle que pour les États avec lesquels la France a passé des conventions :

Autriche, décembre 1866; Bolivie, 5 août 1897; république Dominicaine, 25 octobre 1882; Espagne, 7 janvier 1862; États-Unis, 23 février 1853; Grèce, 7 janvier 1876; Italie, 26 juillet 1862; Portugal, 11 juillet 1866; Russie, 1er avril 1874; Salvador, 5 juin 1878.

1º Les conventions avec la Grèce, le Salvador, la république Dominicaine et la Bolivie (art. 10), l'Autriche (art. 9), l'Italie (art. 8), le Portugal (art. 7), la Russie (art. 9), l'Espagne (art. 19), autorisent les consuls à recevoir les dispositions testamentaires des Français;

2º Les actes passés entre Français et destinés à être exécutés dans les pays de la résidence sont valables en Autriche, Italie, Portugal, Russie, Espagne, dans les quatre derniers pays même s'ils ont pour objet la constitution d'une hypothèque (Voir nº 360-2º). Il en est de même en Bolivie, Grèce, Salvador, Saint-Domingue : 1º sauf pour les actes relatifs à des biens fonciers; dans ce cas, l'acte ne sera valable que si un officier public local y concourt et le signe; 2º à moins qu'il ne s'agisse d'actes pour lesquels, d'après la législation du pays, le ministère des juges ou d'officiers publics déterminés serait indispensable. Dans la convention avec les États-Unis, il est seulement dit que les vice-consuls peuvent recevoir tous actes conventionnels passés entre les citoyens de leur pays;

3º Les actes passés entre Français et étrangers et destinés à être exécutés dans le pays de la résidence sont valables dans les pays indiqués dans le paragraphe précédent, aux mêmes conditions;

4º Quant aux actes passés par des étrangers seuls, ou entre eux, les conventions ne les déclarent valables que s'ils concernent des biens sis en France, ou des affaires à traiter en France.

362. Capacités des parties. Règles générales. — Le

vice-consul est garant de l'état et de la capacité des parties et des témoins instrumentaires.

1° La capacité des personnes est une matière d'ordre public qui ne peut être modifiée par des dispositions particulières;

2° Le statut personnel d'un individu le suit partout où il se trouve. Ainsi l'incapacité résultant de la nomination d'un conseil judiciaire donné en France à un Français est opposable à des sujets anglais pour des engagements contractés en Angleterre par le prodigue; il importe peu que dans ce pays la loi n'admette pas l'incapacité du prodigue (1);

3° Le changement de nationalité change le statut personnel. Un Français pourvu d'un conseil judiciaire devient capable, en se faisant naturaliser en Angleterre (2);

4° Mais la naturalisation n'efface que les incapacités résultant de l'extranéité et non celles qui en sont indépendantes. Elle ne produit pas, par exemple, les effets de la réhabilitation. Celui qui l'obtient après avoir été condamné en France, n'en demeure pas moins soumis aux conséquences légales de la peine dont il a été frappé (3);

5° En cas de conflit entre le statut personnel des père et mère et celui des enfants, voir n° 242.

363. Capacité des parties (Français). — En matière de donations et testaments, Code civil, articles 901-911; de contrats, 1123 à 1125.

Pour le majeur de vingt et un ans, voir les articles 513 (conseil judiciaire), 502, 503, 509 (interdiction) du Code civil, etc.

Pour le mineur de vingt et un ans, articles 477, 481 à 487 du Code civil et 2 du Code de commerce, etc.

---

(1) Seine, 21 juillet 1898 (*J. D. I. P.*, 1900, p. 568).

(2) Seine, 10 novembre 1905 (*J. D. I. P.*, 1906, p. 145).

(3) Cassation, 1er décembre 1874 (*J. D. I. P.*, 1875, p. 439) et Grenoble, 14 juin 1892 (*J. D. I. P.*, 1892, p. 1143).

Pour la femme mariée, Code civil, articles 215 à 225 et la femme séparée de corps, l'article 311, modifié par la loi du 6 février 1893, etc.

Pour les condamnés, Code pénal, articles 42, 143, 177, 241, 251, 309, 362, 387, 388, 389, 399, 401, 405, 410, 418, etc.

364. Capacité des parties (étrangers). — Il n'y a pas de règle dans le Code civil, mais la jurisprudence admet que leur capacité est réglée par la loi nationale.

1° Il y a exception lorsque l'étranger appartient à un État dont les lois font prévaloir en matière de statut personnel la loi du domicile. Il ne faut pas alors appliquer la loi française, mais on doit rechercher quel était le domicile de la partie et appliquer la loi du lieu où il est situé (1); cette théorie du renvoi est combattue par la doctrine, certains arrêts l'ont rejetée, mais la Cour de cassation semble y persister (2);

2° La décision d'un tribunal étranger affectant le statut personnel d'un étranger, produit de plein droit ses effets en France sans exequatur ni publicité quelconque (3);

3° Le tribunal de la Seine (4) a admis comme valable une ordonnance du consul d'Espagne à Paris, restreignant la capacité d'un Espagnol suivant les pouvoirs que cet agent tenait de la législation de son pays. Mais un décret émanant d'un souverain étranger qui établit, pour un individu nommément désigné, une incapacité spéciale relative à la disposition de ses biens ne peut avoir d'effet au dehors, sur les contrats passés à l'étranger, notamment au sujet de propriétés immobilières. Un acte de ce genre ne renfermant que des prohibitions individuelles ne peut former une sorte de statut personnel (5);

----

(1) Pau, 28 juillet 1904 (*J. D. I. P.*, 1905, p. 195).
(2) Cassation, 28 février 1910 (*J. D. I. P.*, 1910, p. 585).
(3) Seine, 5 avril 1895 (*J. D. I. P.*, 1895, p. 602 à 607).
(4) Seine, 26 décembre 1882 (*J. D. I. P.*, 1883, p. 51).
(5) Seine, 7 mai 1873 (*J. D. I. P.*, 1875, p. 20).

4° Le fait d'avoir été admis à domicile ne change pas le statut personnel de l'étranger;

5° La protection française dans les pays de juridiction ne dénationalise pas un étranger, qui conserve son statut personnel;

6° Lorsqu'un étranger est incapable d'après la loi française, c'est à lui à justifier qu'il est capable d'après son statut personnel (1). Il est même, en cas de doute, toujours préférable d'obtenir les autorisations exigées de la loi française. Le tribunal de la Seine (2) a décidé qu'un agent de change pouvait ne pas se faire juge de la capacité d'une femme mariée russe et que l'instance engagée pour obtenir un jugement reconnaissant la capacité de l'intéressée, n'ayant été introduite que dans l'intérêt exclusif de cette femme, elle devait en supporter les dépens.

365. Capacité des indigènes des colonies. — Voir n°ˢ 133 à 138.

366. Capacité des parties. Régime matrimonial. — La capacité de la femme mariée est régie par son statut personnel et son régime matrimonial (3). L'immutabilité des conventions matrimoniales est édictée par les articles 1394 et 1395 du Code civil. Mais c'est une règle de statut personnel non applicable aux étrangers lorsque leur loi nationale permet le contraire; le contrat ne peut se scinder d'après les lois de deux États (4); le changement de nationalité d'un époux ne peut le modifier (5).

Les tribunaux français, lorsque deux époux sont mariés sans contrat de mariage, jugent en principe que le régime matrimonial est essentiellement conventionnel et qu'il faut rechercher quelle a été l'intention des époux. La circons-

---

(1) Rennes, 7 février 1890 (*J. D. I. P.*, 1891, p. 209).
(2) Seine, 21 mars 1907 (*J. D. I. P.*, 1907, p. 1124).
(3) Cassation, 29 juillet 1901 (*J. D. I. P.*, 1901, p. 971).
(4) Cassation, 18 juillet 1905 (*J. D. I. P.*, 1906, p. 446).
(5) Seine, 28 décembre 1900 (*J. D. I. P.*, 1901, p. 568).

tance principale de nature à révéler cette intention est surtout le domicile matrimonial choisi par les intéressés. Le vice-consul n'a pas, d'ailleurs, qualité pour trancher cette question. Lorsque deux époux mariés sans contrat se présentent devant lui, il ne peut que leur demander sous quel régime ils ont eu l'intention de se marier et régler la capacité de la femme d'après cette déclaration (1).

Les règles du contrat de mariage ne sauraient s'appliquer à la société de fait, ayant existé entre les personnes unies par un lien matrimonial, dont la nullité a été prononcée. Cette nullité agit rétroactivement et fait disparaître tous les effets que la loi fait résulter du mariage (2).

367. Contrats coucernant les meubles. — Lorsqu'une personne est capable d'après son statut personnel, elle peut disposer des meubles qui lui appartiennent d'après les règles de sa loi nationale, même si celles-ci sont contraires aux prescriptions de la loi française (exceptions n° 366) [4].

368. Contrats concernant les immeubles. — La jurisprudence française considère que l'article 3 du Code civil français est d'ordre public (3) et que c'est toujours d'après la loi française que doit être appréciée la valeur des actes relatifs à des droits immobiliers (4).

369. Clauses prohibées d'ordre public. — Même lorsque la loi personnelle des parties les autorisent, certaines clauses considérées comme contraires à l'ordre public, ne

---

(1) La convention signée à La Haye le 17 juillet 1905, et non en vigueur, établit comme principe (art. 2) qu'en l'absence de contrat les effets du mariage sur les biens des époux seront réglés par la loi nationale du mari au moment de la célébration du mariage.

(2) Paris, 10 février 1892 (*J. D. I. P.*, 1892, p. 719).

(3) Alger, 24 décembre 1899 (*J. D. I. P.*, 1899, p. 558).

(4) Paris, 27 mai 1892 (*J. D. I. P.*, 1892, p. 940); Cassation, 8 mai 1894 (*J. D. I. P.*, 1894, p. 562). Le principe contraire a été adopté dans la convention de La Haye du 17 juillet 1905, non en vigueur, relative aux biens des époux

doivent pas être insérées dans un acte destiné à être produit en France.

On peut refuser de recevoir un acte contraire aux bonnes mœurs, qui contiendrait des combinaisons frauduleuses (1), des déclarations injurieuses ou calomnieuses, des allégations de nature à porter atteinte à la considération d'autrui, ceux où le vice-consul serait intéressé directement ou indirectement, dans lequel seraient parties des parents ou alliés, au degré prohibé, de l'officier qui instrumente.

Sont considérées comme d'ordre public :

Les lois de police et sûreté;

Certaines lois sur la prescription (2);

La défense de faire des pactes sur succession future;

La recherche de la paternité;

La reconnaissance des enfants incestueux ou adultérins, sauf les exceptions prévues par la loi du 7 novembre 1907;

Les lois relatives à l'exception de jeu (3);

Les dispositions relatives aux legs faits aux établissements publics;

Les formalités de l'article 1690 du Code civil, relatif aux cessions de créance;

La loi sur les transcriptions hypothécaires;

Les prescriptions qui limitent les droits de la femme en cas de faillite du mari.

La cour de Paris a déclaré nulles des conventions ayant pour but de favoriser la contrebande en France (4).

------

(1) Le notaire engage sa responsabilité en prêtant son concours à des actes qu'il sait être frauduleux ou simulés (Amiens, 9 févr. 1890 [*D. P.*, 1891, 2, 7]). La Cour de cassation a déclaré nuls des billets souscrits en vue de l'achat d'une maison de tolérance (19 juill. 1905 [*D. P.*, 1906, 1, 72]).

(2) Bordeaux, 14 janvier 1891 (*J. D. I. P.*, 1891, p. 1196).

(3) Un contrat passé en vue d'établir des maisons de jeu, même à l'étranger, est nul. (Paris, 22 février 1849 [*S.*, 1849, 2, 144]). Un contrat relatif à des valeurs à lots est nul (Douai, 6 août 1883 [*J. D. I. P.*, 1884, p. 190]).

(4) Seine, 2 février 1878, et Paris 16 décembre 1883 (*J. D. I. P.*, 1882, p. 76).

370. Clauses non prohibées. — La liste précédente n'est pas limitative, mais ne saurait être étendue outre mesure. Ainsi, il n'est pas prohibé de stipuler des intérêts plus élevés que ceux autorisés par la loi de 1807, dans un acte passé à l'étranger (1); la jurisprudence considère le régime matrimonial comme essentiellement conventionnel, les époux sont libres d'adopter un contrat selon une loi étrangère; est valable la clause d'un contrat qui attribue compétence à un tribunal déterminé pour toutes difficultés qui peuvent naître de son exécution, sans tenir compte des articles 14 et 15 du Code civil (2).

6° Testaments déposés en chancellerie

371. Testaments trouvés chez des Français après leur décès. — Dans les pays de juridiction, aucune difficulté, il n'y a qu'à appliquer la loi française, le consul faisant fontion de président de tribunal de première instance. Dans les pays de chrétienté, une seule convention, celle avec la Russie, stipule à l'article 4 que « le testament sera remis entre les mains du consul après la rédaction de l'inventaire ». Dans tous les autres pays, il faut s'en remettre à la loi locale.

372. Testaments déposés en chancellerie. — L'instruction du 29 novembre 1833 prescrit aux agents de faire ouvrir le testament par le juge local. Cependant, en se reportant à la théorie expliquée n° 45, il résulte que les consuls, même en pays de chrétienté, peuvent jouer le rôle de président de tribunal de première instance.

---

(1) Cassation, 21 décembre 1874 (*J. D. I. P.*, 1875, p. 354); Cassation 19 février 1890 (*J. D. I. P.*, 1890, p. 495).

(2) Rouen, 25 mars 1890 (*J. D. I. P.*, 1892, p. 188); Rennes, 14 janvier 1892 (*J. D. I. P.*, 1892, p. 431).

373. *Que peut-il être fait du testament d'un Français?* — Qu'il soit trouvé au domicile du défunt ou déposé en chancellerie, le testament peut être remis à l'autorité locale ou déposé au rang des minutes de la chancellerie (1), ou enfin transmis en France.

374. *Testaments remis à l'autorité locale.* — Ce système doit être employé lorsque le Français décédé a laissé des biens dans le pays, et surtout lorsque la succession doit être liquidée par les autorités locales, d'après les lois du pays.

375. *Testament déposé au rang des minutes de la chancellerie.* — Si le défunt a laissé des biens dans le pays, ce moyen ne doit être appliqué que dans les États qui reconnaissent aux vice-consuls les attributions de notaire et dont la législation n'exige pas la présentation du document à l'autorité judiciaire locale (Italie). Mais il peut être employé sans inconvénient si la législation du pays ne reconnaît pas de valeur au testament olographe ou si le défunt n'a laissé aucun bien dans le pays.

376. *Testament envoyé en France.* — Ce système doit être employé lorsque le Français ne possède aucun bien dans le pays où a eu lieu le décès et que sa succession doit être liquidée uniquement en France. D'ailleurs, afin d'éviter les chances de perte, il sera toujours préférable d'appliquer par analogie la partie de l'article 1007 du Code civil, modifié par la loi du 25 mars 1899 relative aux colonies, et de conserver au poste une copie figurée. Celle-ci peut être faite à la main et doit reproduire l'original aussi exactement que possible. Il faut indiquer dans une mention finale les blancs, ratures, etc., la nature de l'acte, où a été envoyé l'original, etc. Il est d'ailleurs préférable de faire faire une photographie de l'original.

----

(1) Conformément aux articles 916 à 920 *C. P. C.* et 1007 *C. C.*

§ 3 — Certificats d'origine

Les principes suivants ont été extraits de la circulaire du 27 octobre 1900. Ils sont susceptibles, selon les postes, de modifications d'après les besoins du commerce et les circonstances. La circulaire précitée indique elle-même un certain nombre de dérogations.

377. *Certificats délivrés par les agents consulaires.* — D'après notre législation douanière, le certificat peut être délivré par le consul résidant dans le lieu d'expédition ou dans le port d'embarquement. Il s'ensuit que les marchandises dont l'origine est certifiée peuvent ne pas être originaires de la ville même où exerce l'agent, ni même de sa circonscription consulaire. Si les produits dont on lui demande de certifier l'origine ont été récoltés ou manufacturés dans le pays où il réside, mais dans une partie située en dehors de sa circonscription consulaire, il ne doit pas hésiter à délivrer les certificats, du moment que, par les renseignements particuliers qu'il possède ou par les preuves ou références qui lui ont été fournies, il est suffisamment édifié sur le fait qu'il s'agit d'établir. Mais l'agent ne doit jamais établir de certificat pour les marchandises originaires d'un autre État que celui de sa résidence (par pays de la résidence, il ne faut pas comprendre les colonies).

La règle précédente ne s'applique pas pour les certificats qui ont pour objet d'établir qu'une marchandise importée a ou n'a pas reçu une main-d'œuvre déterminée dans le pays d'importation. Un agent peut certifier que tel produit a été manufacturé dans l'État où il réside, même si le produit n'en est pas originaire.

378. *Certificats délivrés par les douanes étrangères.* — Dans les pays intermédiaires, la douane seule a qualité pour délivrer les certificats d'origine, si la marchandise est demeurée sous son contrôle pendant toute la durée de son séjour dans ce pays.

Les certificats délivrés par les douanes étrangères sont d'ailleurs toujours admis en France sans légalisation consulaire, lorsque ces documents sont revêtus du cachet du bureau, qu'aucun doute ne peut s'élever sur leur authenticité et qu'ils émanent de pays admettant les certificats des douanes françaises dans les mêmes conditions.

379. *Mentions en lettres et non en chiffres*. — Une circulaire du 14 mars 1891 prescrit d'indiquer en toutes lettres et non en chiffres les mentions portées sur les certificats.

§ 4 — Recouvrements de créances[1]

380. *Règles générales*. — On peut demander à nos agents de tenter des démarches officieuses en vue d'obtenir

---

(1) Les consuls austro-hongrois (*Malfatti di Montetretto*, t. I, p. 208) doivent prêter leurs bons offices en vue du recouvrement des créances à l'étranger. Les consuls allemands de carrière (*Von Kœnig*, 7 ed. 1909, § 57, p. 357), doivent fournir des informations sur les mesures qui peuvent être prises contre les débiteurs et peuvent répondre aux demandes relatives au lieu de résidence de ceux-ci. En règle générale, ils doivent se prêter à des démarches officieuses en vue des recouvrements de créances. Mais la prudence leur est recommandée, ils peuvent demander préalablement au débiteur s'il est disposé à accepter l'entremise consulaire. Ils doivent s'abstenir soit lorsque, d'après des expériences précédentes, ils sont certains de n'aboutir à aucun résultat, soit quand, pour des raisons particulières, il semble préférable de ne pas s'occuper de l'affaire pour ne pas compromettre leur situation, leurs relations et ménager leur influence, ou que la somme de travail imposée n'est pas en rapport avec le montant de la créance. Les consuls élus ne peuvent prêter leur coopération officielle et peuvent toujours refuser leur concours officieux.

Les consuls belges et espagnols doivent se prêter aux demandes de recouvrements (*Maluquer y Salvador*, p. 219; *Règlements consulaires belges*, t. II, p. 248). Pour les Pays-Bas, l'intervention est facultative (*Règlement néerlandais*, § 4, p. 50). Les instructions des États-Unis et de la Grande-Bretagne ne contiennent rien sur cette matière.

de débiteurs à l'étranger le paiement amiable de sommes dues. Il faut alors faire parvenir au consul : le titre de créance ou sa copie, les traites protestées (1), la correspondance échangée, enfin toutes preuves de la dette. Il n'est pas possible d'indiquer à l'avance une ligne de conduite aux agents. Ils doivent agir suivant les circonstances et les usages locaux. S'ils ne peuvent eux-mêmes entrer en relation avec le débiteur, ou si celui-ci réside sur un point éloigné, ils peuvent correspondre avec lui ou charger les agents consulaires ou toute personne de leur confiance de faire les démarches utiles, sous leur responsabilité et sans pouvoir rémunérer les services ainsi rendus, ou laisser prendre à l'intermédiaire un pour-cent sur le produit du recouvrement, sauf autorisation expresse du créancier (taxes de chancellerie exceptées). S'ils obtiennent satisfaction, ils encaissent le montant de la créance, en donnent décharge ou remettent le titre. Les sommes ainsi recouvrées doivent faire l'objet de dépôts réguliers. En cas d'insuccès, il faut faire connaître le nom d'un mandataire qui puisse exercer des poursuites judiciaires, donner des renseignements sur le débiteur, indiquer les pièces nécessaires pour entamer la procédure et le coût de celle-ci.

381. Le rôle du consul est uniquement officieux. — Le rôle du consul est purement officieux. Il ne peut exiger du débiteur la justification de son refus de paiement, ni faire aucun acte interruptif de prescription, et encore moins prendre aucune mesure coercitive, même en pays de juridiction. Il ne peut exercer qu'une pression morale, dont le résultat est nécessairement très incertain.

382. Inconvénients. — 1° Tout d'abord, bien que les

____

(1) Les agents n'interviennent que si le débiteur a refusé de payer. Ils ne font pas présenter de traites à l'échéance et ne jouent pas le rôle de banquier pour l'encaissement des effets.

démarches soient officieuses, on n'en charge pas moins en fait l'agent d'un mandat particulier (1);

2° Les agents n'ont aucun droit de contrôle sur les créances. Le refus du débiteur peut se justifier, parce qu'on lui a fourni des marchandises de qualité inférieure. On expose l'agent à plaider une cause sur laquelle, d'ailleurs, il ne pourra insister, sans risquer de se déconsidérer;

3° Les créances que l'on transmet aux agents sont en général les plus mauvaises, le débiteur étant de mauvaise foi ou insolvable, c'est-à-dire celles pour lesquelles une démarche officieuse a le moins de chances de réussir;

4° En pays de juridiction, le chancelier seul doit être chargé des démarches, surtout quand le débiteur est Français. Si celui-ci refuse de payer, on peut, en effet, l'assigner devant le tribunal consulaire. Il pourrait alors arriver que le consul, comme magistrat, donne raison au débiteur alors qu'en qualité de consul, il l'avait engagé à se libérer.

383. Correspondance avec les particuliers. — Les agents ne doivent jamais correspondre directement avec les particuliers en matière de recouvrement. Les réponses aux demandes qui leur sont adressées sont envoyées au ministre qui les fait communiquer aux intéressés.

§ 5 — Dépôts

384. Agents pouvant recevoir des dépôts. — Des dépôts peuvent être reçus dans les postes diplomatiques, les

---

(1) Circulaire du 26 février 1863 : « Dans la pensée de mon département il existait alors, et il existe encore aujourd'hui de très graves inconvénients à laisser prendre aux consuls le rôle d'agents d'affaires, chargés de poursuivre d'office et sans autorisation le remboursement des créances françaises et de s'immiscer directement dans des questions qui pourraient engager leur responsabilité, surtout en matière pécuniaire. »

consulats généraux, consulats et vice-consulats (1). Mais les agents consulaires doivent être spécialement autorisés par décret (2).

385. Délégation. — Le consul ne peut déléguer le droit d'accepter ou de refuser un dépôt, mais peut se faire suppléer, sous sa responsabilité, par un fonctionnaire du consulat pour remplir les formalités de la réception ou du retrait.

386. Responsabilité respective du consul et du chancelier. — Le chancelier est comptable, le consul surveillant. La responsabilité du consul ne peut être invoquée que dans le cas où sa surveillance se serait trouvée en défaut (3).

387. Contrôle des dépôts par le chef de poste. — Les vérifications doivent être faites par le chef de poste personnellement, d'une façon inopinée, au moins deux fois par trimestre. Il doit en être dressé des procès-verbaux qui sont transmis au ministère des affaires étrangères (4).

Quant aux agents des postes ne comportant qu'un seul fonctionnaire, les vice-consuls sont sous le contrôle du chef de la mission diplomatique et les agents consulaires sous celui du consul dont ils relèvent (5). Le contrôleur dresse alors un état constatant la situation de la caisse.

388. Délégation spéciale du chef de la mission diplomatique au sujet du contrôle. — Les chefs de missions diplomatiques sont autorisés à déléguer, sous leur respon-

---

(1) Pour les vice-consulats depuis le décret du 19 janvier 1881.

(2) Ordonnance du 26 octobre 1833, art. 7.

(3) Circulaire du 4 novembre 1833; décret du 20 décembre 1890, art. 30.

(4) Instruction du 10 mai 1891, art. 93 et 94.

(5) Articles 30 et 31 du décret du 20 décembre 1890, 115 et suivants de l'instruction du 10 mai 1891.

sabilité, le contrôle de leur chancellerie à l'un des secrétaires placés sous leurs ordres, à condition de donner avis de cette délégation au ministre des affaires étrangères (1).

389. *Règles du dépôt. Perte.* — Les règles du dépôt sont contenues dans le titre XI du livre III du Code civil, articles 1915 à 1963 (2). Il ne peut avoir pour objet que des choses mobilières.

En cas de perte (incendie, vol), le consul doit immédiatement dresser procès-verbal, le transmettre au département et, si possible, prendre toutes mesures nécessaires pour retrouver les dépôts (3).

390. *Des différents dépôts en chancellerie.* — 1º Dépôt d'office (appelé nécessaire dans le Code civil). Lorsqu'un consul se trouve en possession de sommes ou d'objets en vertu de sa situation officielle, il doit en faire le dépôt en chancellerie. La preuve de ce genre de dépôt peut être faite par témoins, même quand il s'agit d'une valeur au-dessus de 150 francs (*C. C.*, art. 1950);

2º Volontaire. Les chanceliers ne peuvent recevoir un dépôt volontaire qu'après avoir obtenu l'autorisation du du consul (4). Le dépôt volontaire doit être prouvé par écrit, sauf pour les sommes au-dessous de 150 francs (*C. C.*, art. 1923);

3º Séquestre. Les chanceliers, après en avoir obtenu l'autorisation des consuls, peuvent recevoir le dépôt d'objets litigieux (5). Même mode de preuve que le dépôt volontaire.

Aucun texte n'interdit aux consuls d'accepter un séquestre judiciaire autorisé par un tribunal du lieu de la résidence.

---

(1) Articles 30 du décret dn 20 décembre 1890, 116 de l'instruction du 10 mai 1891.

(2) Ordonnance du 24 octobre 1833, art. 11.

(3) *Idem*, art. 12.

(4) *Idem*, art. 2, et circulaire du 4 novembre 1833.

(5) *Idem*, art. 2.

391. Qui peut effectuer un dépôt? — 1° Pour les dépôts volontaires, voir les articles 1921-1926 du Code civil;

2° Séquestre. Les déposants doivent être capables de contracter. Mais la chose litigieuse ne peut être confiée au dépositaire que du consentement de tous ceux qui peuvent y avoir droit (1) ou par autorité de justice.

392. A qui restituer les dépôts? — 1° Dépôts d'office : aux ayants droit sur la justification de leurs qualités;

2° Dépôt volontaire (Voir *C. C.*, art. 1937 à 1944);

3° Dépôts-séquestres (Voir *C. C.*, art. 1956 à 1960).

Lorsque les ayants droit sont en France, on doit faire remettre les dépôts par l'intermédiaire du ministère (2).

393. Registres. — Premier registre (3). Les dépôts en numéraire, c'est-à-dire de sommes d'argent, faits dans la même monnaie que celle adoptée pour les opérations de la chancellerie, sont versés dans la caisse du poste et inscrits sur le même registre que les taxes. Une quittance est délivrée dont il peut être, en cas de besoin, établi une copie sur papier libre;

Deuxième registre des retraits des dépôts en numéraire.

On y inscrit les remboursements totaux ou partiels. Dans ce dernier cas, la somme remboursée est indiquée en toutes lettres sur le verso de la quittance qui reste entre les mains de l'ayant droit (4).

Troisième registre des dépôts d'objets de valeur réalisable

On y inscrit les sommes d'argent en d'autre monnaie que celle adoptée pour les opérations de la chancellerie,

---

(1) PLANIOL, *Traité élémentaire de Droit civil*, 5ᵉ éd., 1909, t. II, p. 710.

(2) Instruction du 10 mai 1891, art. 70, et décret du 20 décembre 1890, art. 18.

(3) Instruction du 10 mai 1891, art. 51; décret du 20 décembre 1890, art. 15; et instruction du 7 mai 1892, art. 1.

(4) Instruction du 10 mai 1891, art. 61 et 63.

les matières précieuses, valeurs négociables, marchandises, etc. (1).

Quatrième registre (2) pour les actes et papiers n'ayant pas pour objet des sommes exigibles.

Cinquième registre (3) pour les retraits de dépôts en nature.

394. *Actes de dépôt*. — Pour les registres 3 et 4 (4), à la réception des objets, il est dressé un acte de dépôt mentionnant la date de la remise, nom, prénoms, qualité du déposant, nature des valeurs, valeur estimative en monnaie servant de base aux opérations de la chancellerie, motif et origine du dépôt, nom, prénoms des ayants droit.

395. *Actes de retraits de dépôts*. — Pour les registres 2 et 5 (5), lorsque les sommes, objets ou papiers sont retirés, il est dressé un acte de retrait de dépôt mentionnant la date du retrait, les nom, prénoms, etc....., comme pour l'acte de dépôt, plus le motif du retrait et les pièces justificatives sur la production desquelles le retrait est fait.

396. *Extraits des registres*. — Des extraits des actes et retraits de dépôt peuvent être délivrés.

397. *Numérotage et cote des registres*. — Tous ces actes sont numérotés et une nouvelle série est ouverte chaque année. Les registres sont cotés et paraphés par le chef de poste (6).

----

(1) Instruction du 10 mai 1891, art. 68; décret du 20 décembre 1890, art. 16; instruction du 7 mai 1892, art. 2.

(2) Instruction du 7 mai 1892, art. 15.

(3) *Idem*, art. 7.

(4) *Idem*, art. 3.

(5) *Idem*, art. 4.

(6) *Idem*, art. 5 et 7.

398. Contrôle du ministère des affaires étrangères.
— Dès qu'un acte de dépôt ou de retrait est dressé, copie
doit en être immédiatement envoyée au ministère des affaires étrangères. Dans les quinze premiers jours de chaque
trimestre, le chef de poste transmet un état des dépôts en
numéraire et des dépôts en nature du troisième registre
et dans les quinze premiers jours de chaque année, un état
des dépôts du quatrième registre (1).

399. Où doivent être conservés les objets? — Les
objets, après avoir été mis dans des sacs ou des enveloppes
sur lesquels sont apposés les cachets du consul et du vice-
consul, et portant des étiquettes reproduisant les principales indications de l'acte de dépôt, sont enfermés dans une
caisse placée dans la maison consulaire. La clé reste entre
les mains du vice-consul (2).

Le comptable doit laisser sa maison habitée ou faire cou-
cher un gardien en cas d'absence. Si la caisse est située
au rez-de-chaussée, les fenêtres doivent être grillées et
les portes verrouillées.

Les dépôts dans une banque offrent plus de sécurité (3).
Mais il faut prendre certaines mesures afin qu'en cas d'absence ou de décès du titulaire du poste, son suppléant
ou son successeur puisse retirer seul l'argent; par exemple,
se faire ouvrir un compte joint au nom du consul et du
vice-consul ou louer un coffre-fort au nom des deux. Lorsqu'il n'y a qu'un agent dans un poste, le compte et le

---

(1) Instruction du 7 mai 1892, art. 9, 16 et 19.

(2) L'ordonnance du 24 octobre 1833, art. 4 et 5, prescrivait que la caisse
devait être fermée à deux clés, dont l'une restait entre les mains du consul,
l'autre entre celles du vice-consul. Cette prescription a été abrogée par l'instruction du 24 décembre 1877 (DE CLERCQ et DE VALLAT, *Formulaire des
Chancelleries*, 7ᵉ éd., t. II, p. 65, note 2).

(3) Aussi les « General instructions » pour les consuls britanniques, 1907,
p. 223, déclarent les agents responsables de la perte des dépôts qu'ils ont
gardés en leur possession au lieu de les confier à des banques locales
recommandables.

coffre-fort devraient être au nom du « vice-consul de France », sans indication d'un nom propre.

Pour les marchandises, effets, etc., l'ordonnance du 24 octobre 1833 prescrit de les renfermer dans un lieu de la maison consulaire dont la clé reste entre les mains du vice-consul (1).

400. Durée des dépôts. Envoi à la Caisse des dépôts et consignations. Vente des objets en nature. — Aucun dépôt ne peut être conservé plus de cinq ans. Passé ce délai, les dépôts en numéraire sont envoyés en une traite sur Paris au ministère des affaires étrangères qui les fait déposer à la Caisse des dépôts et consignations (2). Ce délai est réduit à deux ans pour les dépôts volontaires.

Les objets en nature ne doivent non plus être conservés plus de cinq ans. Mais la Caisse des dépôts et consignations ne peut recevoir que l'argent liquide, les valeurs mobilières sous la forme nominative ou au porteur, les effets de commerce lorsqu'ils ont été régulièrement endossés à son nom ou acceptés par qui de droit, à moins qu'ils ne soient payables au porteur (3). Elle ne peut accepter en aucun cas la consignation de mandats-poste, titres de propriété, obligations notariées ou sous seing privé, transmissibles seulement conformément à l'article 1690 du Code civil.

Les valeurs et objets non acceptables par la caisse doivent être vendus aux enchères publiques après avoir fait l'objet d'un acte de retrait, et le produit transmis comme dépôt en numéraire.

En ce qui concerne les objets sans valeur marchande, ils peuvent être détruits après constatation par procès-verbal de leur nature. Il en est de même des papiers dont on ne conservera que ceux constituant des titres de créance non encore atteints par la prescription.

----

(1) Voir la note 2, page précédente.
(2) Ordonnance du 24 octobre 1833, art. 8.
(3) Décret du 15 décembre 1875.

Les consuls peuvent également faire vendre sans délai
les marchandises ou effets, lorsqu'un procès-verbal d'ex-
pert déclare cette vente nécessaire pour en prévenir la
perte (1).

**401. Objets déposés au ministère des affaires étran-
gères.** — En principe, les consuls ne doivent jamais transmettre au Département que les dépôts en numéraire destinés à la Caisse des dépôts et consignations. Cependant,
pour faciliter le service, le ministère s'est parfois chargé de
la garde d'objets. Un décret du 19 janvier 1906 en prescrit alors la vente cinq années après la date du dépôt et le
produit en est transmis à la Caisse des dépôts et consignations. Six mois avant la vente, les noms des déposants,
ainsi que la nature des objets, sont publiés au *Journal
officiel* et les intéressés sont prévenus, si possible, par lettre
recommandée. Il est procédé de même pour les papiers.
Mais ceux-ci sont détruits après constatation par procès-
verbal qu'ils n'avaient pas de valeur marchande.

____

(1) Ordonnance du 24 octobre 1833, art. 6

CHAPITRE IV

ATTRIBUTIONS EN MATIÈRES
DE PROCÉDURE

§ 1 — Légalisations et visa

402. *Cas où l'on peut légaliser ou viser*. — On légalise quand la légalisation est requise et que l'on connaît la signature dont on doit attester l'authenticité. Quand la régularité et la sincérité de la pièce paraissent évidentes par l'apposition de cachets ou de sceaux, dont on n'a aucun motif de suspecter l'authenticité, mais que la signature du fonctionnaire qui l'a délivrée n'est pas connue, on se borne à un simple visa.

403. *But du visa et de la légalisation*. — La légalisation ni le visa n'entraînent aucune approbation ou improbation du contenu de la pièce; les consuls n'ont pas à se faire juge des actes qui leur sont soumis (1). La légalisation a uniquement pour effet de constater l'authenticité d'une signature et la qualité de la personne de qui elle émane. Le visa garantit seulement que la pièce est dans les formes habituelles et offre toutes les apparences d'authenticité.

404. *Caractère juridique du visa et de la légalisation*. — La légalisation d'un acte n'est pas constitutive de

____

(1) Voir en sens contraire la circulaire du 27 octobre 1900, relative aux certificats d'origine. Les consuls russes de carrière, quand ils légalisent une pièce, attestent qu'elle est conforme aux prescriptions de la loi locale; ils ont le droit de refuser de régulariser celles qui seraient contraires aux lois et institutions russes (HEYKING, p. 63 et 64).

son authenticité, elle n'en est qu'une preuve (1). Le défaut de cette formalité peut autoriser le juge à surseoir à l'exécution de l'acte (2), mais ne lui donne pas le droit de le déclarer nul (3). La légalisation est un acte essentiellement administratif (4).

405. Agents compétents pour légaliser. Délégations. — Tous les agents sont compétents pour légaliser. Mais les agents consulaires doivent faire régulariser leur signature par le consul dont ils relèvent, sauf lorsqu'ils sont spécialement dispensés, par décret, de ce visa (5). Les agents peuvent déléguer tout fonctionnaire du poste pour les légalisations. Cette faculté est interdite aux agents consulaires (6).

406. Règles pour la légalisation. — On doit mentionner la qualité du fonctionnaire dont émane la signature et attester que ce dernier a ou avait lorsque l'acte a été établi, la qualité qu'il y prend (7). Lorsqu'il s'agit de légaliser un seul acte composé de plusieurs feuillets séparés, on doit s'assurer que ces feuillets ont été réunis par des cordonnets et des sceaux officiels. Cette réunion, s'il est nécessaire, doit être effectuée en chancellerie de façon à rendre toute fraude impossible (8).

407. Signatures qui peuvent être légalisées par les agents. — Les agents ne peuvent refuser de légaliser les signatures des autorités et fonctionnaires publics de leur circonscription (9). Mais il n'en est pas de même pour les

---

(1) Cassation, 8 novembre 1853 (*D. P.*, 1854, 1, 420); Orléans, 9 février 1900 (*S.*, 1902, 2, 141, et C. JORDAN, *R. D. I. et L. C.*, 1908, p. 88).

(2) *Idem.*

(3) Nancy, 15 décembre 1874 (*J. D. I. P.*, 1876, p. 27).

(4) Lyon, 21 novembre 1902 (*S.*, 1903, 2, 84).

(5) Ordonnance du 25 octobre 1833, art. 7.

(6) *Idem*, art. 2.

(7) Ordonnance du 25 octobre 1833, art. 7.

(8) Circulaire du 15 juillet 1862.

(9) Ordonnance du 25 octobre 1833, art. 6.

actes sous signature privée (1). Toutefois, lorsque des légalisations ou attestations de signatures sur des actes sous seing privé auront été données par des fonctionnaires publics ou des agents diplomatiques et consulaires du pays où les consuls sont établis, les agents ne pourront refuser la légalisation de ces signatures (2). On ne doit légaliser que la signature des personnes qui sont personnellement connues des agents (3). On peut même leur refuser l'accomplissement de cette formalité, lorsqu'il s'agit d'actes sous seing privé ne présentant pas un caractère d'utilité publique, ou lorsque la légalisation n'est pas prescrite par la loi ou un règlement administratif (4).

Les signatures des autorités françaises ne peuvent être légalisées dans les postes qu'après avoir été visées au ministère des affaires étrangères (5). Le type de la signature des délégués du ministre est communiqué à tous les postes. Une circulaire du 19 septembre 1876 a cependant organisé des mesures spéciales pour permettre aux gouverneurs de certaines colonies de régulariser directement les signatures émanant de consulats voisins.

408. Légalisation au ministère des affaires étrangères. — Au ministère des affaires étrangères, on légalise les signatures :

1° De tous les agents de carrière et des agents consulaires, quand ils ont la dispense du visa. La signature des chefs de poste et de leurs délégués doit donc toujours être régulièrement transmise à l'administration centrale.

Mais on ne doit régulariser que celles des agents ayant signé en qualité officielle et dans l'exercice de leurs fonc-

---

(1) Ordonnance du 25 octobre 1833, art. 8.

(2) *Idem.*

(3) Une circulaire du ministère de l'intérieur du 11 octobre 1824 invite les fonctionnaires à faire certifier l'identité des personnes qui demandent une légalisation par deux témoins.

(4) Avis du Conseil d'État, 22 avril 1831 et 11 avril 1833.

(5) Ordonnance du 25 octobre 1833, art. 10.

tions et non celles de ceux qui sont en retraite, en disponi-
ponibilité, en congé ou qui sont apposées sur un document
ayant un caractère privé;

2° Celles des directeurs et chefs de service dans les mêmes
conditions;

3° Celles des autorités françaises ou de leurs délégués,
dont les signatures sont déposées (tous les ministères, la
préfecture de la Seine, la préfecture de police);

4° Celles des agents diplomatiques et consulaires étrangers en résidence à Paris et de leurs délégués, lorsqu'ils ont
déposé leurs signatures.

Un document visé au ministère des affaires étrangères n'a
plus à être régularisé par aucune autorité, pour être valable dans toute la France. Le type de la signature des délégués du ministre des affaires étrangères est communiqué à
tous les autres ministères et sous-secrétariats d'État, procureurs généraux, préfets, procureurs de la République, sous-
préfets, au Conseil d'État, à la Cour de cassation, etc., etc.

**409. Légalisations que doit recevoir un acte reçu à
l'étranger pour être valable en France.** — 1° Il doit
être légalisé par un agent français à l'étranger, puis au ministère des affaires étrangères (1);

2° Cet acte peut également être légalisé par les autorités
étrangères, un consul étranger en France, le ministère des
affaires étrangères à Paris ou le préfet du département en
province (2). Cette façon de procéder est contraire à l'article 23 de l'ordonnance de 1681, mais a été approuvée
dans les conventions avec l'Autriche (art. 9), l'Italie (art. 8),
le Portugal (art. 7) et la Russie (art. 9).

---

(1) Ordonnance de 1681, art. 23; ordonnance de 1728, art. 32. VALIN,
Commentaire sur l'ordonnance de 1681. Les expéditions délivrées en France par
les greffiers et notaires ne font foi, par nos ordonnances, ni hors du royaume,
ni hors du district, qu'elles ne soient légalisées par le juge ordinaire de leur
domicile (art. 23).

(2) Une circulaire de l'Intérieur du 23 septembre 1907 a prescrit aux préfets
de régulariser la signature des agents étrangers. Ils ne peuvent refuser de communiquer leur propre signature aux agents étrangers qui en font la demande.

410. *Légalisations que doit recevoir un acte passé en France pour être valable à l'étranger.* — 1º L'acte doit être produit dans un consulat (1) :

a) En province : 1º Maire; 2º Président du tribunal; 3º Ministère de la justice; 4º Affaires étrangères, ou 1º Maire; 2º Préfet; 3º Ministère de l'intérieur; 4º Affaires étrangères.

b) A Paris : 1º Maire; 2º Préfet de la Seine; 3º Affaires étrangères, ou 1º Commissaire de police; 2º Préfet de police; 3º Affaires étrangères.

2º L'acte doit être produit devant une autorité locale étrangère. La plupart des États exigent que la pièce soit régularisée par leurs consuls en France :

a) En province : 1º Maire; 2º Préfet; 3º Consul étranger (2).

b) A Paris : 1º Maire; 2º Préfet de la Seine; 3º Affaires étrangères; 4º Consul étranger, ou 1º Commissaire de police; 2º Préfet de police; 3º Affaires étrangères; 4º Consul étranger.

c) Dans les pays désignés au nº 409-2º, même filière que ci-dessus à 1º et ensuite consul français et autorité locale compétente.

411. *Exemptions ou simplifications de légalisation.* — 1º Déclaration franco-belge du 18 octobre 1879 :

Les pièces nécessaires pour contracter mariage sont valables dans les deux pays lorsqu'elles sont légalisées soit par un président de tribunal, soit par un juge de paix ou son suppléant sans autre formalité;

2º Déclaration entre la France et le Luxembourg du 24 décembre 1867 : comme pour la Belgique;

3º Arrangement avec l'Allemagne du 14 juin 1872 :

Les actes de l'état civil, les documents judiciaires et autres analogues délivrés en Alsace-Lorraine et produits en France et inversement sont admis dans les deux pays, lorsqu'ils ont été légalisés par un président de tribunal ou par un juge de paix ou son suppléant.

---

(1) Ordonnance du 25 octobre 1833, art. 10.

§ 2 — Traductions

412. Traducteurs-jurés. — Pour obtenir la traduction légale d'un acte, les particuliers peuvent s'adresser aux traducteurs assermentés près les tribunaux (1). Mais ceux-ci ne jouissent d'aucun privilège. La seule réglementation qui existe sur la matière est une circulaire du ministre de la justice du 13 juillet 1811 qui prescrit seulement de n'admettre que les traductions d'actes émanant d'un interprète connu ou d'un professeur de langue étrangère.

413. Consuls traducteurs. — Les consuls ont, comme conséquence naturelle de leurs fonctions, le droit de délivrer des traductions en français, de la langue du pays de leur résidence. Ce droit est confirmé par des articles du tarif des chancelleries. Certaines conventions leur ont reconnu expressément la faculté de traduire le français dans la langue du pays de la résidence : Espagne (art. 19), Italie (art. 8), Portugal (art. 7), Russie (art. 9), Autriche (art. 9) [2].

414. Règles pour établir les traductions. — Les traducteurs ne doivent rien rectifier dans les actes, particulièrement les noms et prénoms :

1° Ils ne peuvent avoir en mains les preuves nécessaires pour connaître la véritable orthographe;

2° N'étant le plus souvent guidés par aucune règle en

----

(1) Le ministère des affaires étrangères ne fait pas de traduction pour les particuliers.

(2) Il n'en est pas de même dans les autres pays : « Les interprètes doivent être assermentés, et une traduction faite par un consul n'ayant pas prêté serment ne peut avoir plus de valeur que celle faite par toute autre personne respectable. »(Marshall Supreme court, 1804. ELLERY C. STOWELL, *op. cit.*, p. 99.)

cette matière, ils pourraient commettre des erreurs. Ainsi le nom Lafarga pourrait être traduit Lafargue, Laffargue, Lafargues ou La Fargue;

3° Certaines administrations pourraient refuser comme non valables deux pièces, original et traduction, portant des noms différemment orthographiés.

§ 3 — Certificats de coutume

415. *Les agents ne peuvent délivrer que des certificats de coutume relatifs aux lois françaises.* — Les certificats de coutume délivrés par les consuls ne doivent être relatifs qu'aux lois françaises. Ils ne doivent jamais en établir concernant les lois du pays de la résidence (1).

416. *Comment doivent être établis les certificats de coutume.* — Ils doivent d'ailleurs se borner à transcrire le texte des lois, en attestant qu'elles sont en vigueur en France sans les résumer, ni indiquer la jurisprudence. Ainsi ils peuvent refuser de certifier qu'un acte est régulier quant à la forme, d'après la loi française; mais ils peuvent attester que les contrats en France sont régis par tels et tels articles de loi et citer ces textes.

417. *Autorité qui délivre en France les certificats de coutume.* — Le ministre de la justice délivre en France des certificats de coutume en brevet. Les intéressés doivent joindre à leur demande le nombre de feuilles de papier timbré nécessaire (2).

---

(1) Les consuls russes de carrière peuvent, lorsqu'ils légalisent une pièce, attester qu'elle est dans la forme prescrite par la législation locale (HEYKING, pp. 63 et 64), mais doivent refuser de régulariser les actes contraires aux lois et institutions de leur pays.

(2) *B. O. M. J.*, 1891, p. 563.

418. Certificats relatifs aux lois étrangères. — Ces certificats peuvent être demandés, soit aux consuls étrangers, soit à des jurisconsultes.

§ 4 — Actes judiciaires et extrajudiciaires

1° Des différentes significations — Transmission des actes à l'étranger

419. Significations à des personnes résidant à l'étranger. — Les significations judiciaires peuvent être faites à des individus résidant à l'étranger, soit à personne, soit aux parquets. Dans le premier cas, l'acte doit être remis personnellement au destinataire, en quelque lieu qu'il se trouve; dans le second, l'acte est déposé au parquet, conformément à l'article 69, § 10, du Code de procédure civile et communiqué officieusement au destinataire.

420. Signification à personne. — En pays de chrétienté, le consul ne peut concourir en rien à la signification à personne. L'acte doit être signifié au destinataire par une autorité locale compétente. Le rôle de l'agent se borne à indiquer à quel fonctionnaire il convient de l'adresser et le coût de la procédure (1). En pays de juridiction, le vice-consul, faisant fonction d'huissier, peut faire une signification à un Français ou à une personne sous la protection française. Pour un étranger, cette formalité doit être accomplie par les soins du consulat dont relève le destinataire. Un acte à signifier à personne n'a pas à être déposé nécessairement à un parquet.

421. Signification aux parquets. — Les significations destinées à des personnes résidant à l'étranger sont remises aux parquets, qui envoient la copie au ministère des affaires

____

(1) La convention de La Haye du 17 juillet 1905 a réservé ce mode de procédure et l'a organisé.

étrangères ou à toute autorité déterminée par les conventions diplomatiques. L'acte une fois déposé au parquet est valablement signifié : « Les parties à l'étranger ne peuvent arguer de ce que les actes ne leur ont pas été notifiés en temps utile pour comparaître à l'audience, pour faire appel, pour se pourvoir en cassation, en vue de conclure à la nullité de l'assignation. » « L'obligation d'envoyer la copie soit au ministère des affaires étrangères, soit... est imposée par la loi au procureur du Roi et non à la partie qui ne peut répondre des faits ou de l'omission de ce fonctionnaire (1). »

L'acte par son dépôt au parquet est valablement signifié, le rôle du ministère des affaires étrangères est purement officieux. Mais les consuls devront faire toutes diligences, pour communiquer les actes aux destinataires, afin qu'ils puissent prendre les mesures utiles dans les délais prévus par l'article 73 du Code de procédure civile. L'acceptation ou le refus de l'acte n'a aucune influence sur la valdité de la procédure suivie en France.

422. *Transmission des actes à l'étranger*. — Le ministère des affaires étrangères peut faire remettre les actes destinés à des personnes résidant à l'étranger :

1° Directement aux intéressés par les consuls;

2° Par l'intermédiaire de ces derniers et des autorités locales;

3° Par la voie diplomatique; les gouvernements étrangers prennent les mesures nécessaires pour les faire parvenir aux intéressés.

L'emploi du double intermédiaire des consuls et des autorités locales ne peut guère se faire qu'en matières civiles et commerciales (seules prévues par la convention de La Haye). En matière criminelle, la voie diplomatique est de rigueur, les gouvernements se réservant toujours un droit d'examen.

____

(1) Cassation, 11 mai 1817 (*S.*, 1818, p. 170); 12 mai 1886 (*J. D. I. P.*, 1887, p. 179); 12 janvier 1892 (*J. D. I. P.*, 1892, p. 885). Contre cette jurisprudence, voir C. Jordan (*R. C. L. et J.*, 1907, p. 106 et suivantes.

2° Remise des actes

423. Remise directe par les consuls en pays de chrétienté. — L'article 11 de l'ordonnance du 25 octobre 1833 porte : « Nos consuls feront parvenir aux intéressés directement....., sans frais ni formalités de justice et à titre de simple renseignement, les exploits signifiés. » La remise directe a lieu dans les pays avec lesquels la France n'a pas de convention. Cette façon de procéder peut également être employée dans les États signataires de la convention de La Haye du 17 juillet 1905, si le destinataire est Français, et quelle que soit sa nationalité en Danemark, Pays-Bas, Suède; il en est de même en Allemagne, si l'acte doit être remis à un Français ou à un sujet d'une tierce puissance (Alsace-Lorraine exceptée).

Le consul ne peut obliger le destinataire à recevoir l'acte. « Il convoquera l'intéressé pour remise en chancellerie contre récépissé des pièces le concernant. Sur l'avis de convocation, il l'invitera, en cas d'impossibilité de se déplacer, à transmettre par la poste un récépissé signé et daté contre lequel il lui fera passer l'acte par la même voie. Après deux convocations à un certain intervalle sans réponse ou en cas de retour des convocations par la poste à l'envoyeur avec la mention « inconnu » ou « décédé », il retournera les pièces au Département, avec mention du défaut de réponse signé et daté, accompagné des cartes de convocation retournées par la poste. En aucun cas, il n'adressera les actes aux intéressés sans être couvert par un récépissé adressé par eux au préalable. Il ne devra jamais faire signifier les actes à la partie et à domicile par le vice-consul (1). » Il s'agit d'une simple remise de pièces et non d'une signification judiciaire.

---

(1) C. Jordan, *R. C. L. et J.*, 1907, extraits.

424. Remise directe en pays de juridiction. — « C'est le cas de faire remarquer ici qu'il est de pratique courante dans les consulats du Levant que toutes les notifications et remises de pièces se font par l'intermédiaire de la chancellerie du consulat auquel appartient celui à qui la pièce est destinée (1) ». Le consul de France ne peut donc faire remettre que les actes destinés aux Français ou aux personnes sous la protection française. Pour les étrangers, il demande au collègue du pays auquel appartient le destinataire de se charger de la remise.

425. Remise par la voie consulaire et l'intermédiaire des autorités locales. — L'article 11 de l'ordonnance du 25 octobre 1833 autorise également les consuls à faire les remises par l'intervention officieuse des autorités locales. Cette façon de procéder peut être employée dans tous les pays où ces autorités veulent bien prêter leur concours, mais a été spécialement réglée dans la convention de La Haye du 17 juillet 1905, pour l'Allemagne, l'Autriche-Hongrie, la Belgique, le Danemark, l'Espagne, l'Italie, le Luxembourg, la Norvège, les Pays-Bas, la Russie, la Suède et la Suisse (2).

1° L'acte peut être transmis en double exemplaire;

2° A la réception, le consul adresse une demande à l'autorité locale. Cette demande doit contenir l'indication de l'autorité de laquelle émane l'acte transmis, le nom et la qualité des parties, l'adresse du destinataire, la nature de l'acte, et doit être rédigée dans la langue du pays de la résidence (art. 1);

3° La procédure ordinaire est une simple remise officieuse. Le destinataire reste libre d'accepter ou de refuser, de

____

(1) Féraud-Giraud, *La Juridiction française dans les Échelles du Levant.* t. II, p. 157.

(2) En matière civile et commerciale seulement. Pour la Roumanie et le Portugal, voir n° 427.

donner récépissé ou non, ce qui n'influe pas sur la validité de la procédure suivie en France; aucuns frais;

4° La preuve de la remise se fait au moyen d'un récépissé daté et signé du destinataire, soit au moyen d'une attestation de l'autorité du pays requis, constatant le fait et la forme de la remise. Si l'acte a été transmis en double exemplaire, le récépissé ou l'attestation doit se trouver sur l'un des doubles ou y être annexé (art. 5);

5° Le consul n'a qu'à retourner au ministre le récépissé, celui-ci est transmis au parquet d'où l'acte émane.

On a réservé à l'autorité locale le droit d'examiner la nature des actes et de refuser de les remettre, si elle les juge de nature à porter atteinte à sa souveraineté ou à sa sécurité. Dans ce cas, le consul, avant de renvoyer le document, doit prévenir l'intéressé s'il est Français, comme dans le cas de remise directe. Si le destinataire est un étranger, cet avertissement ne saurait être donné lorsque le gouvernement du pays de la résidence s'y oppose. En cas de difficulté entre l'autorité locale et un consul, celui-ci doit se borner à en référer au Département (1).

426. Remise par la voie consulaire et les autorités locales en pays de juridiction. — Il ne peut être question en pays de juridiction de faire remettre les actes par les autorités locales, sauf pour un national du pays de la résidence. Si le destinataire est étranger, on lui fait parvenir la pièce par l'intermédiaire de son consulat (Voir n° 424).

427. Remise par la voie diplomatique. — D'après l'article 1 de la convention de La Haye, les gouvernements

---

(1) Si le consul prévient l'intéressé par lettre, ce document peut être communiqué aux autorités locales et il convient de ménager les susceptibilités de celles-ci. L'agent informera le destinataire que cette communication est officieuse et qu'il est libre d'accepter ou de refuser l'acte. Mais comme son refus ou son acceptation n'auront probablement aucune influence sur la procédure suivie en France, il lui serait peut-être utile de prendre connaissance des pièces qui resteront à sa disposition au consulat pendant un temps déterminé.

se sont réservé le droit d'exiger que les demandes de transmission des actes, en matière civile et commerciale, soient faites par la voie diplomatique. Le Portugal et la Roumanie appliquent cette clause.

Cette procédure est obligatoire pour les notifications en matière pénale d'acte de procédure ou jugement, seulement s'il s'agit d'un ressortissant d'un des deux pays, soit résidant dans son pays, soit résidant ou réfugié dans l'autre, pour le Danemark (28 mars 1877, art. 14), la Suisse (9 juillet 1869, art. 13) et l'Italie (12 mai 1870, art. 13); et sans aucune réserve pour la Belgique (15 août 1874, art. 14), l'Espagne (14 décembre 1877, art. 14), la Bavière (29 novembre 1869, art. 13), le Luxembourg (12 septembre 1875, art. 15), la Grèce (29 mars-11 avril 1906), art. 16).

Les pièces accompagnées d'une traduction (pour la Grèce seulement) sont signifiées à personne (toutes les conventions) sans engager la responsabilité de l'État requis, qui se borne à assurer l'authenticité de la signification (Belgique, Espagne, Bavière, Luxembourg). La notification est renvoyée par la voie diplomatique (toutes les conventions) sans restitution de frais (Grèce, Danemark).

Les citations à témoins sont également transmises par la voie diplomatique. Des stipulations les concernant ont été insérées dans un certain nombre de conventions d'extradition : Bavière (29 novembre 1869, art. 14), grand-duché de Hesse (26 janvier 1853, art. 11), Lippe (11 avril 1854, art. 12), Waldeck-Pyrmont (10 juillet 1854, art. 12), Wurtemberg (25 janvier 1853, art. 11), Belgique (15 août 1874, art. 15), Congo (18 novembre 1899, art. 17), Danemark (28 mars 1877, art. 15), Italie (12 mai 1870, art. 14, et déclaration du 16 juillet 1873), Luxembourg (12 septembre 1875, art. 14), Pays-Bas (24 décembre 1895, art. 13), Pérou (30 septembre 1874, art. 14), Portugal (13 juillet 1854, art. 11), Suède et Norvège (4 juin 1869, art. 11), Suisse (9 juillet 1869, art. 14).

Pour les autres pays, il faut se conformer aux usages ou

employer le moyen de la remise directe. A noter que l'Allemagne ne refuse pas de faire remettre les citations à ses ressortissants lorsque ces pièces ne mentionnent pas de peines en cas de non-comparution (1).

3° Actes destinés à des États, des souverains, etc.

428. Actes destinés à des personnes non soumises à la juridiction française. — Même lorsqu'il est de jurisprudence que l'autorité ou la personne à qui est destiné un acte ne peut être soumise à la juridiction française, ce principe peut fléchir devant l'acceptation par cette autorité ou cette personne de la juridiction saisie, et pour qu'elle puisse user de cette faculté, il faut la mettre à même de prendre connaissance de l'acte introductif d'instance.

429. Actes destinés à des États, des souverains, des autorités diverses. — Les pièces destinées à des États, des souverains ou des autorités diverses sont, en général, transmises aux gouvernements par la voie diplomatique. Il leur en est donné connaissance officieusement et seulement s'ils le désirent.

430. Actes destinés à des agents diplomatiques résidant en France. — Ils ne peuvent être signifiés qu'aux parquets. Ces agents jouissent du privilège de l'exterritorialité. Le ministre des affaires étrangères leur fait tenir officieusement ces documents.

431. Actes destinés à des agents diplomatiques étrangers résidant à l'étranger. — On leur fait parvenir officieusement ces actes par l'intermédiaire de leur gouvernement.

---

(1) *B. O. M. J.*, 1891, p. 179.

432. *Actes destinés aux consuls étrangers résidant en France.* — Ces actes peuvent être signifiés à domicile, ces agents ne jouissant pas du privilège de l'exterritorialité. Il peut y avoir exception à Paris, si l'habitation du consul et les locaux du consulat sont dans les mêmes bâtiments que l'ambassade où la légation. Les actes alors doivent être signifiés au parquet.

433. *Actes destinés à des consuls étrangers résidant à l'étranger.* — Si les consuls ne jouissent pas d'immunités diplomatiques, il n'y a aucune mesure spéciale à prendre.

§ 5 — Arbitrage et conciliation [1]

434. *En pays de chrétienté.* — L'instruction du 29 novembre 1833, après avoir interdit aux consuls en pays de chrétienté : « tout essai inutile ou dangereux » de juridiction, ajoute : « Plus sera d'ailleurs limité l'exercice de leurs fonctions judiciaires, plus ils devront s'efforcer de terminer à l'amiable les contestations que les Français leur déféreront à titre de conciliation. »

En cas de conciliation, ils feront signer aux parties des

---

[1] Les consuls belges peuvent être arbitres entre nationaux, mais ne peuvent apposer la formule exécutoire (*Règlements consulaires belges*, t. I, p. 39). Les agents anglais ne peuvent accepter les fonctions arbitrales qu'en Chine, au Japon et en Corée, et seulement avec l'autorisation de l'agent diplomatique (*General Instructions*, p. 94). Les consuls allemands peuvent être arbitres entre Allemands et entre Allemands et étrangers, dans la forme prescrite par les lois locales. Le règlement consulaire portugais, article 176, autorise le consul à être nommé arbitre entre nationaux par compromis fait en forme valable selon les lois du pays et stipulant renonciation à tout appel; le jugement doit être rendu dans la meilleure forme pour en assurer la validité dans le pays où il doit être exécuté. La loi italienne du 28 janvier 1866, article 59, autorise les consuls à être arbitres, s'il est renoncé à tout appel dans le compromis; ils peuvent apposer la formule exécutoire si la sentence doit être exécutée dans le royaume.

transactions dans les formes qui en garantissent le mieux la validité, et, s'il y a lieu d'en poursuivre l'exécution en France, ils en dresseront un acte authentique dans leur chancellerie.

En cas de non-conciliation, au contraire, ils en rédigeront un procès-verbal sommaire pour servir ce que de droit.

La même instruction invite les consuls, sans leur imposer d'obligation, à se charger des arbitrages dans lesquels *des Français exclusivement seraient parties*. Ce texte ne confère pas une attribution aux agents et ne les investit pas d'un pouvoir spécial; il se borne à constater qu'il n'y a pas incompatibilité entre leurs fonctions et celles d'arbitre, et les autorise à se comporter comme tout autre particulier pourrait le faire. Quand ils acceptent le rôle d'arbitres, ils agissent donc à titre purement privé et non comme remplissant une charge officielle.

1° La sentence arbitrale doit produire effet en France. L'instruction autorise les consuls à en délivrer des expéditions, « auxquelles ils ajouteront le mandement d'exécution prescrit pour les jugements rendus dans le royaume par l'article 146 du Code de procédure civile ». En se reportant à la théorie exposée n° 45, on peut en effet soutenir que les consuls généraux et consuls possèdent ce droit. Exerçant le pouvoir juridictionnel, ils peuvent rendre exécutoire une sentence arbitrale conformément à l'article 1020 du Code de procédure. Ils agissent successivement comme arbitres puis comme juges; aucune disposition de loi n'interdit aux magistrats d'accepter et de remplir la mission d'arbitre (1). Mais ce système est critiquable. La jurisprudence admet que le président du tribunal, avant de rendre l'ordonnance, vérifie si l'acte a bien le caractère d'une sentence arbitrale et ne contient rien de contraire à l'ordre

____

(1) Cassation, 25 avril 1854 (*D. P.*, 1854, 1, 250); 30 juillet 1856 (*D. P.*, 1856, 1, 405); 3 mars 1863 (*D. P.*, 1863, 1, 225).

public (1). Le consul est donc amené à se contrôler lui-même. Seul agent public français en pays étrangers, il doit pouvoir cumuler des fonctions dévolues en France à des fonctionnaires d'ordres différents, et quand on ne peut faire autrement, on doit le laisser les exercer successivement. Mais tel n'est pas le cas. La sentence arbitrale rendue par lui en pays étranger peut parfaitement, d'après la jurisprudence, recevoir l'exequatur en France (2). Dès lors il est préférable qu'il s'abstienne de rendre exécutoire sa propre décision et laisse aux magistrats de la métropole le soin de la contrôler.

Quand le consul doit lui-même donner l'exequatur, l'arbitrage doit obligatoirement avoir lieu dans les formes de la loi française (Code de procédure civile, livre III, titre unique). S'il ne doit pas apposer la formule exécutoire, il peut employer les formes de la loi du pays de sa résidence; les tribunaux français admettent la règle *locus regit actum* en matière d'arbitrage (3).

2° La sentence doit produire effet dans le pays de la résidence.

Le consul doit suivre les règles de la loi locale, tant pour rendre la sentence que pour la faire déclarer exécutoire. Dans ce cas, l'instruction ajoute : « Pour éviter que les actes des consuls soient soumis à des débats devant l'autorité territoriale, les compromis porteront expressément, et autant que possible, avec stipulations de dédits pour en

---

(1) Paris, 24 juin 1851 (*D. P.*, 1854, 5, 41); Cassation, 28 décembre 1892 (*J. D. I. P.*, 1894, p. 99); Paris, 10 décembre 1901 (*D. P.*, 1905, 2, 128).

(2) La doctrine et la jurisprudence sont d'accord sur ce point, mais non sur celui de savoir si l'exequatur doit être donné seulement par le président du tribunal (Douai, 5 mai 1892, *J. D. I. P.*, 1895, p. 572; Douai, 10 décembre 1901, *J. D. I. P.*, 1903, p. 809; Convention franco-belge du 8 juillet 1899, article 15; WEISS, *Traité de Droit international privé*, t. V, p. 573), ou s'il doit être donné par le tribunal entier (LAINÉ, *J. D. I. P.*, 1899, p. 641 et suiv.; Seine, 16 mars 1899, *J. D. I. P.*, 1899, p. 743; Paris, 10 décembre 1901, *J D. I. P.*, 1902, p. 314).

(3) Cassation, 28 décembre 1892 (*J. D. I. P.*, 1894, p. 99); Douai, 30 mai 1902 (*J. D. I. P.*, 1902, p. 1023).

assurer l'effet, renonciation à tout appel et recours devant les tribunaux du lieu. » Si la loi locale considérait ces clauses comme nulles, l'agent devrait refuser d'être arbitre.

3° La sentence doit produire effet dans un pays tiers.

Mêmes règles que pour 2°. On doit suivre les formes de la loi du *pays de la résidence*. La règle *locus regit actum* est toujours facultative (1) et elle peut être impérative d'après certaines législations.

4° La sentence doit produire effet dans plusieurs pays ou dans un lieu indéterminé.

Mêmes règles que pour 3°, même si l'arbitrage doit aussi être exécuté en France. Il appartient aux intéressés de remplir dans chacun des pays les formalités nécessaires pour rendre la sentence exécutoire (2).

435. Pays de juridiction. — Pour la conciliation, mêmes règles que pour les pays de chrétienté. Il en est de même en ce qui concerne l'arbitrage si la sentence doit être exécutée hors du pays où réside l'agent. Mais en ce cas l'arbitrage doit toujours être rendu conformément à la loi française, à laquelle sont exclusivement soumis les Français résidant en ces contrées. Si la sentence doit produire effet dans le pays de la résidence, il est préférable que le consul s'abstienne. Bien que les lois ne défendent pas à un magistrat d'être arbitre, une réunion de fonctions aussi essentiellement différentes que celle de juge et celle de faire des transactions est contraire à l'esprit de la législation (3). En certains cas, d'ailleurs, le tribunal consulaire peut être compétent pour recevoir appel du jugement arbitral.

---

(1) Allemagne : Reichsgericht, 11 novembre 1892, *J. D. I. P.*, 1894, p. 890; Reichsgericht, 30 avril 1901, *J. D. I. P.*, 1902, p. 374; Oberlandsgericht de Carlsruhe, 5 octobre 1905, *R. D. I. P. et D. P. I.*, 1909, p. 916.

(2) Weiss, *Traité de Droit international privé*, t. V, p. 574 et suiv.

(3) Un tribunal entier ne peut être pris comme arbitre (Cassation 30 août 1813, Dalloz, *Répertoire* 1846, *Arbitrage*, n° 3, 56; Paris, 9 février 1861, *D. P.*, 1862, 2, 47).

§ 6 — Commissions rogatoires

436. *Commissions rogatoires décernées aux tribunaux étrangers ou consulaires*. — En général, les tribunaux décernent les commissions rogatoires aux juges du lieu où le témoignage doit être recueilli. En pays de juridiction, les consuls exerçant le pouvoir juridictionnel peuvent recevoir les dépositions de témoins français ou de personnes sous la protection française; pour les étrangers, on peut demander aux gouvernements des États auxquels ils appartiennent de faire procéder aux interrogatoires. Les commissions rogatoires destinées à des juges étrangers sont, en général, transmises par la voie diplomatique. Mais pour l'Allemagne (sauf Alsace-Lorraine), l'Autriche-Hongrie, le Danemarck, l'Espagne, le Luxembourg, la Norvège, les Pays-Bas, la Russie et la Suède, les parquets peuvent envoyer ces mandats judiciaires accompagnés d'une traduction directement aux consuls, lesquels remettent ces documents à l'autorité judiciaire compétente (Convention de La Haye, 17 juillet 1905).

437. *Commissions rogatoires exécutées par les consuls*. — L'instruction du 29 novembre 1833 autorise les consuls de France en pays de chrétienté à recevoir les serments et les dépositions de témoins français et étrangers. Nos tribunaux sont donc libres de décerner, soit d'office, soit à la demande des intéressés, une commission rogatoire soit à une autorité étrangère, soit à un consul.

La convention de La Haye du 17 juillet 1905 autorise les agents à remplir cette mission judiciaire quand le gouvernement du pays de la résidence ne s'y oppose pas (1). Mais si les dispositions d'une législation étrangère interdisaient l'exercice de ce pouvoir ou si un gouvernement voyait dans

---

(1) L'Allemagne (quand les commissions concernent des Allemands), l'Autriche-Hongrie, la Belgique, la Norvège, le Portugal, la Roumanie et la Suisse s'y opposent.

ce fait une atteinte à la souveraineté nationale, les consuls devraient s'abstenir de donner suite aux commissions rogatoires qui leur sont décernées.

Sauf pour les agents résidant sur le territoire des États contractants de la convention de La Haye, les mandats judiciaires ne doivent parvenir aux consuls que par l'intermédiaire du ministre des affaires étrangères, auquel est laissé le soin de juger si leur exécution peut avoir lieu sans inconvénient au point de vue international.

438. Avantages des commissions rogatoires exécutées par les consuls. — Certains pays comme les États-Unis peuvent ne pas admettre la délégation donnée à leurs magistrats par des juges étrangers, et exiger que les parties elles-mêmes entament une procédure devant la justice locale; les gouvernements étrangers refusent de faire exécuter les commissions rogatoires en matières politique, fiscale ou contraires à l'ordre public de leur législation interne; dans ces cas, le consul est le seul fonctionnaire public que nos tribunaux puissent commettre.

Même, lorsque les autorités locales ne refusent pas leur concours, il est parfois préférable de s'adresser à nos agents pour recevoir la déposition d'un Français. Prenons un exemple : un tribunal français décerne une commission rogatoire à un tribunal allemand pour entendre un Français. Ce dernier déposera dans sa langue maternelle; ses dires seront traduits en allemand au juge local; le procès-verbal rédigé en langue étrangère sera ensuite traduit en français; dans ces conditions, un témoignage peut facilement être dénaturé.

439. Inconvénients des commissions rogatoires exécutées par les consuls. Absence de pouvoir coercitif. Exception aux États-Unis et en Angleterre où les agents peuvent obtenir une délégation de la justice locale. — Le consul, en pays de chrétienté, ne possédant pas de pouvoir coercitif et ne pouvant invoquer l'aide de l'autorité territoriale (1), ne peut obliger ni les Français, ni les étrangers à comparaître devant lui. Son rôle se borne à convoquer les personnes qui lui sont désignées en faisant appel à leur bonne volonté ou en exposant à la partie l'intérêt qu'elle peut avoir à fournir des explications. En cas de refus, il ne peut que dresser procès-verbal constatant que le mandat judiciaire n'a pu être exécuté. Les défaillants n'encourent aucune peine, même s'ils reviennent ultérieurement en France. Dans certains des États de l'Amérique du Nord et en Angleterre, cependant, la législation permet aux juges de déléguer leurs pouvoirs et d'en investir les consuls. Ces agents substitués légalement aux juges locaux peuvent alors faire contraindre les parties et témoins à comparaître, par application de la loi territoriale et reçoivent les dépositions selon la procédure de la loi locale. Mais ce fait ne saurait entacher leur enquête de nullité, la commission rogatoire, en effet, est exécutée comme elle l'aurait été par les autorités judiciaires du pays, le consul agissant comme leur délégué et non en qualité de fonctionnaire français. On applique dans ce cas la règle *locus regit actum* (2).

440. Compétence des agents. — En principe, les commissions rogatoires ne peuvent être décernées qu'à des fonctionnaires exerçant un pouvoir juridictionnel (3). Or, les consuls généraux et consuls sont seuls investis de ce pouvoir. Pour les agents diplomatiques, voir n° 49. Les vice-consuls, il est vrai, depuis le décret du 19 janvier 1881, sont choisis parmi les agents de carrière et l'usage

---

(1) Les autorités américaines refusèrent d'obliger un individu à venir déposer devant un consul d'Espagne (*Blatchford*, District court, 1867. STOWELL, *op. cit.*, p. 334).

(2) Cette procédure entraîne des frais.

(3) Voir article 1035 du Code de procédure civile, les articles 83, 84, 303 du Code d'instruction criminelle.

tend à les assimiler aux consuls au point de vue des attributions.

En ce qui concerne les agents consulaires, ils n'ont pas de caractère public. S'ils recueillent des témoignages, ce ne peut être que par délégation et à titre de renseignements. L'article 7 de la loi du 28 mai 1836 leur reconnaît cette faculté en matière criminelle en Orient et en Extrême-Orient.

441. Procédure. Greffiers. Convocation des témoins. — Aucune règle n'est imposée pour l'exécution des commissions rogatoires en pays de chrétienté. Il ne saurait être question de considérer le Code de procédure civile comme en vigueur dans ces contrées; il ne l'est même pas en pays de juridiction où l'édit de 1778 et la loi du 28 mai 1836 sont seuls applicables. Comme l'édit et la loi précités n'ont pas été étendus aux pays de chrétienté, on ne peut les invoquer dans ces contrées.

On trouvera ci-dessous des règles tirées du Code de procédure civile, dont les prescriptions peuvent en effet servir de modèles. Mais ce sont de simples indications, auxquelles ne sont pas assujettis les agents et qui peuvent être modifiées selon les circonstances.

Ainsi dans les consulats généraux et consulats, le chancelier peut faire fonction de greffier, et dans les agences consulaires et les vice-consulats on peut nommer un greffier *ad hoc*. Il semble inutile que le consul, au reçu de la commission rogatoire, prenne une ordonnance indiquant le jour et l'heure de la comparution, puisqu'il ne peut forcer les témoins à se présenter. Si pourtant les parties en avaient exprimé le désir, lorsqu'il s'est entendu avec les témoins, il peut donner avis du jour de l'exécution de la commission et renvoyer celle-ci à une date suffisamment éloignée (1) pour que les intéressés puissent venir y assister. Les té-

---

(1) On peut prendre pour base l'article 73 du Code de procédure civile.

moins doivent être convoqués en indiquant qu'on fait appel à leur bonne volonté et qu'il ne s'agit pas d'une véritable assignation judiciaire, afin de ne pas éveiller les susceptibilités des autorités locales. On peut cependant donner connaissance, sans inconvénient, du tribunal qui a décerné la commission rogatoire, du dispositif du jugement concernant le témoin et proposer l'heure et le jour de la comparution.

442. *Interrogatoire et procès-verbal.* — Lorsque le témoin aura bien voulu se présenter, il sera en général possible de dresser le procès-verbal sur les données suivantes non obligatoires :

1º Jour, date, heure;

2º Viser la délégation du tribunal requérant;

3º Indiquer si les parties et leurs avocats sont présents;

4º Les reproches;

5º Le témoin a représenté la convocation;

6º Les témoins ont été entendus séparément sans qu'il leur eût été permis de lire aucun projet écrit;

7º Les nom, prénoms, âge, domicile du témoin, s'il est parent, allié ou domestique d'une partie;

8º Le serment du témoin de dire la vérité;

9º Indiquer si la déposition a nécessité l'intervention d'un interprète, les nom, prénoms, etc., de celui-ci, le serment qu'il a prêté;

10º Le procès-verbal est signé par le consul, le vice-consul et le témoin après lecture et déclaration du témoin qu'il persiste dans ses dires;

11º Si le témoin demande un changement, sa nouvelle déposition doit être signée du consul, du vice-consul et de lui-même après lecture et déclaration qu'il persiste dans ses dires;

12º Toutes les ratures et les renvois du procès-verbal doivent être approuvés par le consul, le vice-consul et le témoin.

443. Témoin défaillant. — Lorsque le témoin n'aura pas répondu à la première lettre du consul lui demandant de comparaître, celui-ci le convoquera pour un jour et une heure déterminés. Si le témoin fait défaut, on dresse procès-verbal indiquant la délégation, la convocation envoyée et constatant que le mandat n'a pu être exécuté.

444. Témoins demeurant dans une ville autre que celle de la résidence du consul. — 1º Le consul peut demander aux témoins de se déplacer en leur offrant une indemnité; la somme nécessaire doit être préalablement déposée par les parties;

2º Une délégation peut être donnée à un agent consulaire se trouvant sur les lieux (Voir nº 440);

3º Le consul peut se déplacer pour aller recevoir le témoignage. Il a droit alors à des frais de voyage qui doivent être préalablement consignés.

445. Nominations d'experts. — D'après l'article 19 de l'édit de 1778, « dans les affaires où il s'agira seulement de connaître la valeur ou le dépérissement de quelques effets ou marchandises, le consul pourra se borner à nommer d'office parmi ceux de nos sujets qui se trouvent dans son consulat, des experts qui, après avoir prêté le serment requis, procèdent, en présence des parties ou icelles dûment appelées, aux ventes et estimations qui auront été ordonnées, dont ils dresseront procès-verbal qui sera déposé en chancellerie ». Il est à remarquer que l'édit de 1778 n'est en vigueur que dans les pays de juridiction.

CHAPITRE V

DIVERS

---

§ 1 — Tarif des chancelleries

446. *Agents percepteurs*. — Dans les consulats généraux et consulats, les agents percepteurs sont les vice-consuls, ou les chefs de poste, lorsqu'il n'y a pas de chancelier
titulaire ou substitué. Pour les vice-consulats et agences
consulaires, les chefs de poste perçoivent eux-mêmes les
taxes (1). Celles-ci sont indiquées au tarif des chancelleries
approuvé chaque année par les Chambres.

447. *Taxes illégalement perçues*. — Lorsqu'un agent
a perçu une taxe inférieure à celle prescrite, il doit verser
lui-même le complément. Il est alors substitué à tous les
droits du Trésor et devient le créancier personnel de l'individu qui n'a pas acquitté la taxe légale (2).

Le remboursement d'une taxe est ordonné par arrêté du
ministre (3).

---

(1) Décrets du 20 décembre 1890, art. 1, et du 5 juillet 1892.

(2) Décret du 20 décembre 1890, art. 10.

(3) Décret du 20 décembre 1890, art. 9. Cependant, s'il s'agit d'une taxe
afférente à l'exercice en cours, l'agent ayant en mains les pièces de compta-
bilité peut inscrire sur la quittance qu'il a délivrée une mention d'annulation,
ou mieux encore faire signer de l'intéressé reçu de la somme remboursée. La
quittance est épinglée en regard de son numéro d'ordre au livre de détails,
qui est régulièrement transmis au département et l'on s'abstient de compter
le montant de cette recette dans les additions.

448. *Gratuité*. — La gratuité est acquise aux pièces
suivantes :

1° Pièces à produire à la Caisse nationale des retraites
pour la vieillesse par des Français ou des étrangers (1);

2° Pièces nécessaires aux mariages d'indigents, si l'un
des deux conjoints au moins est Français (2);

3° Pièces relatives aux successions des militaires et
marins français;

4° Pièces établies en vue du service militaire (3);

5° Certificats de bonne vie et mœurs;

6° Pièces à produire à l'une des caisses de l'établissement des Invalides de la marine;

7° Pièces destinées aux sociétés de secours mutuels
approuvées, sauf pour celles qui accordent à leurs membres
ou à quelques-uns seulement des indemnités supérieures à
5 francs par jour, des allocations annuelles ou des pensions
supérieures à 360 francs et des capitaux en cas de vie ou de
décès supérieurs à 3.000 francs;

8° Pièces requises dans un intérêt administratif français;

9° Pièces demandées par des personnes dont l'indigence
est dûment constatée. A cet effet, les consuls doivent tenir
compte des certificats d'indigence délivrés par les autorités
locales, surtout si celles-ci admettent ceux établis par le
consulat;

10° Pièces destinées aux caisses d'assurances en cas de
décès ou d'accident gérées par la Caisse des dépôts et consignations (4);

11° Visa de contrat d'émigrant (Voir n° 220).

Hors les cas indiqués ci-dessus, les consuls doivent percevoir intégralement les taxes. Certains articles cependant
leur permettent d'accorder une réduction. Le chef

____

(1) Loi du 20 juillet 1886, art. 24.
(2) Loi du 10 décembre 1850.
(3) Circulaires des 16 juin 1873 et 30 mars 1881.
(4) Loi du 11 juillet 1868, art. 19.

de poste seul a le droit d'autoriser la gratuité ou une réduction, et son autorisation doit être nominative et motivée (1).

§ 2 — Demandes d'actes à l'étranger

449. Demandes d'actes gratuits. — D'après les usages internationaux, les actes ou pièces gratuits doivent, en général, être demandés par la voie diplomatique, en indiquant même pour quel motif l'acte est requis. Un consul saisi d'une requête, afin d'obtenir un document sans frais, doit la transmettre à l'agent diplomatique. Il pourrait y avoir exception à cette règle en cas d'urgence démontrée.

450. Demandes d'actes payants. — Les consuls peuvent se charger, à titre officieux, de se procurer des actes payants, soit pour des administrations, soit pour des particuliers. Dans ce cas, une provision est versée à la caisse de l'agent comptable du ministère des affaires étrangères pour garantir le remboursement des frais.

L'agent fait de ses deniers personnels les avances inférieures à 50 francs. Elles lui sont remboursées avec une bonification de 2 % pour droit de recouvrement, dès qu'il a fait parvenir au ministère des affaires étrangères les pièces justificatives des dépenses (2).

§ 3 — Indication de mandataires particuliers

451. Indications sans responsabilité. Avocats-conseils. — Les consuls peuvent se charger d'indiquer les personnes pouvant remplir l'office de mandataires particuliers.

------

(1) Instruction du 30 novembre 1875.

(2) Article 67 du décret du 20 décembre 1890 et 222 de l'instruction du 10 mai 1891.

Ils agissent alors comme agents de renseignements et à titre purement officieux. S'ils doivent prendre toutes précautions nécessaires pour donner les noms d'individus dignes de confiance, cette désignation n'entraîne aucune responsabilité, ni de leur part, ni de celle de l'État. Il en est de même lorsque des procurations en blanc ou autres pièces leur sont transmises, soit directement, soit par l'intermédiaire du ministère des affaires étrangères en leur laissant le soin de choisir le mandataire (1). Il pourrait cependant y avoir exception à ces règles si les agents recommandaient des personnes notoirement connues pour être d'une moralité douteuse, ayant encouru des condamnations, ou incapables. Il y aurait alors faute lourde dont ils seraient personnellement responsables. Les consuls sont d'ailleurs entièrement libres de s'adresser à qui ils veulent.

Il arrive parfois qu'ils emploient de préférence certaines personnes et celles-ci prennent le titre d'avocat-conseil du consulat. Cette dénomination est de pure courtoisie et ne correspond nullement à une situation officielle.

452. *Surveillance des mandataires. Dépôts de marques de fabrique.* — Le fait d'avoir indiqué les noms d'avocats ou de représentants n'impose peut-être pas une obligation de surveillance, mais le devoir de protection ne permet pas aux agents de se désintéresser des affaires concernant les nationaux, surtout lorsqu'ils ont eux-mêmes choisi le mandataire.

Au sujet des marques de fabrique, cependant, quand le consul a en mains une procuration en blanc et les fonds nécessaires, le mandataire désigné par lui doit en effectuer le dépôt sous les yeux du chancelier et la présence de celui-ci doit être constatée au bas du reçu ou certificat délivré par l'autorité locale (2).

---

(1) Conseil d'État, 6 décembre 1855 (LEBON, 1855, p. 701).
(2) Circulaire du 17 août 1874.

§ 4 — Transports de corps

453. Autorisation du ministère de l'intérieur. —
Pour pouvoir faire pénétrer en France le corps d'une personne décédée à l'étranger, il faut obtenir l'autorisation du ministère de l'intérieur, qui est libre de la refuser (par exemple, s'il s'agit d'un personnage politique, dont les funérailles pourraient troubler la tranquillité publique). La demande doit indiquer le nom de la personne décédée, à quelle date le corps arrivera en France, par quel point frontière et le lieu de sépulture. Cette demande peut être demandée par télégraphe, avec réponse payée, si l'on désire avoir l'autorisation par la même voie (1).

454. Certificats à produire à l'entrée en France. —
1° Une attestation de l'agent consulaire ou diplomatique du lieu de provenance, constatant la nature de la maladie qui a précédé le décès et l'accomplissement des mesures prescrites pour la conservation des corps;
2° Un acte établissant l'identité du défunt (2).

455. Mesures prescrites pour la conservation des corps. Établissement des certificats. — « Vous devez subordonner la délivrance des certificats aux déclarations préalables d'hommes de l'art que vous commettrez à la vérification des opérations accomplies sous la direction de l'autorité locale (2). »

« Le cercueil en plomb sera renfermé lui-même dans une bière en chêne ou en tout autre bois présentant une égale solidité. Les parois auront au moins 4 centimètres d'épais-

____

(1) Circulaires des 27 septembre 1897 et 31 octobre 1891.
(2) Circulaire du 4 novembre 1868.

seur, elles seront fixées avec des clous à vis et maintenues
par trois freins en fer serrés à écrou.

« On introduira dans le cercueil en plomb un mélange
désinfectant fait à parties égales de sciure de bois bien desséc-
chée et de sulfate de zinc, dont on recouvrira le corps d'une
épaisseur moyenne de 4 à 5 millimètres. Ce cercueil sera
placé dans le cercueil externe sur une couche de 2 à 3 centimètres du même mélange. » « Si le corps a été embaumé, on
devra indiquer avec quelles substances (1). » Le cercueil
sera confectionné avec des lames de plomb d'au moins
3 millimètres d'épaisseur; sauf pour les corps destinés à
être incinérés, on peut employer le zinc laminé de 1 demi-
millimètre d'épaisseur.

Le cercueil doit être scellé au sceau du consulat.

§ 5 — Renseignements commerciaux

456. *Des renseignements commerciaux*. — Les consuls
sont appelés à fournir des renseignements sur les produits
susceptibles d'être importés en France, les débouchés pour
le commerce et l'industrie française, les régimes douaniers
et les interprétations des tarifs, les marchés, les transports,
le prix de la main-d'œuvre, l'honorabilité et la notoriété
de représentants, maisons de commerce et acheteurs étrangers, etc. Ils peuvent répondre aux demandes, soit directement, soit par l'intermédiaire du ministère, s'ils jugent
leurs communications confidentielles.

Trois questions peuvent se poser :

1° Certaines demandes peuvent avoir un objet contraire
à l'intérêt général français;

2° Les renseignements inexacts peuvent engager la
responsabilité du consul;

----

(1) Instruction de la Marine du 8 juin 1887.

3º Quelle limite faut-il apporter à la faculté de donner des renseignements sur les maisons de commerce et les négociants?

457. Demandes ayant un objet contraire à l'intérêt général français. — Celles où l'on demande des renseignements en vue d'importer dans un pays des produits que la France exporte dans ce même pays; celles relatives à l'importation en France de produits étrangers, quand ce fait aurait pour conséquence de porter préjudice à l'industrie nationale ou encore celles ayant trait à la création d'entreprises nouvelles de nature à porter préjudice à la vente des produits français.

Ces demandes peuvent émaner de Français. Même dans ce cas, le consul fera bien d'en référer au ministre avant de répondre.

458. Renseignements inexacts. Clause de non-garantie. Responsabilité. — Le fait de donner des renseignements inexacts peut causer un préjudice à la personne à laquelle ils sont donnés, et, en certains cas, à celle sur qui iis sont donnés. Ainsi un négociant peut faire une expédition de marchandises sur la foi d'un cours erroné, ou entrer en relation avec un acheteur étranger qui lui a été présenté à tort comme ayant une situation prospère. D'autre part, un individu désigné, sans raison, comme faisant de mauvaises affaires, peut voir diminuer son crédit. Dans ces circonstances, les tribunaux condamnent à des dommages-intérêts les agences de renseignements coupables d'inexactitude, lorsque l'individu lésé peut prouver :

1º Qu'il a subi un préjudice et que celui-ci a été occasionné par le renseignement donné;

2º Que le renseignement était faux et que l'agence n'a pas pris les précautions nécessaires pour être exactement renseignée; la culpabilité, en effet, est écartée quand tous

les indices que l'on pouvait connaître concouraient à in-
duire en erreur (1).

Cette jurisprudence pourrait s'appliquer aux agents. Un
jugement du tribunal de la Seine du 6 mars 1895 (2), relatif
aux agences de renseignements, porte : « Cette industrie
n'a de raison d'être qu'à la condition de fournir aux com-
merçants des renseignements puisés aux sources les plus
sûres et les plus autorisées. » Ce raisonnement est applicable
aux consuls. S'ils agissent à titre officieux, ce n'est pas
comme un banquier fournissant des indications à un con-
frère. Ils sont désignés officiellement à la confiance publique
et il serait préférable qu'ils ne donnent pas de renseignements que d'en donner d'erronés. Leur responsabilité peut
donc être engagée, s'ils procèdent à une enquête avec négligence, et ce fait peut leur être imputé comme faute personnelle. Si la règle donnée ci-dessus était rigoureusement appliquée, une clause de non-garantie ou des réserves générales
insérées dans les réponses ne seraient pas suffisantes pour
dégager toute responsabilité. Ils devront employer des formules dubitatives indiquant clairement l'idée qu'un contrôle
supplémentaire est nécessaire (3). En outre, quand un fait
nouveau survient, surtout peu de temps après l'envoi de
renseignements contredisant les premières informations, il
faut en donner avis d'office aussi promptement que possible.
Lorsque le nom de la personne désignée dans la demande
est porté par d'autres individus on doit préciser avec soin
celui sur lequel on fournit les renseignements et faire connaître l'existence des homonymes. L'agent qui ne suit pas
ces règles peut également encourir une responsabilité.

------

(1) Voir, sur la jurisprudence française : *La Responsabilité en matière de
renseignements commerciaux*, par Eman THIBAULT, Paris, 1900. Les tribunaux étrangers suivent parfois les mêmes règles (Voir *J. D. I. P.*, 1888,
p. 691, condamnation aux États-Unis d'une agence qui avait fourni des renseignements erronés; voir également *J. D. I. P.*, 1909, p. 228).

(2) THIBAULT, *op. cit.*, pp. 187 et 188.

(3) Ils peuvent d'ailleurs dans les réponses éviter les désignations de
noms : « *la personne ou la maison en question paraît...* »

459. *Secret professionnel. Législation locale.* — Les agents sont tenus au secret professionnel pour ce qu'ils apprennent dans l'exercice de leurs fonctions officielles (Voir n° 69). Ils ne peuvent donc donner de renseignements lorsque ce fait pourrait être considéré comme une violation de ce secret. D'autre part, on ne pourrait les obliger à fournir des renseignements lorsque la législation locale punit cette pratique (1) et qu'ils risqueraient de se rendre justiciables des tribunaux du pays de la résidence (2). Dans le premier cas, aucune divulgation ne peut être faite; dans le second, les renseignements peuvent être envoyés confidentiellement au département.

460. *Le fait de donner des renseignements peut-il être considéré comme une diffamation?* — Dire d'un commerçant qu'il paie difficilement ou que ses affaires sont obérées, peut être une diffamation, à condition qu'il y ait en outre : 1° intention de nuire; 2° publicité. Or les circulaires du ministère des affaires étrangères, qui ont prescrit aux consuls de fournir des renseignements, n'ont eu pour but que d'aider au développement du commerce français et nullement une intention de nuire. En ce qui concerne la publicité, si le renseignement est donné verbalement, sans témoin, elle ne peut exister. Il en est de même s'il est envoyé par la poste à une personne déterminée avec toutes précautions pour que celle-ci seule puisse en avoir connaissance (pli cacheté, mention *confidentielle*). Le consul agissant à titre officieux, sa communication doit participer du caractère confidentiel de la lettre missive (3).

----

(1) Voir *J. D. I. P.*, 1902, p. 971 : une loi en Saxe interdit aux chambres de commerce et autres institutions de fournir des renseignements commerciaux aux représentants des puissances étrangères.

(2) Voir la note 1, page précédente.

(3) On ne peut en effet comparer le consul à une agence de renseignements qui sollicite les clients. Voir un arrêt de la Cour d'Aix du 2 février 1899, considérant comme confidentielles les communications faites par les présidents de syndicats à leurs adhérents (*D. P.*, 1899, 2, 96).

461. Correspondance directe ou par l'intermédiaire du ministère des affaires étrangères. — Les agents sont invités à faire passer, en général, les renseignements de cette nature par l'intermédiaire du ministère des affaires étrangères (1), mais peuvent cependant répondre directement, sauf s'ils se trouvent en présence de correspondants sans références, de nationalité douteuse (2), ou si les informations ont un caractère confidentiel. La correspondance directe est spécialement autorisée avec l'Office national du commerce extérieur et l'Office de l'Algérie (3).

462. Nature des renseignements qui peuvent être envoyés. — La circulaire du 8 août 1898 porte : « Vous devez éviter de préciser par un chiffre l'étendue de la confiance qu'on peut accorder à une maison de commerce. Vous aurez dans ce cas à fournir uniquement des indications sur l'importance de cette maison, sa réputation, sa manière de procéder, son ancienneté, en un mot, à apprécier sa moralité plutôt qu'à chiffrer le crédit qu'elle comporte (4).

463. Renseignements demandés sur le commerce français. — La circulaire du 19 mars 1868 a enjoint aux

---

(1) Circulaire du 21 mai 1891.

(2) Circulaire du 28 octobre 1890.

(3) Circulaires des 8 août 1898 et 27 mars 1901.

(4) Les règlements consulaires des États-Unis et du Portugal interdisent aux consuls de fournir des renseignements de cette nature, qui peuvent les compromettre et engager leur responsabilité. En ce qui concerne les États-Unis, voir *Basset Moore Digest*, t. V, § 723, p. 126 et 127. Les consuls allemands et néerlandais peuvent répondre aux demandes sans y être obligés, les belges et autrichiens peuvent fournir les renseignements demandés. Les instructions générales anglaises (p. 162) décident qu'il n'est pas dans les attributions des consuls de fournir des renseignements confidentiels sur la réputation, le caractère privé ou la solvabilité d'individus ou de maisons de commerce. Les consuls peuvent cependant répondre de la façon suivante (*General Instructions*, p. 162) : « 1) *That the firm is held in high repute or is generally considered one of high standing*; 2) *That according to the information which it has been possible to obtain the firm is respectable though not in a large way of business*; 3) *That he regrets to be unable to furnish information on the subject.* »

agents de conserver et classer les catalogues, prix courants, échantillons qui leur sont envoyés par des négociants français et de les mettre à la disposition des étrangers du pays de la résidence. Mais les consuls n'ont pas à faire de distribution de ces catalogues ou échantillons (1).

____

(1) *Règlement belge*, t. I, p. 162 : « Les services de cette espèce sortent des limites assignées strictement à l'intervention des agents. »

APPENDICE

---

2. — Le traité avec Tripoli du 11 août 1830 reconnaît à la France le droit d'établir des consuls dans la régence et confirme pour ce pays les capitulations faites avec la Turquie. Le traité du 30 janvier 1909 avec l'Éthiopie assure à chacune des parties contractantes, le traitement de la nation la plus favorisée en ce qui concerne l'établissement de représentants.

4. — La Bulgarie est autorisée à établir des consuls en France par les traités des 23 mai 1897 (art. 10) et 13 janvier 1906 (art. 19). La réciprocité n'avait pas été stipulée. Cette puissance, alors non détachée de la Turquie, était soumise au régime des capitulations.

19. — Au Costa-Rica, les consuls et leurs chanceliers ne peuvent être arrêtés, excepté pour crimes graves (procès-verbal d'échange du 8 mars 1850).

20. — Mêmes stipulations pour le Costa-Rica.

21. — Mêmes stipulations pour l'Équateur et le Costa-Rica.

23. — Pour le Costa-Rica mêmes stipulations que pour l'Autriche.

23bis. — En Russie, les consuls de carrière et les fonctionnaires qui font partie des consulats généraux, consulats et vice-consulats de France, jouissent d'une pleine et entière liberté vis-à-vis de la censure russe, tant pour les journaux que pour les produits des sciences, des arts et des belles-lettres (convention du 16 septembre 1905).

24. — Ajouter à la liste le Chili et le Costa-Rica, ainsi que la Bolivie, la Grèce, le Salvador, Saint-Domingue (art. 25), l'Italie (art. 17), l'Espagne (art. 30), le Portugal (art. 16), la Russie (art. 15), les États-Unis (art. 12). Sauf pour les deux premiers pays, cette stipulation n'est que le complément d'autres articles où les privilèges et immunités sont déjà déterminés.

31. — Même situation au Guatemala et au Chili. La question doit être tranchée par la négative pour le premier pays.

32. — Le droit de choisir les agents consulaires parmi les citoyens du pays ou les ressortissants d'une tierce puissance est inscrit dans les traités avec l'Autriche (art. 7), les États-Unis (art. 5), l'Italie (art. 6).

60. — Dans un arrêt du 1er juin 1854 (LEBON, 1854, p. 522) le Conseil d'État a décidé qu'en recevant un dépôt le consul n'engageait la responsabilité de l'État que si le dépôt avait un caractère obligatoire.

82. — Exception à cette règle à l'article 6 de la convention du 30 juillet 1891 avec la Belgique.

108. — Un jugement du tribunal de Nancy du 25 mars 1890 (*J. D. I. P.* 1891, p. 539) a décidé que les enfants mineurs d'une mère survivante, acquérant la nationalité française par mariage, devenaient également français par application de l'article 12, § 3 du Code civil. Cette solution est très contestable.

129. — Les enfants des agents diplomatiques et des consuls conservent la nationalité de leurs parents à moins qu'ils ne revendiquent le bénéfice des lois du pays où ils sont nés (art. 5).

130. — Voir dans ce sens : Seine, 20 avril 1909 (*J. D. I. P.* 1910, p. 178).

146. — Le règlement de 1863 n'a pas eu d'effet rétroactif; les familles grecques, arméniennes et juives, autrefois protégées par nos consuls, le sont toujours, et la protection française est acquise à perpétuité à leurs descendants (REY, *op. cit.*, p. 465).

196. — Ajouter le traité italo-tunisien du 28 septembre 1896 (art. 12).

208. — Aucune distinction ne sera faite suivant la religion des intéressés pour la durée de validité des passeports qui est fixée à une période de six mois en Russie (convention du 16 septembre 1905, art. 4). Le passeport est obligatoire en

Chine (traité du 27 juin 1858, art. 8) et en Corée (traité du
4 juin 1886, art. 4, § 6).

266. — Les objets saisis sur les déserteurs sont remis par
les autorités espagnoles à Urdoz ou à Perpignan (arrangement
des 18 juin, 4 juillet 1861).

277. — Ajouter : Mexique (27 novembre 1886, art. 4),
Saint-Domingue (9 septembre 1882, art. 4), et le traité italo-
tunisien (28 septembre 1896, art. 6).

292. — L'article 4 de la convention avec l'Espagne du 7 janvier 1862 relatif à l'expulsion des mendiants et vagabonds ne
semble pas applicable.

333. — Ni le traité (de 1853 entre la France et les États-
Unis) ni les usages ne donnent au consul le droit de se présenter
devant la Cour comme partie. Il vient seulement pour information (*informally*), ayant le droit d'être entendu non comme
partie mais comme agent national de personnes supposées
intéressées (succession Ferrie, Surrogate Court, New-York
1855, Stowell *op. cit.*, p. 160).

338. — *Journal officiel* du 10 avril 1910. — Loi augmentant
le taux des droits de mutation.

370. — La clause compromissoire est interdite en France,
mais son adoption dans un acte passé dans un pays où sa validité est reconnue oblige les parties en France, même si l'un
des contractants est français (Alger, 27 décembre 1907, *J. D.
I. P.* 1910, p. 538).

409-410. — Les signatures des agents italiens en France
et des agents français en Italie sont légalisées directement par
les présidents de tribunaux de première instance (échange de
notes des 22 octobre 1892 et 21 mars 1893 de CLERCQ, *Recueil
des traités*, t. XIX, p. 529).

TABLE MÉTHODIQUE DES MATIÈRES

(Nota : Les chiffres indiquent les numéros des paragraphes)

1° *Des Français selon le Code civil*

6° *Protégés étrangers*

7° *Divers*

CHAPITRE II

ATTRIBUTIONS EN MATIÈRES INTÉRESSANT LES PERSONNES

§ 1 — ÉTAT CIVIL

1° *Actes reçus par les agents diplomatiques et consulaires*

§ 2 — IMMATRICULATION

§ 3 — PASSEPORTS

§ 4 — CERTIFICATS DE VIE

§ 10 — EXPULSION

CHAPITRE III

ATTRIBUTIONS EN MATIÈRES CONCERNANT LES BIENS ET LA PROPRIÉTÉ

§ 1 — SUCCESSIONS

1º Compétence des agents

2º Conventions relatives aux successions. Pays de chrétienté

3º Pays de juridiction

4º Administration et liquidation des successions

§ 2 ACTES NOTARIÉS

1º *Actes reçus à l'étranger*

2º *Agents français faisant fonction de notaire*

3º *Des registres et des actes*

4º *Responsabilité des vice-consuls*

5º *Conditions à examiner pour s'assurer de la validité d'un acte*

6° *Testaments*

§ 3 — CERTIFICATS D'ORIGINE

§ 4 — RECOUVREMENTS DE CRÉANCES

§ 5 — DÉPOTS

CHAPITRE IV

ATTRIBUTIONS EN MATIÈRE DE PROCÉDURE

§ 1 — LÉGALISATION ET VISA

§ 2 — TRADUCTIONS

§ 3 CERTIFICATS DE COUTUME

§ 4 — ACTES JUDICIAIRES ET EXTRA JUDICIAIRES

1° Des différentes significations. Transmission à l'étranger

2° Remise des actes déposés aux parquets

CHAPITRE V

DIVERS

§ 1 — TARIF DES CHANCELLERIES

TABLE ALPHABÉTIQUE DES MATIÈRES

(Nota : Les chiffres indiquent les numéros des pages).

A

Pages

E

F

G

H

I

J

L

P

*

NOTA. — Voir à la fin du volume l'Appendice contenant des compléments aux paragraphes nᵒˢ 2, 4, 19, 20, 21, 23, 23 *bis*, 24, 31, 32, 60, 82,
108. 129, 130, 146, 196, 208, 266, 277, 292, 333, 338, 370, 409-410.

Nancy, impr. Berger-Levrault et Cⁱᵉ

BERGER-LEVRAULT ET Cie, ÉDITEURS

PARIS, 5-7, RUE DES BEAUX-ARTS — RUE DES GLACIS, 18, NANCY

Le Traité de Francfort. *Étude d'histoire diplomatique et de droit international*, par Gaston MAY, professeur à l'Université de Paris. 1910. Un volume in-8 de 360 pages, avec 3 cartes dans le texte, broché. . . . . **6 fr.**

La France d'aujourd'hui et la France de demain. *Études sociologiques*, par Jules D'AURIAC, ancien préfet, consul général de France. Nouvelle édition, revue et augmentée. 1908. Un volume in-12, broché . . . . **2 fr. 50**

La Grande Nation (La France devant l'Europe). *Études sociologiques*, par le même. 1910. Un volume in-12, broché. . . . . **2 fr.**

La Politique navale et la Flotte française, par le vice-amiral E. FOURNIER. 1910. Un volume grand in-8 de 279 pages, broché . . . . **6 fr.**

L'Armée anglaise dans un conflit européen, par le général H. LANGLOIS. 1910. Un vol. grand in-8 de 71 pages, avec 1 carte in-folio en couleurs, br. **2 fr.**

L'Allemagne et sa situation économique, par Émile CHANTRIOT, agrégé de l'Université. Avec une préface de M. Wilhelm FOERSTER, professeur à l'Université de Berlin. 1910. Un volume in-12, broché . . . . **2 fr. 50**

Les Grands Ports extra-européens et le Commerce international, par le même. 1910. In-8, broché. . . . . **1 fr. 25**

L'Italie actuelle. *Le sol et la formation historique. La situation à l'intérieur. Les forces militaires. Les relations extérieures*, par le lieutenant REVOL, breveté d'état-major. 1907. Un volume in-8, broché. . . . . **2 fr. 50**

La Vie des grandes Capitales de l'Europe. *Études comparatives sur Londres, Paris, Berlin*, par Gaston CADOUX, chef de service à la préfecture de la Seine. Préface de M. André LEFÈVRE, président du conseil municipal de Paris. 1908. Volume in-12, broché. **3 fr. 50**

Notions de Droit maritime international, par J. CHARET, commissaire de 1re classe de la marine. 1907. Un volume in-12, broché . . . . **2 fr.**

Administration militaire et maritime aux colonies. — **Précis des successions coloniales**, par A. DEJEAN DE LA BATIE, commissaire de 2e classe des troupes coloniales. 1902. Un volume in-8 de 358 pages, broché . . . . **7 fr. 50**

Petit Jap deviendra grand ! *L'expansion japonaise en Extrême-Orient*, par LÉO BYRAM. Préface de M. Jules CLARETIE, de l'Académie française. 1908. Un volume in-12 de 416 pages, avec 50 photographies et 1 carte, broché, sous couverture illustrée . . . . **3 fr. 50**

Les Étrangers au Japon et les Japonais à l'étranger. *Étude historique et statistique*, par Edouard CLAVERY, consul de France. 1904. Brochure grand in-8. . . . . **1 fr. 25**

Occident et Extrême-Orient, *d'après un livre récent*, par le même. 1906. Grand in-8, 47 pages, broché . . . . **1 fr. 50**

La Situation financière du Japon, par le même. 1908. Grand in-8, 84 pages, broché. . . . . **2 fr.**

L'Inde. Sa condition actuelle. *A propos du cinquantenaire de son incorporation au domaine de la couronne britannique*, par le même. 1910. Un volume grand in-8 de 100 pages, broché . . . . **2 fr. 50**

Les Armées et les Flottes militaires de tous les États du monde. *Composition et Répartition en 1909*. Un volume in-8, broché . . . . **1 fr.**

Les Flottes de combat en 1910, par le capitaine de frégate DE BALINCOURT. 8e édition. Un volume in-16 de 776 pages, avec 372 figures schématiques de bâtiments, relié en percaline souple, tranches rouges . . . . **5 fr.**

Album des Flottes de combat, par le même. 1907. Un volume in-16 de VII-355 pages, avec 370 photographies de bâtiments, relié en percaline souple, tranches rouges . . . . **7 fr. 50**

BERGER-LEVRAULT ET Cⁱᵉ, ÉDITEURS

PARIS, 5-7, RUE DES BEAUX-ARTS — RUE DES GLACIS, 18, NANCY

Manuel diplomatique et consulaire. *Aide-mémoire pratique des chancelleries*, suivi d'un appendice à l'usage spécial des agents consulaires, par R. MONNET, vice-consul de France. Nouvelle édition, mise à jour. Un fort volume in-8 . . . . (*Sous presse*)

Annuaire diplomatique et consulaire de la République française pour 1909-1910. Nouvelle série. Tome XXVIII. 52ᵉ et 53ᵉ années. Un volume grand in-8 de 513 pages, avec 17 cartes des postes diplomatiques et consulaires en couleurs, relié en percaline anglaise . . . . 8 fr. 50

Dictionnaire de l'Administration française, par Maurice BLOCK, membre de l'Institut, avec la collaboration de membres du Conseil d'État, de la Cour des comptes, de Directeurs et de Chefs de service des différents ministères, etc. 5ᵉ édition (1905), refondue et considérablement augmentée, sous la direction d'Édouard MAGUÉRO, directeur de l'enregistrement. Deux tomes formant un volume grand in-8 de 2741 pages, broché, avec un *Supplément* de 110 pages, mettant le Dictionnaire à jour à fin novembre 1907 . **42 fr. 50** Relié en demi-maroquin, plats toile, avec le *Supplément* broché . . . . **50 fr.**

Nouveau Manuel pratique des Brevets d'Invention, par Georges LAINEL, ancien élève diplômé de l'École des sciences politiques, rédacteur à l'Office national de la propriété industrielle, secrétaire adjoint de la commission technique. Ouvrage honoré d'une souscription du ministère du commerce et de l'industrie. 2ᵉ édition, revue et mise à jour. 1910. Un volume in-12 de 279 pages, broché . **4 fr. 50.** — Relié en percaline. **5 fr. 50**

Les Chambres de commerce avant et pendant la loi du 9 avril 1898, par Georges GUILLAUMOT, docteur en droit, auditeur au Conseil d'État. 1898. Un volume grand in-8 de 200 pages, broché . . . . **4 fr.**

Aperçu des résultats de la Statistique comparée du Commerce extérieur, par E. LEVASSEUR, membre de l'Institut, administrateur du Collège de France. 1906. Grand in-8, 52 pages, avec 2 graphiques in-folio, broché . . . . **2 fr. 50**

Éléments de la Législation des Chemins de fer, par Gaston PIOT, chef du contentieux de la Compagnie des chemins de fer du Midi. 2ᵉ édition. 1906. Grand in-8, 59 pages à deux colonnes, broché . . . . **1 fr. 50**

Code de Commerce et Lois commerciales usuelles, avec des notions de législation comparée, à l'usage des élèves des facultés de droit et des écoles de commerce, par E. COHENDY, professeur à la Faculté de droit et à l'école supérieure de commerce de Lyon. 4ᵉ édition. 1907. Un volume in-18, relié en percaline gaufrée . . . . **3 fr.**

Recueil des Lois industrielles, avec des notions de législation comparée, à l'usage des élèves des facultés de droit et des écoles industrielles et commerciales, par E. COHENDY, professeur à la Faculté de droit et à l'école supérieure de commerce de Lyon. 4ᵉ édition. 1905. Volume in-18, relié en percaline gaufrée . . . . **2 fr.**

Les Tribunaux de commerce. *Organisation, compétence, procédure,* par A. HOUPIN, docteur en droit, ancien agréé près le tribunal de commerce de la Seine, professeur de législation commerciale et industrielle à l'école supérieure de commerce de Paris, avec une préface de M. F. RATAUD, professeur honoraire à la Faculté de droit de Paris. 1894. Un volume in-8, relié en percaline gaufrée. . . . . **4 fr.**

Précis d'Histoire du Commerce, par H. COSS, recteur de l'Académie de Poitiers, ancien professeur à la Faculté des lettres de Lille, à l'école supérieure de commerce de Lille et à l'Institut industriel du Nord. 1896. Deux volumes in-8, reliés en percaline gaufrée. . **8 fr.**

Les Transports maritimes. *Éléments de droit maritime appliqué,* par HAUMONT et LAVAREY, avocats, professeurs à l'école supérieure de commerce du Havre. 2ᵉ édition. 1898. Un volume in-8, relié en percaline gaufrée . . . . **4 fr.**

Armements maritimes, cours professé à l'école supérieure de commerce de Marseille, par C. CHAMPENOIS, capitaine au long cours, ancien commandant aux Messageries maritimes. 1895. Deux volumes in-8 avec 140 figures, reliés en percaline gaufrée . . **10 fr.**

Les Pouvoirs publics. *Organisation et attribution des pouvoirs législatif, exécutif et judiciaire. Matières administratives diverses* (1ʳᵉ partie du *Précis de droit, à l'usage des candidats aux carrières administratives*), par André THIBAULT et A. SAILLARD, chefs de bureau au ministère de l'agriculture. 2ᵉ édition. 1906. Un vol. in-12 de 615 pages, br. **5 fr.** Relié en percaline . . . . **6 fr.**

Droit pénal. *Code pénal. Code d'instruction criminelle. Principaux crimes et délits. Formules* (2ᵉ partie du *Précis de droit*), par Louis FOUCHER, rédacteur principal à la préfecture de la Seine, et A. SAILLARD, chef de bureau au ministère de l'agriculture. 1906. Un volume in-8 de 614 pages, broché . . . . . . **6 fr.** — Relié en percaline . . . . . **7 fr.**

Législation du travail et Lois ouvrières. *Classification, commentaire, jurisprudence. Législation comparée. Projets et propositions de lois,* par Daniel MASSÉ, conseiller de préfecture. 1904. Un volume grand in-8 de 986 pages, broché. Avec un *Appendice* de 88 pages pour la législation de 1904 à 1909 . . . . **15 fr.** — Relié en demi-maroquin . . . **18 fr.**

Réglementation du Travail dans l'Industrie. *Lois, Décrets, Arrêtés (Avril 1910).* — I. Repos hebdomadaire. — II. Travail des adultes. — III. Travail des enfants, filles mineures et femmes. — IV. Hygiène et sécurité des ateliers. — V. Accidents du travail. — VI. Organisation du service de l'inspection. — Nomenclature des établissements dangereux, incommodes ou insalubres. — Un volume in-8 de 162 pages, broché . . . . . **1 fr.**

Législation sur les Accidents, *annotée des décisions de jurisprudence.* 4ᵉ édition. 1908. Publication du Ministère du travail. Un volume de 123 pages, broché . . . . **1 fr. 50**

---

www.ingramcontent.com/pod-product-compliance
Ingram Content Group UK Ltd.
Pitfield, Milton Keynes, MK11 3LW, UK
UKHW020559230726
13926UKWH00005B/2112